NATUR UND TECHNIK

Physik und Chemie 5/6

Orientierungsstufe — Niedersachsen

Cornelsen

**Natur und Technik
Physik/Chemie
Orientierungsstufe Niedersachsen**

Erarbeitet von
Bernd Heepmann,
Wolfgang Kunze,
Dr. Heinz Muckenfuß,
Wilhelm Schröder

Beratende Mitarbeit:
Siglinde Bappert, Karl Ludwig Bernhard,
Peter Grob, Helga Habl,
Dietwald Kipp, Manfred Lessel,
Klaus Noga, Karl-Heinz Sonntag,
Franz Walz

*Redaktion
und technische Umsetzung:*
Helmut Dreißig (redaktionelle Leitung),
Thomas Gattermann, Zeynep Neuls,
Erika Sichelschmidt, Christian Wudel

Grafik:
Gabriele Heinisch (Cornelsen),
Yvonne Koglin,
Marie-Annick Le Vaillant

Fotos:
Budde und Fotostudio Mahler
(Auftragsfotos Cornelsen)
Sonstige Fotos siehe Verzeichnis
der Bild- und Textquellen.

 http://www.cornelsen.de

1. Auflage €   Druck 5 4 3 2   Jahr 05 04 03 02
Alle Drucke dieser Auflage können im Unterricht
nebeneinander verwendet werden.

© 1999 Cornelsen Verlag, Berlin
Das Werk und seine Teile sind urheberrechtlich geschützt. Jede
Verwertung in anderen als den gesetzlich zugelassenen Fällen bedarf
deshalb der vorherigen schriftlichen Einwilligung des Verlages.

Druck: CS-Druck Cornelsen Stürtz, Berlin

ISBN 3-464-06526-X

Bestellnummer 65260

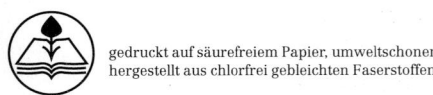
gedruckt auf säurefreiem Papier, umweltschonend
hergestellt aus chlorfrei gebleichten Faserstoffen

Inhaltsverzeichnis

Dauermagnete

Dauermagnete S. 6
Eigenschaften von Magneten
Magnete „zeichnen" Bilder
Wir stellen selber Magnete her[Z]
Magnetwirkungen verstärken und abschwächen[Z]
Zusammenfassung

Der Kompass S. 16
Wie funktioniert ein Kompass?
Vom Umgang mit dem Kompass (Projekt)
Zusammenfassung

Wasser

Wasser – ein unentbehrlicher Stoff
S. 24
Vorkommen und Bedeutung des Wassers
Wasser als Löse- und Transportmittel
Zusammenfassung

Wir untersuchen die Wasserqualität
S. 30
Wasser ist nicht gleich Wasser (Praktikum)
Zusammenfassung

**Wasserverschmutzung
und Wasseraufbereitung** S. 36
Die Verschmutzung des Wassers
Brauchwasser aus Schmutz- und Salzwasser?
Der lange Weg vom Abwasser zum Trinkwasser
Ein besonderes Trennverfahren[Z]
Zusammenfassung

Stromkreise

Der einfache elektrische Stromkreis
S. 46
Die Fahrradbeleuchtung
Stromkreise beim Fahrrad
Leiter und Nichtleiter
 – Gefahren des elektrischen Stroms
Zusammenfassung

Schalter und Schaltungen S. 58
Schalter – unentbehrliche Helfer
Eine „Sicherheitsschaltung"
Eine „Klingelschaltung"
„Schalter" zum Selbstbauen
Zusammenfassung

Wärmewirkung des elektrischen Stroms S. 64
Wärme und Licht durch elektrischen Strom
Die Sicherung

Temperatur

Temperaturen und Temperaturmessung S. 72
Wärmequellen
Warm oder kalt?
Wir messen Temperaturen
Zusammenfassung

Temperaturänderungen von Flüssigkeiten S. 80
Warum Sprinkler plötzlich platzen
Thermometerskala und Fixpunkte
Zusammenfassung

Die Anomalie des Wassers S. 86
Wasser verhält sich nicht normal
Warum frieren Seen nicht bis auf den Boden zu?

Feste Körper und Gase werden erwärmt
S. 92
Eine Brücke für alle Jahreszeiten …
Bimetallthermometer und Bimetallstreifen
Ein geheimnisvoller Flaschengeist?
Zusammenfassung

Die Aggregatzustände S. 102
Wasser muss nicht immer flüssig sein

Anhang S. 104
Einige Grundregeln zum Experimentieren
Zum Nachschlagen
Weitere Bauanleitungen
Lösungen der Alles-klar-Fragen
Sach- und Namenverzeichnis

Liebe Schülerin und lieber Schüler!

Dieses Buch ist Arbeits-, Informations- und Lernbuch zugleich.
Es muss nicht Zeile für Zeile durchgearbeitet werden.
Vielmehr setzt sich jedes Thema aus unterschiedlichen „Bausteinen" zusammen
und von denen sind einige einfach nur Angebote.
Sie können je nach Unterrichtssituation oder Interessenlage
genutzt oder auch übersprungen werden.

Einstieg

Die einzelnen Themen beginnen mit Bildern und Texten, die euch neugierig machen sollen. Ob ihr herausbekommt, wie das darin angedeutete Problem zu lösen ist? Vielleicht könnt ihr eure Vermutungen im Unterricht besprechen ...

Auf einer blauen Fläche stehen „vorbereitende Aufträge". Hier könnt ihr euch betätigen – noch bevor der eigentliche Unterricht einsetzt. Für die vorgeschlagenen einfachen Versuche braucht ihr nur Geräte, die euch zu Hause zur Verfügung stehen. Ihr werdet die Ergebnisse eurer Untersuchungen bestimmt in den Unterricht einbringen können.

Es kann auch sein, dass die einfachen Versuche im Unterricht durchgeführt werden. Dann wär's doch toll, wenn ihr sie zu Hause schon ausprobiert habt ...

Versuche

Versuche spielen in den Naturwissenschaften eine wichtige Rolle. Mit Hilfe von Versuchen kann man dem gestellten Problem „zu Leibe rücken" – manchmal sogar schon zu Hause, vor dem eigentlichen Unterricht. (Solche Versuche stehen dann bei den vorbereitenden Aufträgen.)

Einige Versuche sind „Praktikumsversuche". Diese Versuche könnt ihr wahrscheinlich ziemlich selbstständig durchführen.

Damit es spannend bleibt, werden die Versuchsergebnisse übrigens nicht verraten; die könnt ihr im Unterricht gemeinsam finden.

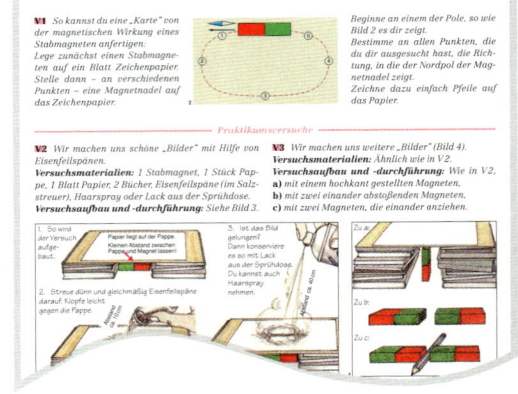

Aufgaben

Was habt ihr inzwischen herausbekommen? Ihr könnt das beim Lösen der Aufgaben zeigen. Die Aufgaben helfen euch auch, tiefer in das gerade behandelte Thema einzudringen.

Oft zeigen die Aufgaben, was der Unterrichtsstoff mit eurer Lebenswelt zu tun hat.

Info

Hier werden Zusammenhänge geklärt und Begriffe eingeführt. Wichtige Versuchsergebnisse sind in diese Texte „eingearbeitet". Manchmal werden sie auch mit Modellen erklärt.

Du kannst hier das Wichtigste nachlesen, wenn du dich nicht sicher fühlst oder wenn du mal gefehlt hast.

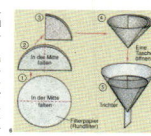

Aus der Umwelt   Aus der Technik   Aus ...

Hier werden interessante Themen behandelt. Wer in diesen Bausteinen schmökert, erfährt eine ganze Menge über seine Umwelt – und erkennt die Physik und die Chemie auch im Alltag wieder.

Diese Texte eignen sich auch als Grundlage für kleine Vorträge. Vielleicht hättest du mal Lust dazu?

Oder sind Physik und Chemie gar nicht deine Lieblingsfächer? Findest du Umweltthemen aus Biologie oder Technik interessanter? Dann sind diese Bausteine gerade das Richtige für dich!

Aus der Geschichte

Die Erkenntnisse der Physik und Chemie „fielen wahrlich nicht vom Himmel". Manche Forscher brauchten ihr ganzes Leben, ehe sie die Lösung eines Problems herausfanden.

Diese Bausteine berichten von den Leistungen bekannter Forscher. Manchmal erfahrt ihr auch etwas von den Schwierigkeiten und Anfeindungen, die sie zu überwinden hatten. Und ihr bekommt einen Eindruck davon, wie Wissenschaft und Technik sich entwickelten und das Leben der Menschen veränderten.

Zusammenfassung

Sie besteht aus zwei Teilen:

Zunächst wird das Wichtigste der vorhergehenden Seiten noch einmal zusammengefasst. Dieser Teil ist ideal zum Wiederholen und zum Nachlernen – am besten zusammen mit den Infos.

Unter „*Alles klar*" stehen dann Aufgaben, durch die ihr sehen und zeigen könnt, ob ihr in dem Thema wirklich fit seid. Lösungen dieser Aufgaben stehen im Anhang – so könnt ihr euren Wissensstand selbst überprüfen.

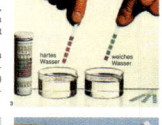
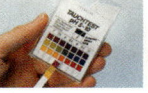
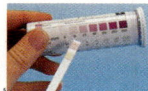

Dauermagnete

Eigenschaften von Magneten

Türmagnet — Haftmagnete für Merkzettel (Scheibenmagnete) — Seifenmagnet — Bügelmagnet — Hufeisenmagnet — Stabmagnet — magnetisches Spielzeug — Magnet im Fahrraddynamo — magnetischer Büroklammernspender — Haftmagnete am Informationsbrett — magnettafel in der Fahrschule

1

Vorbereitende Aufträge

1. Bestimmt gibt es auch bei dir zu Hause viele Magnete. Nicht immer werden sie so eindeutig als Magnete zu erkennen sein wie der Hufeisen-, der Bügel- und der Stabmagnet im Bild oben. Die wirst du wohl nur in der Schule antreffen.
a) Welche der Magnete von Bild 1 gibt es bei dir zu Hause?

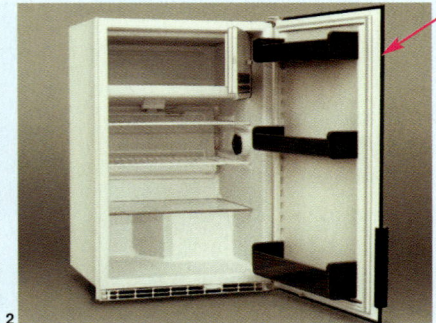
2

b) Kennst du weitere Beispiele? (Bild 2 gibt dir einen Tipp.)
c) Bringe deine eigenen Magnete mit in die Schule.

2. Was weißt du schon von Magneten? (Die Versuche auf den folgenden Seiten zeigen ihre Eigenschaften. Aber vielleicht kennst du sie schon ...)

Info: Körper oder Stoff – worauf sprechen Magnete an?

In der **Umgangssprache** versteht man unter dem Begriff „Körper" z. B. den Körper eines Menschen oder den eines Tieres. Wir sprechen aber ebenfalls von einem *Heizkörper* oder von einem *Fremdkörper*.

Unter dem Begriff „Stoff" versteht man im Alltag das, woraus Kleidungsstücke hergestellt werden. Wir sprechen aber auch von *Klebstoff*, *Farbstoff*, *Kunststoff* oder *Treibstoff*.

Wenn **Physiker** oder **Chemiker** von Körpern und Stoffen reden, meinen sie damit etwas anderes als wir in der Umgangssprache.

Sie bezeichnen alle *Gegenstände* als **Körper**, z. B. Ohrringe, Büroklammern, Bleistifte, Bücher, Blumen, Tiere oder Menschen.

Als **Stoff** bezeichnen sie das *Material*, aus dem die Körper bestehen, z. B. Stahl, Gold, Glas, Gummi, Kunststoff, Kalkstein, Luft oder Wasser.

Der Körper „Büroklammer" besteht also aus dem Stoff „Stahl" (oder aus dem Stoff „Kunststoff"). Der Körper „Teller" besteht aus dem Stoff „Porzellan".

Magnete sind gut geeignet dir bei der Suche nach bestimmten Stoffen zu helfen. Ein Magnet zieht nämlich nur Eisen stark an (und Stahl, eine besondere Eisensorte); Nickel und das ganz seltene Metall Cobalt zieht er schwach an.

Dabei kommt es nicht auf die Merkmale der Körper an, die man untersucht (z. B. auf deren Form); wichtig sind vielmehr die *Stoffe*, aus denen sie bestehen: Büroklammern oder Schlüssel z. B. werden nur angezogen, wenn sie Eisen oder Nickel enthalten (Bild 3). Sie werden aber nicht angezogen, wenn sie aus nichtmagnetischen Stoffen bestehen (Bild 4).

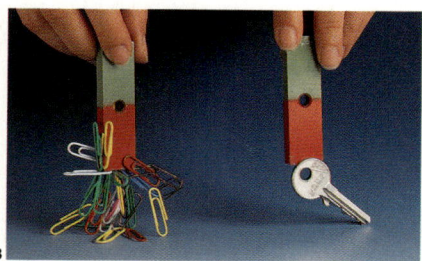
3

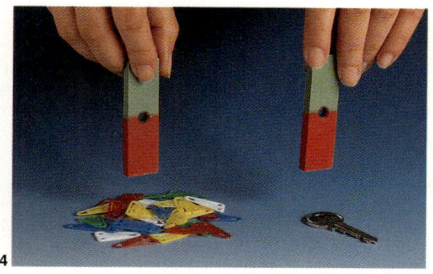
4

V1 *Nimm einen möglichst starken Magneten. Untersuche dann, was von ihm angezogen wird. Schreibe deine Ergebnisse in einer Tabelle auf (→ das nebenstehende Muster).*
*Sei dabei genau und unterscheide – wie die Physiker und Chemiker – zwischen **Körper** und **Stoff**. Das Info oben hilft dir dabei.*

V2 *Ein Fahrrad ist aus vielen unterschiedlichen Einzelteilen zusammengesetzt.*
Welche davon werden von einem Magneten angezogen?
Probiere es aus. Halte die Ergebnisse wieder in einer Tabelle fest. Ein Muster für die Tabelle siehst du rechts.
Gib zu jedem Körper den Stoff an.

Mustertabelle zu Versuch 1

Vom Magneten werden angezogen		… werden nicht angezogen	
Körper	Stoff	Körper	Stoff
Schere	Eisen (Stahl)	Fingerring	Silber
Nagel	Eisen	Streichholz	Holz
Büroklammer	…	Büroklammer	…
…	…	…	…
…	…	…	…

Mustertabelle zu Versuch 2

Vom Magneten werden angezogen		… werden nicht angezogen	
Körper (Fahrradteil)	Stoff	Körper (Fahrradteil)	Stoff
Lenker	Stahl	Sattel	Leder
…	…	…	…

(Zu untersuchende Fahrradteile z. B.: Rahmen, Felge, Speiche, Reifen, Schutzblech, Scheinwerfer, Reflektor, Griff, Gepäckträger, Rücklicht, Fahrradschloss, Klingel, Tretkurbel.)

Dauermagnete

V3 An welchen Stellen ist die Wirkung eines Magneten am größten?
Untersuche bei verschiedenen Magneten, wo diese Stellen liegen. (Nimm dafür kleine Nägel oder Stahlkugeln oder eine Kompassnadel.)

V4 Die Stellen mit der stärksten magnetischen Wirkung nennt man **Pole** des Magneten. Man unterscheidet davon zwei Arten: Nordpole und Südpole. (**N**ordpole sind oft **ro**t gekennzeichnet, **Sü**dpole gr**ün**. Bei einer Kompassnadel ist der magnetische Nordpol blau.)

Was geschieht, wenn sich gleichnamige Pole nähern (Bild 1)? Was geschieht bei ungleichnamigen (Bild 2)? Übertrage die Bilder in dein Heft und zeichne deine Antwort ein.

V5 Rechts siehst du Versuche mit mehreren Magneten (Bilder 3 u. 4). Zeichne ein Bild ab und male die Pole der Magnete mit den „richtigen" Farben aus.

V6 Ob ein Magnet auch durch Glas, Karton, Holz, Wasser oder Papier hindurch wirkt?

a) Plane Versuche, mit deren Hilfe du das herausbekommen könntest (Versuchsskizzen!).
b) Probiere aus, ob es Stoffe gibt, mit denen man die magnetische Kraft abschirmen kann.

V7 Mit Magneten lassen sich auch einfache Tricks durchführen:
Wenn du geschickt bist, kannst du z. B. ein Metalltier auf einem Blatt Papier auf- und abbewegen (Bild 5). Vielleicht gelingt es dir auch, eine festgebundene Büroklammer schweben zu lassen …

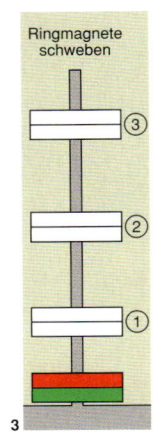
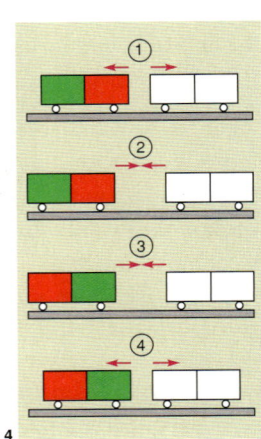

Aus dem Alltag: Magnet rettet Zuchtbullen

Für Interessierte zum Weiterlesen

Bauer Grünert hat einen Verdacht: Sein Zuchtbulle hat wahrscheinlich mit dem Gras auch *Drahtreste* gefressen; sie waren nämlich beim Ausbessern des Zaunes liegen geblieben.

Gleich ruft er den Tierarzt. Der ist schnell zur Stelle. Er holt einen kleinen „Plastikkäfig" aus der Tasche und sagt: „Das Ding müssen wir in den Vormagen des Bullen einführen. In der Mitte befindet sich ein starker Magnet. Daneben ist genug Platz – dort werden sich die Drahtstücke anlagern. Dann werden die Magenwände des Tieres geschützt."

„Und wie holen Sie den Käfig mit dem Magneten und den Eisenstücken wieder heraus?", möchte Herr Grünert wissen.

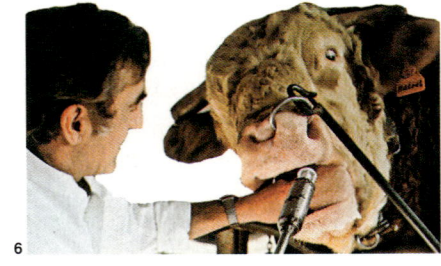

„Überhaupt nicht", erklärt ihm der Tierarzt. „Der Magnet bleibt für immer im Magen des Tieres. Vielleicht frisst der Bulle ja noch einmal etwas Eisernes, zum Beispiel eine Haarklemme oder den Kronenverschluss einer Bierflasche. Man kann ja nie wissen, was das Tier noch auf der Weide findet."

Gesagt – getan! Der Tierarzt führt dem Bullen den Plastikkäfig ein (Bild 6), auch wenn der Bulle das gar nicht so gerne mag.

Zum Glück! Der Verdacht des Bauern bestätigt sich nämlich Jahre später auf dem Schlachthof: Am Magneten seines Tieres hängen die Reste von Stacheldraht – und noch einige Dinge mehr (Bild 7, Mitte).

A1 Marc behauptet: „Sämtliche Zwei-Pfennig-Stücke bestehen aus nichts anderem als Kupfer."
Kupfer alleine wäre aber ziemlich weich. Ob sie vielleicht durch Eisen „verstärkt" worden sind?
Wie könntest du so etwas herausbekommen?

A2 Tina ist sich völlig sicher: „Nicht nur der Magnet zieht ein Stück Eisen an, sondern auch das Eisen den Magneten."
Denke dir einen Versuch aus, mit dem du Tinas Ansicht überprüfen kannst.

A3 Du weißt bereits, dass Magnete immer zwei Pole haben.
a) Woran könnte es liegen, dass man sie nach zwei Himmelsrichtungen benennt?
b) Zwei Stabmagnete liegen nahe beieinander auf Rollen. Beschreibe, wie sie sich verhalten: „Pole mit gleichem Namen..." und „ungleichnamige Pole..."

A4 Manche Teile in Elektrogeräten müssen vor magnetischen Einflüssen abgeschirmt werden (z. B. Disketten in Computern).
Nur Bleche aus bestimmten Stoffen sind dafür geeignet...

A5 Michael Ende hat in einem Buch beschrieben, wie Jim Knopf und Lukas, der Lokomotivführer, um die Welt reisen. Eines Tages kommen sie zu einem geheimnisvollen Magnetberg, der alle eisernen Körper anzieht. Aus zwei Brocken von diesem Berg bauen sie sich einen Antrieb für ihre Lok (Bild 8).
a) Wie soll ihr „Magnetmotor" z. B. im Vorwärts- und im Rückwärtsgang funktionieren?
b) Plane dazu einen Versuch.

8

Aus der Technik: So werden Magnete hergestellt

Für Interessierte zum Weiterlesen

Noch vor ca. 200 Jahren wurden Magnete fast ausschließlich aus Stahl hergestellt.

Diese Magnete hatten aber einen Nachteil:

Die magnetische Wirkung, die die Magnete ausübten, ließ bald nach – hauptsächlich infolge von Erschütterungen.

Moderne Magnete haben diesen Nachteil nicht. Sie werden nämlich aus besonderen Metallmischungen (-legierungen) hergestellt, und zwar aus Eisen, Aluminium, Nickel und Cobalt.

Man nennt diese Magnete deshalb *Alnicomagnete*.

Bild 9 zeigt vereinfacht, wie sie hergestellt werden. Nach dem Zusammenpressen werden die Metalle elektrisch magnetisiert. Das geschieht mit Hilfe von Spulen, die an starke elektrische Energiequellen angeschlossen werden. (Das ist in der Darstellung von Bild 9 unten angedeutet worden.)

So entstandene Magnete sind sehr hart und spröde. Wenn sie zu Boden fallen, zerspringen sie leicht. Man kann aber bei ihrer Herstellung Kunststoffe oder Gummi beimengen. Dann entstehen biegsame Dauermagnete (Bild 10).

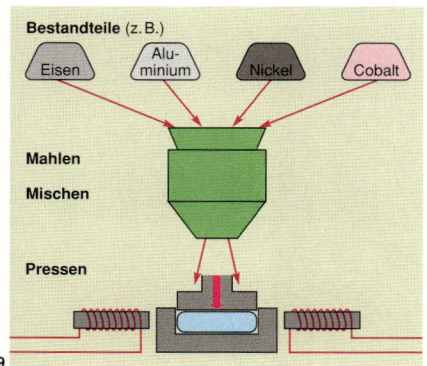
9

10

Magnete „zeichnen" Bilder

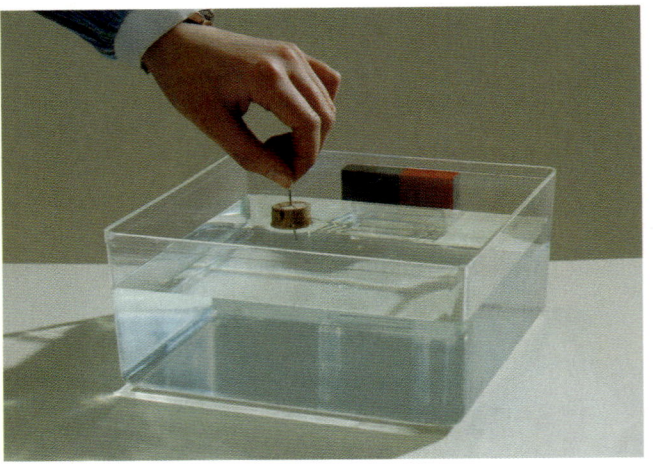

Eine magnetische Nähnadel steckt in einem Korken und kann deshalb schwimmen. Der Kopf der Nadel ist ein Südpol. Die Nadel wird auf die Wasseroberfläche gesetzt …

Wohin wird die Nadel wohl schwimmen, wenn sie losgelassen wird?

Probiert den Versuch mehrmals aus. (Der Stabmagnet klebt außen am Aquarium.)

Wenn das Aquarium auf einem Overheadprojektor steht, kann man die Wege der Nadel auf einem Blatt Papier abbilden und mit einem Filzstift nachzeichnen.

V1 So kannst du eine „Karte" von der magnetischen Wirkung eines Stabmagneten anfertigen: Lege zunächst einen Stabmagneten auf ein Blatt Zeichenpapier. Stelle dann – an verschiedenen Punkten – eine Magnetnadel auf das Zeichenpapier.

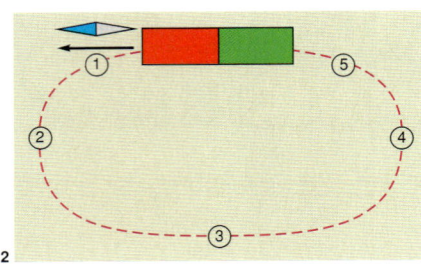

Beginne an einem der Pole, so wie Bild 2 es dir zeigt. Bestimme an allen Punkten, die du dir ausgesucht hast, die Richtung, in die der Nordpol der Magnetnadel zeigt. Zeichne dazu einfach Pfeile auf das Papier.

Praktikumsversuche

V2 Wir machen uns schöne „Bilder" mit Hilfe von Eisenfeilspänen.
Versuchsmaterialien: 1 Stabmagnet, 1 Stück Pappe, 1 Blatt Papier, 2 Bücher, Eisenfeilspäne (im Salzstreuer), Haarspray oder Lack aus der Sprühdose.
Versuchsaufbau und -durchführung: Siehe Bild 3.

V3 Wir machen uns weitere „Bilder" (Bild 4).
Versuchsmaterialien: Ähnlich wie in V2.
Versuchsaufbau und -durchführung: Wie in V2,
a) mit einem hochkant gestellten Magneten,
b) mit zwei einander abstoßenden Magneten,
c) mit zwei Magneten, die einander anziehen.

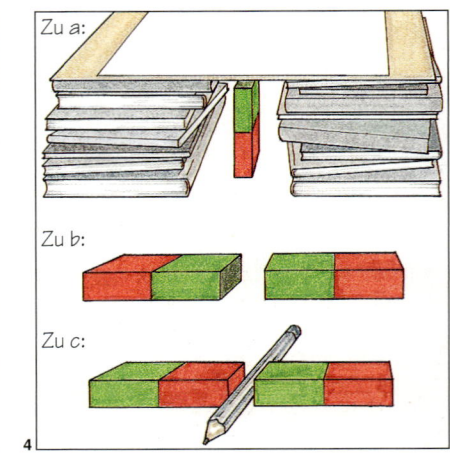

Info: Das magnetische Feld und die Feldlinien

In dem Versuch nach Bild 1 setzte sich die schwimmende Magnetnadel – wie von einer unsichtbaren Hand geführt – in Bewegung. Diese „Hand" gehörte zu dem Magneten auf der Außenseite des Aquariums.

Ein Magnet ist nämlich – genau genommen – nicht schon dort zu Ende, wo sein Metall aufhört. Um den Magneten herum befindet sich noch *das Magnetfeld*. **Jeder Magnet hat um sich herum ein Magnetfeld, in dem man magnetische Wirkungen feststellt.**

In einem solchen **Magnetfeld** schwamm die Nadel in weitem Bogen zum Nordpol des Magneten.

Physiker nennen die bogenförmige Linie, auf der sich die Nadel bewegte, eine **Feldlinie** (Bild 5). Feldlinien gibt es aber nicht in Wirklichkeit. Es sind nur *gedachte* Linien in der Nähe eines Magneten.

In Versuch 1 stellte sich die Magnetnadel ebenfalls überall so ein, dass man ihre Positionen mit bogenförmigen Linien (Feldlinien) hätte verbinden können (Bild 6). In der Umgebung des Magneten kann man durch jeden Punkt eine solche Feldlinie zeichnen.

Wenn man ein Magnetfeld darstellen will, zeichnet man immer nur wenige Feldlinien.

Man kann auch mit Hilfe von Eisenfeilspänen *Feldlinienbilder* erzeugen. Die Anordnung der Eisenfeilspäne auf dem Papier entspricht dabei dem Verlauf der Feldlinien.

Das Magnetfeld ist aber nicht eben wie ein Getreidefeld. Es befindet sich überall in dem *Raum* um den Magneten herum (also auch oberhalb und unterhalb des Magneten). In dem Würfel von Bild 7 zeigen Eisenfeilspäne diesen „magnetischen *Raum*" besser an.

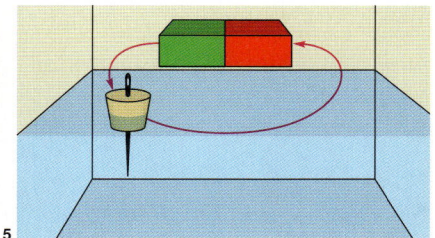
5

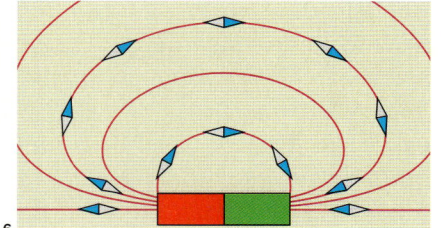
6

7

A1 Harry behauptet: „Der Begriff magnetisches Feld ist eigentlich falsch – ein Feld ist doch flach. Ich würde dazu ganz etwas anderes sagen."
Was meint Harry wohl mit seiner Bemerkung?

A2 In den Bildern 8 u. 9 zeigen Eisenfeilspäne, wie die Feldlinien zwischen den Polen von je zwei Stabmagneten verlaufen.
Welches Magnetpaar stößt sich gegenseitig ab und welches zieht sich an?

A3 Denk noch einmal an die Anordnung von V1. Man erhält damit Feldlinienbilder wie die der Bilder 5 u. 6.
Überlege: Was ist in dem freien Raum zwischen den einzelnen Feldlinien? Ist dort vielleicht gar keine magnetische Wirkung vorhanden?
a) Was vermutest du?
b) Wodurch kannst du die richtige Antwort finden?

A4 Wenn sich in die Nähe eines Magneten viele Kompassnadeln befinden, bekommen sie eine bestimmte Ordnung (Bild 10).
Wie sieht sie wohl bei einem Stabmagneten aus? Und wie bei zwei Stabmagneten, die sich anziehen?

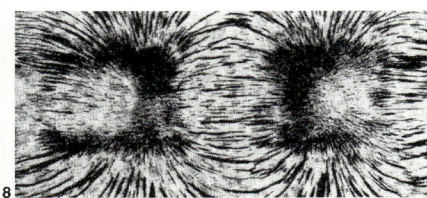
8

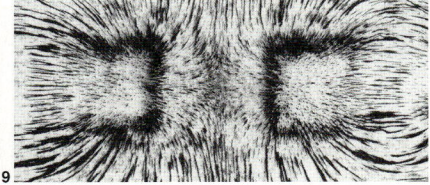
9

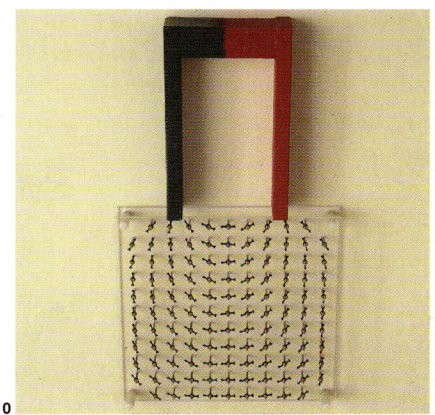
10

Wir stellen selber Magnete her[Z]

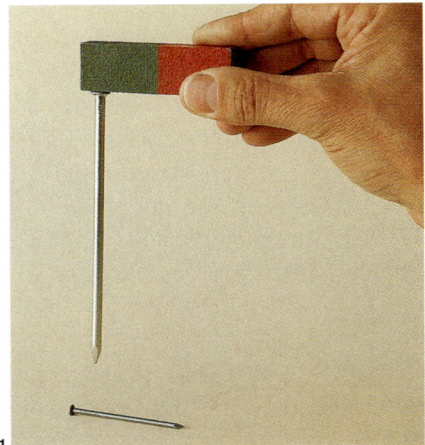

Du siehst, dass es um Versuche gehen wird, für die man nur einfache Geräte braucht.

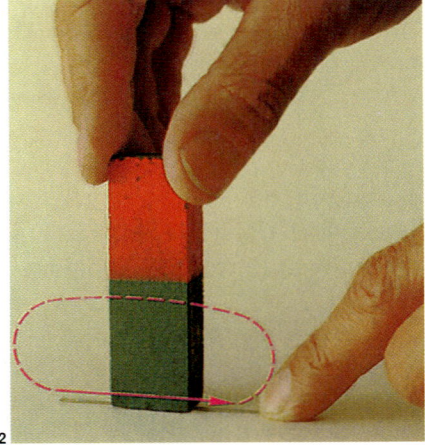

Vielleicht kannst du dir einen Magneten ausleihen. Dann wären das *Versuche für zu Hause*.

V1 Hänge einen langen Eisennagel an einen Stabmagneten und an die Spitze des Nagels einen kleinen Nagel (Bild 1).
Danach hältst du den großen Nagel fest und ziehst den Magneten vorsichtig von ihm weg …
Was beobachtest du? Erkläre deine Beobachtung.

V2 Stärkere Magnete kannst du so erhalten:
a) Du streichst mit nur einem Pol eines Magneten mehrmals in gleicher Richtung über einen eisenhaltigen Körper (Bild 2).
Dafür eignen sich Stricknadeln aus Eisen oder Nägel aus Stahl. (Eisennägel bestehen aus einer „weicheren" Stahlsorte als Stahlnägel; sie werden krumm, wenn man sie in eine Steinwand schlagen will, Stahlnägel nicht.)
b) Überprüfe nach ca. 10 Minuten (einer Stunde, einem Tag), ob deine selbst gemachten Magnete immer noch Nägel anziehen.
c) Stelle fest, wo die Nord- und Südpole der von dir hergestellten Magnete sind. (Dazu brauchst du eine kleine Magnetnadel oder einen Taschenkompass.)

V3 Wiederhole V 2 auch mit anderen Körpern:
Statt des Nagels kannst du z. B. eine Eisenschraube, eine Messingschraube, ein Eisenblech, ein Kupferblech, einen Schraubendreher oder ein Messer aus Stahl nehmen.
Hast du schon eine Vermutung, mit welchen Stoffen dir der Versuch gelingt?
Trage deine Ergebnisse in eine Tabelle ein (siehe oben rechts).

Mustertabelle zu V3:

magnetisierbare Stoffe:	nichtmagnetisierbare Stoffe:
…	…

V4 Du hast nun mit deinem Magneten schon mehrere andere Körper magnetisiert. Ob dein Magnet dadurch schwächer geworden ist? So kannst du untersuchen, ob das der Fall ist:
a) Lege eine Büroklammer an den Nullpunkt des unten abgebildeten Lineals (Bild 3).
b) Schiebe dann deinen Magneten ganz langsam von rechts nach links auf die Büroklammer zu.
Von welcher Entfernung an wird die Büroklammer angezogen?
c) Magnetisiere ca. 10 Nägel mit dem Magneten. Prüfe nach, ob er danach schwächer geworden ist.

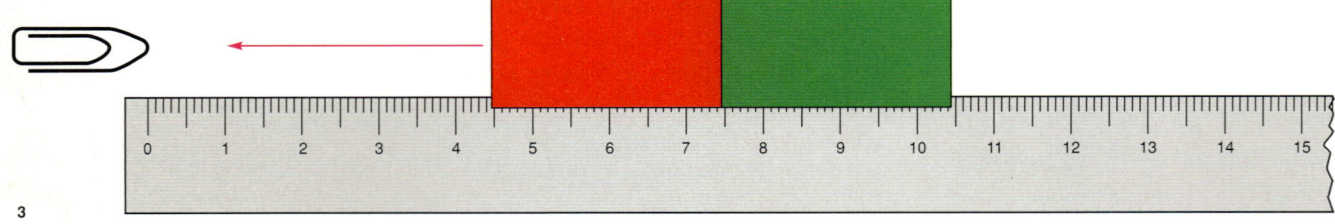

Info: Halbierte Magnete?

Für Interessierte zum Weiterlesen

Wenn du mit einem Pol eines starken Magneten eine Stricknadel magnetisierst, bilden sich an deren Enden zwei unterschiedliche Magnetpole aus (Bild 4). Genau in der Mitte der Stricknadel kann man keine magnetische Wirkung nachweisen.

Überlege: Was entsteht wohl, wenn man eine magnetisierte Stricknadel genau in der Mitte mit einem Seitenschneider durchtrennt? Ob man dann zwei Magnethälften mit jeweils nur *einem* Pol erhält (Bilder 5 u. 6)? Das könnte man zwar vermuten – es trifft aber nicht zu.

Beim Teilen erhält man zwei neue vollständige Magnete mit jeweils zwei Polen (Bild 7). Und wenn man einen dieser Magnete weiter durchteilt, entstehen wieder zwei neue Magnete (Bild 8). Diese Teilungen könnte man beliebig lange fortsetzen.

Physiker haben daraus geschlossen: *Jeder Magnet besteht eigentlich aus ganz vielen einzelnen winzig kleinen „magnetischen Bereichen".*

Umgekehrt gilt aber auch: Aus vielen einzelnen kleinen Magneten lässt sich ein großer Magnet herstellen. Viele flache Scheibenmagnete werden z. B. zu einem langen Stabmagneten.

Und *un*magnetisches Eisen? Man kann sich vorstellen, dass auch dieses aus kleinsten Magneten besteht; sie schwächen sich aber in ihrer Wirkung gegenseitig ab. Nach außen hin bemerkt man keine magnetische Wirkung.

Bestreicht man ein solches Stück Eisen mit einem Magneten, so ordnen sich die Magnetbereiche in ihm um. Sie wirken nun alle in eine gemeinsame Richtung. So ist aus dem Eisen ein Magnet geworden.

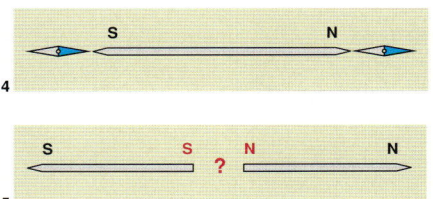
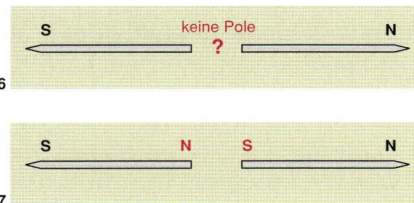
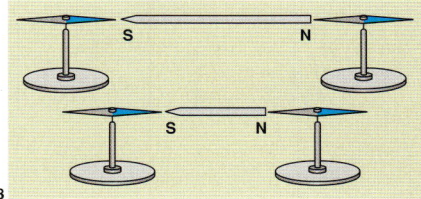

Magnetwirkungen verstärken und abschwächen Z

V1 *Möglichst viele kleine Scheibenmagnete (z. B. Haftmagnete) werden hochkant auf einer Tischplatte verteilt (Bild 9).*
a) *Dann stoßen wir diese Scheibenmagnete an, sodass sie aufeinander zurollen können. Beschreibe, was nun geschieht.*
b) *Überprüfe mit einer Magnetnadel oder mit kleinen Nägeln, wo*

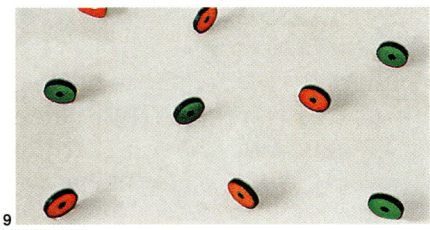

dieser „zusammengesetzte" große Magnet die stärkste Anziehungskraft besitzt.
c) *Hat der große Magnet, der aus vielen kleinen entstanden ist, eine größere Anziehungskraft als ein einzelner Scheibenmagnet? Probiere es aus.*

V2 *Kannst du voraussagen, was bei den Versuchen der Bilder 10 u. 11 geschehen wird?*

Überprüfe deine Vermutung. Auf den Bildern wurde übrigens der linke Magnet auf dem Tisch festgeklebt. Warum wohl?

V3 *Durch Hammerschläge oder Glühen in einer Flamme lässt sich die Wirkung eines Magneten „zerstören". Plane dazu Versuche mit magnetisierten Nägeln.*

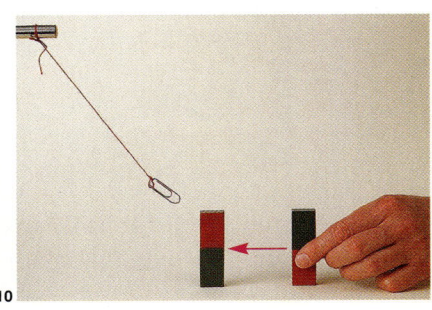
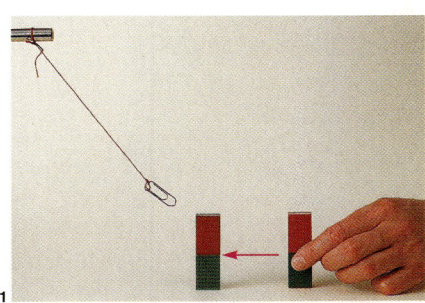

Zusammenfassung

Eigenschaften von Magneten

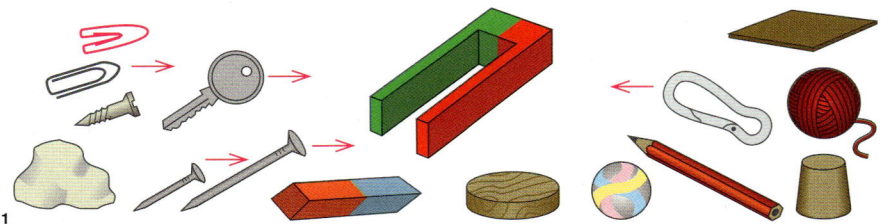

Zwischen einem Magneten und Körpern aus Eisen (Stahl) wirken starke anziehende Kräfte. Zwischen ihm und Körpern aus Nickel (oder Cobalt) sind die anziehenden Kräfte schwach. Mit Magneten kann man also z. B. feststellen, ob ein *Körper* aus dem *Stoff* „Eisen" besteht oder auch ob er Eisen enthält (Bild 1).

Körper aus Eisen (Nickel oder Cobalt) und ein Magnet ziehen sich gegenseitig an.

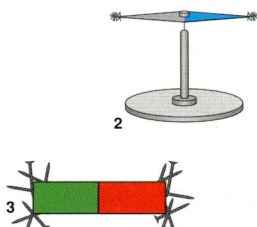
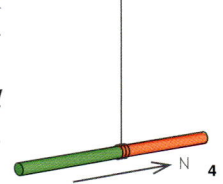

Jeder Magnet besitzt zwei Pole. An den beiden Polen ist die Anziehungskraft des Magneten am größten (Bilder 2 u. 3).

Man unterscheidet *Nord-* und *Südpol*. Als *Nordpol* bezeichnet man den Pol, der nach Norden zeigt, wenn sich der Magnet frei bewegen kann (Bild 4).

Die Wirkung von Magneten

Für das Verhalten zweier Magnete zueinander (Bilder 5 u. 6) gelten folgende *Polregeln*:

Pole mit gleichem Namen (gleichnamige Pole) stoßen einander ab.
Ungleichnamige Pole ziehen einander an.

Ein Magnet wirkt durch viele Stoffe hindurch, z. B. durch Luft und Wasser. **Stoffe, die selbst nicht von Magneten angezogen werden, haben keinen Einfluss auf die Wirkung eines Magneten.**

Entsprechend gilt:

Stoffe, die selbst von einem Magneten angezogen werden können, schirmen die magnetische Wirkung ab.

Das magnetische Feld

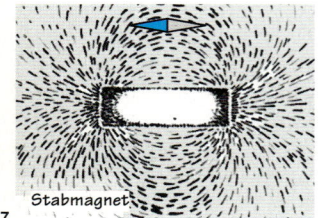
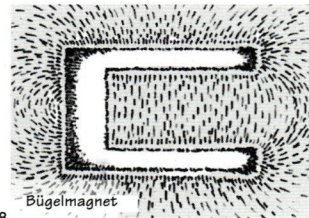
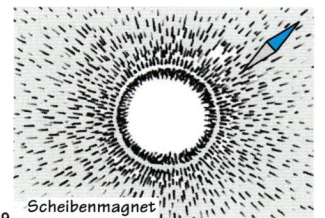
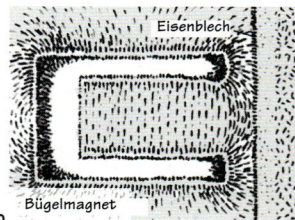

Die Wirkung eines Magneten reicht noch weit in den Raum um ihn herum. Diesen Raum um einen Magneten nennt man sein **magnetisches Feld**.

Die mit Eisenfeilspänen erzeugten **Feldlinienbilder** (Bilder 7–10) zeigen an, wie sich eine Magnetnadel in dem Feld ausrichten würde.

Dauermagnete

Neue Magnete selbst „herstellen"

Wenn man ein unmagnetisches Stück Eisen gleichmäßig (in einer Richtung) mit einem Magneten bestreicht, wird das Eisen *magnetisiert*. Aus dem unmagnetischen Eisen wird durch das Bestreichen ein Magnet (Bild 11).

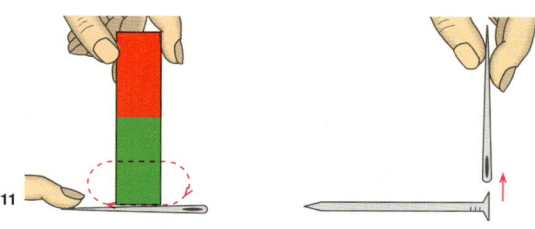

11

Wenn man einen Magneten mehrfach durchteilt, entstehen neue vollständige Magnete (Bild 12).

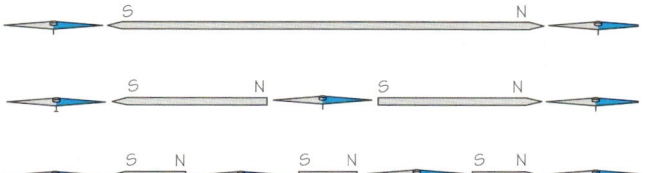

12

Magnetkräfte verstärken oder abschwächen

Zwei oder mehr Magnete können sich in ihrer gemeinsamen Wirkung *verstärken* (Bild 13); sie können sich aber auch gegenseitig *abschwächen* (Bild 14). Das hängt davon ab, wie die Polung der Magnete ist.

Wenn man Magnete fallen lässt oder stark erhitzt, geht ihre magnetische Wirkung verloren.

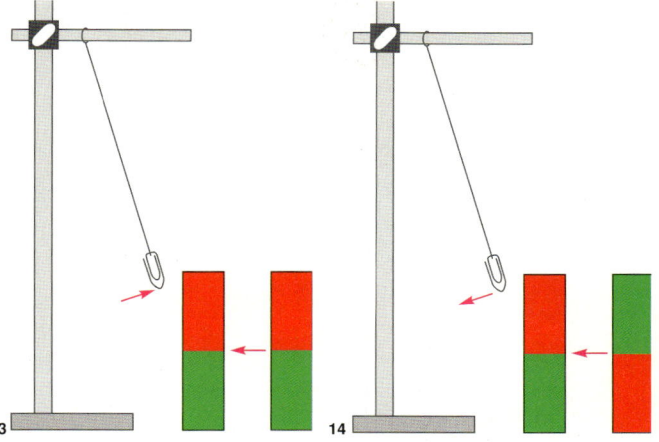

13   14

Alles klar?

Lösungen → Anhang

1. „Meine Büroklammer wird von einem Magneten angezogen."
„Meine Büroklammer wird aber nicht vom Magneten angezogen."
Welche Erklärung hast du für diese unterschiedlichen Aussagen?

2. Manche Geldstücke aus Messing oder Kupfer werden von Magneten angezogen.
Wie ist das zu erklären?

3. Welche der folgenden Körper lassen sich magnetisieren: eine Stahlstricknadel, eine Messingschraube, ein Eisenblech, ein Nickeldraht, ein Kupferdraht?

4. Lena hat eine Schere magnetisiert.
a) Auf welche Weise hat Lena das wohl gemacht?
b) Lenas Mutter ist darüber gar nicht glücklich. Warum wohl?

5. Magnete sollte man nicht fallen lassen.
Dafür gibt es mehr als nur einen Grund. Nenne die Gründe.

6. Wenn man eine Stahlstricknadel mit einem Magneten bestreicht, wird die Nadel zu einem Magneten.
Wenn man sie dann in der Mitte durchkneift, …

7. Ton- und Videobänder, Disketten, Scheckkarten und Parkscheine enthalten dünne magnetische Schichten. In diesen sind Töne, Bilder, Texte oder auch Zahlen gespeichert.
Warum dürfen solche „Datenspeicher" (Bild 15) nicht in die Nähe von Magneten gebracht werden?

8. Tina Pfiffig hat eine von zwei Stricknadeln magnetisiert und nicht gekennzeichnet.
Sie fragt: „Wer bekommt ohne ein weiteres Hilfsmittel heraus, welche der beiden Stricknadeln magnetisiert ist? Ich jedenfalls kenne einen Trick!"
Du etwa auch? …

15

Der Kompass

Wie funktioniert ein Kompass?

Wie gut, dass die drei einen Kompass haben …

Aus der Geschichte: Der Kompass wird entdeckt

Schon vor etwa 2000 Jahren erzählten sich Seefahrer Geschichten von geheimnisvollen und gefährlichen **Magnetbergen**. Wer denen zu nahe käme, sei rettungslos verloren. Ein Magnetberg würde alle Eisenteile auf den Segelschiffen anziehen und schließlich sogar Krampen und Nägel herausreißen …

See- und Landkarten aus dem 16. Jahrhundert zeigen tatsächlich einen Magnetberg im Nordmeer der Erde. Von solchen Magnetbergen waren angeblich die **Magnetsteine** abgeschlagen worden. Deshalb waren sie auch sehr teuer.

Heute wissen wir, dass im Nordmeer kein Magnetberg liegt. Auf der Erde gibt es aber tatsächlich Stellen, von denen starke magnetische Wirkungen ausgehen. Alle **Kompassnadeln** zeigen mit einer ihrer Spitzen dorthin.

Wahrscheinlich haben die Chinesen vor über 1000 Jahren den Kompass erfunden (Bild 2). In einem Buch aus dem Jahr 1085 heißt es nämlich: *Wenn Zauberer die nördliche Richtung suchen, greifen sie zu einer Nadel, reiben diese an einem Magnetstein und hängen sie an einem Stück Faden auf. Dann zeigt die Nadel normalerweise nach Norden.*

Aus dem Jahr 1250 stammt der folgende Bericht aus Frankreich: *Die Matrosen legen eine magnetisierte Nadel auf zwei Strohhalme, die im Wasser schwimmen. Die Nadel wendet sich von selbst in Nord-Süd-Richtung. Die Nadel muss aber vorher einen Stein berührt haben, der aus dem fernen Indien stammt. Die Nadel dreht sich immer zum Polarstern und hilft so den Seeleuten.*

Der erste Kompass, der nicht nur die Nord-Süd-Richtung anzeigte, sondern auch eine **Windrose** besaß, sah vermutlich so wie auf den Bildern 3 u. 4 aus. Er stammt aus dem Jahr 1269.

Etwa zur gleichen Zeit wurden auch schon Kompasse gebaut, bei denen sich die magnetische Nadel auf einer Spitze frei drehte.

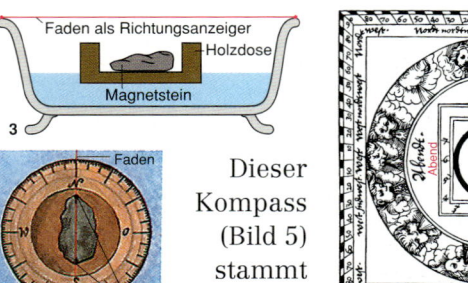

Dieser Kompass (Bild 5) stammt von 1550.

Der Kompass

Vorbereitende Aufträge

1. Lies den Bericht über die Entstehung des Kompasses. Wie wurden die Nadeln in den beiden Beschreibungen aus China und Frankreich magnetisch gemacht?

2. Auf einfache Weise kannst du dir eine Kompassnadel basteln:
a) *Magnetisiere eine Nähnadel, indem du sie immer in gleicher Richtung mit einem Pol eines Dauermagneten bestreichst.*
b) *Stich die magnetisierte Nadel durch einen Schraubverschluss, eine Korkscheibe oder Styroporscheibe hindurch (Bild 6).*

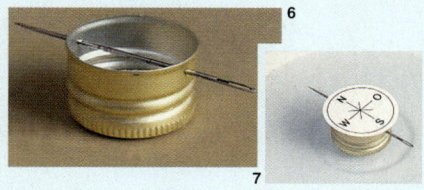

c) *Fülle zunächst einen Teller oder eine flache Schüssel mit etwas Wasser. Lege den Schraub-*verschluss (bzw. die Scheibe) mit der Kompassnadel auf die Wasseroberfläche. (Dazu ein Tipp: Mit ein wenig Spülmittel darin schwimmt dein „Kompass" nicht immer zum Rand hin sondern eher in der Mitte.)
d) *Welche Lage nimmt nun die Kompassnadel ein?* Verdrehe die Nadel danach etwas. Was geschieht?
e) *Zum Schluss kannst du noch eine Windrose aufkleben (Bild 7).*

Info: Die Erde selbst ist ein Magnet

Kolumbus kennt du als Entdecker Amerikas. Er glaubte noch, dass Kompassnadeln vom *Polarstern* (Bild 8) angezogen werden und deshalb nach Norden zeigen. Das stimmt aber nicht.

Heute weiß man, dass die Erde selbst ein riesiger Magnet ist. Die Ursache für den Erdmagnetismus liegt im Innern der Erde, deren Kern noch heiß und flüssig ist.

Die Erde besitzt zwei Pole und ein magnetisches Feld; es sieht ähnlich aus wie das eines Stabmagneten (Bild 9). Die Magnetpole der Erde liegen nicht genau auf den geographischen Polen, sondern viele Kilometer davon entfernt.

Auch eine Kompassnadel ist ein Magnet. Deshalb ziehen sich die ungleichnamigen Pole von Erde und Kompassnadel an. Dadurch wird die Nadel ausgerichtet.

Eine Kompassnadel richtet sich aber nicht immer in Nord-Süd-Richtung aus. Sie zeigt gar nicht zum *geographischen* Pol. Ihre blaue Spitze zeigt vielmehr zum *magnetischen Südpol*; dieser liegt in Kanada (Bild 10).

Diese Abweichung von der genauen *geographischen* Nord-Süd-Richtung nennt man die **Missweisung** des Kompasses. Sie ist in verschiedenen Ländern der Erde unterschiedlich groß.

A1 *Was stimmte an der uralten Geschichte von den Magnetbergen? Was stimmt nicht?*

A2 *Wohin zeigt der magnetische Nordpol der Kompassnadel?*

A3 *In Deutschland beträgt die Missweisung zufällig 0 Grad. Was bedeutet das für die Benutzung eines Kompasses?*

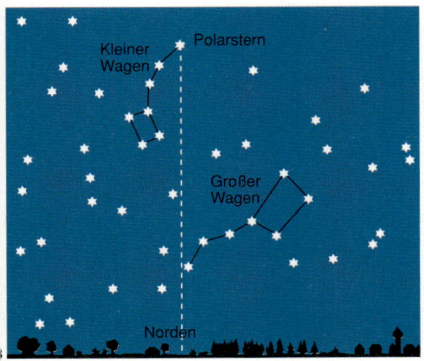

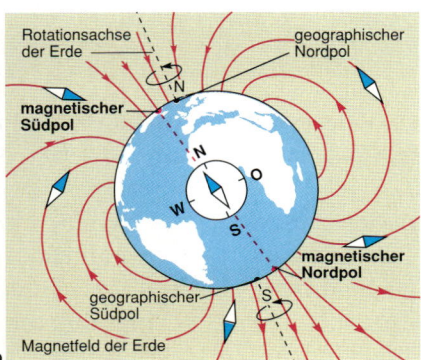

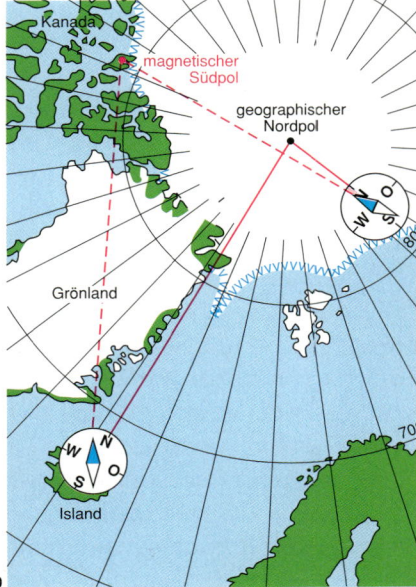

A1 Forscher haben herausgefunden, dass sich die Lage der erdmagnetischen Pole im Laufe der Zeit ändert. Weil der Kern der Erde flüssig ist, „wandert" auch der Magnetpol in Kanada. Die Missweisung ändert sich ebenfalls.

Ältere Kompasse in Deutschland haben 2–3° links neben dem N einen Missweisungspunkt.

Warum brauchst du beim Einsatz eines solchen Kompasses diesen Punkt nicht zu beachten?

A2 Die Heizkörper der Zentralheizung bestehen meist aus Eisen.

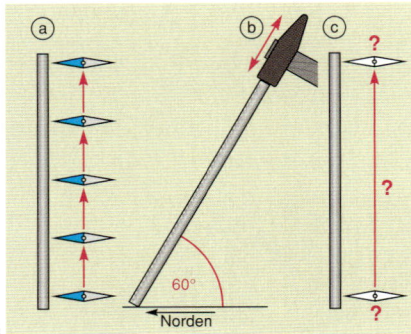

1 Nähere einen Kompass zuerst der Oberkante, dann der Unterkante eines solchen Heizkörpers. Beschreibe, was du mit Hilfe des Kompasses feststellst.

A3 Beim Magnetisieren durch den Magneten „Erde" könnt ihr nachhelfen (Bild 1):

a) Nehmt eine Eisenstange (eine längere Stativstange oder Reckstange). Überzeugt euch zuerst davon, dass sie nicht magnetisch ist.

b) Haltet sie dann schräg nach unten, und zwar so, dass sie in Nord-Süd-Richtung liegt. Schlagt mit einem Hammer kräftig auf ein Ende der Stange. Prüft nun mit dem Kompass nach, ob aus der Stange ein Magnet geworden ist.

c) Erkläre das Ergebnis.

Aus der Umwelt: Magnetische Sinnesorgane bei Tieren

Wenn du eine Wanderkarte benutzt, musst du die Nordrichtung an deinem Standort kennen. Nur so kannst du die Karte richtig „einnorden". Ohne die Sonne am Himmel ist das aber nicht einfach.

Wir Menschen brauchen dann einen Kompass als Hilfsmittel. Wir besitzen ja kein Sinnesorgan, mit dem wir den Verlauf des Erdmagnetfeldes erspüren könnten.

Anders ist das aber bei manchen Tieren.

Vielleicht kennst du jemanden, der **Brieftauben** besitzt. Er wird dir von der guten Orientierung und den Flugleistungen dieser Tiere erzählen können.

Brieftauben kann man in Körben Hunderte von Kilometern weit verschicken. Trotzdem finden die meisten Tiere ohne Mühe zum heimatlichen Schlag zurück. Doch woher kennen sie die Flugrichtung?

Brieftauben besitzen einen „eingebauten Kompass". In ihrem Oberschnabel fanden Forscher nämlich Kristalle aus winzigen Magneten (*Magnetite* genannt). Mit Hilfe dieser Magnete können die Tiere das Magnetfeld der Erde zur Orientierung nutzen.

2

3

Brieftauben (Bild 2) haben also ein **magnetisches Sinnesorgan**, das wir Menschen nicht besitzen.

Biologen entdeckten, dass sich auch **Meeresschildkröten** (Bild 3) nach dem Erdmagnetfeld richten.

Nachdem sie z. B. im amerikanischen Florida aus dem Ei geschlüpft sind, robben sie vom warmen Sandstrand aus ins Wasser. Dann schwimmen sie mit dem Golfstrom quer durch den Atlantik. Bei den Azoren verlassen sie den Golfstrom und biegen in Richtung Süden ab. Viele Jahre verbringen sie in Gewässern, die ihnen reiche Nahrung bieten.

Wenn dann diese Schildkröten erwachsen sind, schwimmen sie wieder Tausende Kilometer weit zurück nach Florida. Und zur Ablage ihrer Eier gehen sie genau dort an Land, wo sie selber vor vielen Jahren geschlüpft sind.

Man fand heraus, dass die Tiere durch ihren Magnetsinn nicht nur Himmelsrichtungen erspüren können. Sie erfühlen sogar ihren *Aufenthaltsort*, weil sie merken, unter welchem Winkel das magnetische Erdfeld schräg ins Erdinnere verläuft.

Vom Umgang mit dem Kompass (Projekt)

Bauanleitung: So bauen wir den MEIKO

Steht auf deinem Schreibtisch bereits ein Kompass?

Wie wär's mit einem selbstgebauten Modell, das es nirgends zu kaufen gibt?

Von diesem Kompass könntest du dann sagen: „Das ist MEIKO (MEIn KOmpass)".

Du brauchst:
1 Dauermagneten (Stabmagnet), z. B. 5 mm dick, 15–20 mm lang;
2 Eisennägel mit flachem, breitem Kopf (z. B. Dachpappnägel), 2 mm dick und 20 mm lang;
1 quadratisches Holzbrettchen, z. B. 80 mm · 80 mm, 10 mm dick;
1 isolierten Kupferdraht, 20 cm lang, 1,5 mm² Querschnitt;
1 Stückchen Nähgarn oder -seide;
1 Windrose (Bild 4).

So wird's gemacht:
1. Schleife die Kanten des Brettchens sauber.
2. Übertrage Bild 4 auf ein Blatt Papier und ergänze die fehlenden Himmelsrichtungen: Ost (O), Süd (S), West (W) und dazwischen NW, SW, SO, NO. (Du kannst die Windrose auch farbig gestalten.)
3. Schneide deine Windrose aus. klebe sie mitten auf das Brett. Die Haupthimmelsrichtungen sollen auf die Mitte der Kanten zeigen.
4. Bohre nun in der „Nord-West-Ecke" des Holzes ein Loch (etwa 2,5 mm Durchmesser); der Kupferdraht soll stramm hindurchpassen. Biege den Draht zu einer Aufhängung (wie in Bild 6).
5. Knote jetzt um den runden Stabmagneten genau in der Mitte einen Faden Nähgarn.
6. Hänge Magnet und Faden so auf, dass der Magnet etwa 1 cm über der Windrose kreisen kann.
7. Setze auf jedes Ende des Magneten den Kopf eines Nagels (Bild 5). Nun ist aus dem Stabmagneten eine Kompassnadel geworden.

8. Prüfe, ob sich die Kompassnadel frei drehen kann. Wenn nicht, musst du den Kupferdraht passend biegen. Falls die Nadel nicht waagerecht hängt, musst du den Knoten des Fadens am Rundmagneten verschieben.
Wenn der Magnet richtig hängt, kannst du den Knoten mit Klebstoff fixieren.
9. Stelle deinen Kompass vor dich hin auf den Tisch (Bild 6). Sorge dafür, dass kein Körper aus Eisen oder Stahl in der Nähe liegt.
Eine Nagelspitze wird dahin zeigen, wo mittags die Sonne steht. Das ist der *Südpol* der Kompassnadel.
10. Färbe den *Nordpol* der Kompassnadel, die andere Spitze, blau – wie bei einem richtigen Kompass (z. B. mit einem Folienstift).

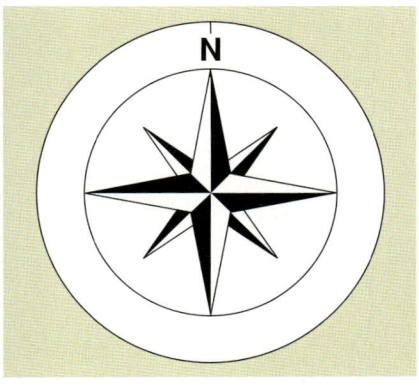

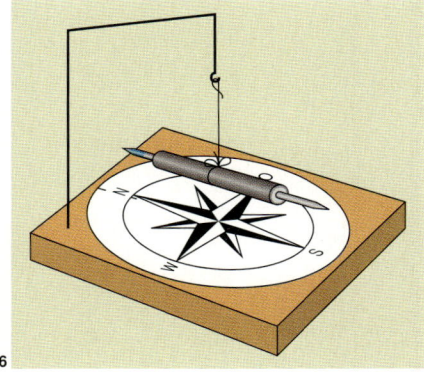

A1 *Zwischen Magneten und Körpern, die Eisen enthalten, wirken starke Anziehungskräfte. Die Kräfte sind schwach, wenn die Körper Nickel enthalten. Prüfe verschiedene Geldstücke, indem du sie vorsichtig deinem Kompass näherst. Schreibe in einer Tabelle auf, welches Metall sie vermutlich enthalten.*

A2 *Das Gestell, an dem beim MEIKO die Magnetnadel hängt, ist aus Kupferdraht gebogen.* Hättest du es auch aus einer alten Fahrradspeiche biegen können? Begründe deine Meinung.

A3 *Diese Aufgabe ist für „Experten" gedacht:*
Wenn du in die Richtung gehen würdest, die dir die blaue Spitze einer Kompassnadel anzeigt, kämst du zum magnetischen Südpol der Erde.
Mit dem MEIKO könntest du den Magnetpol finden, mit einem gekauften Kompass aber nicht. Weshalb?

Aus dem Alltag: Orientierung mit Kompass und Karte

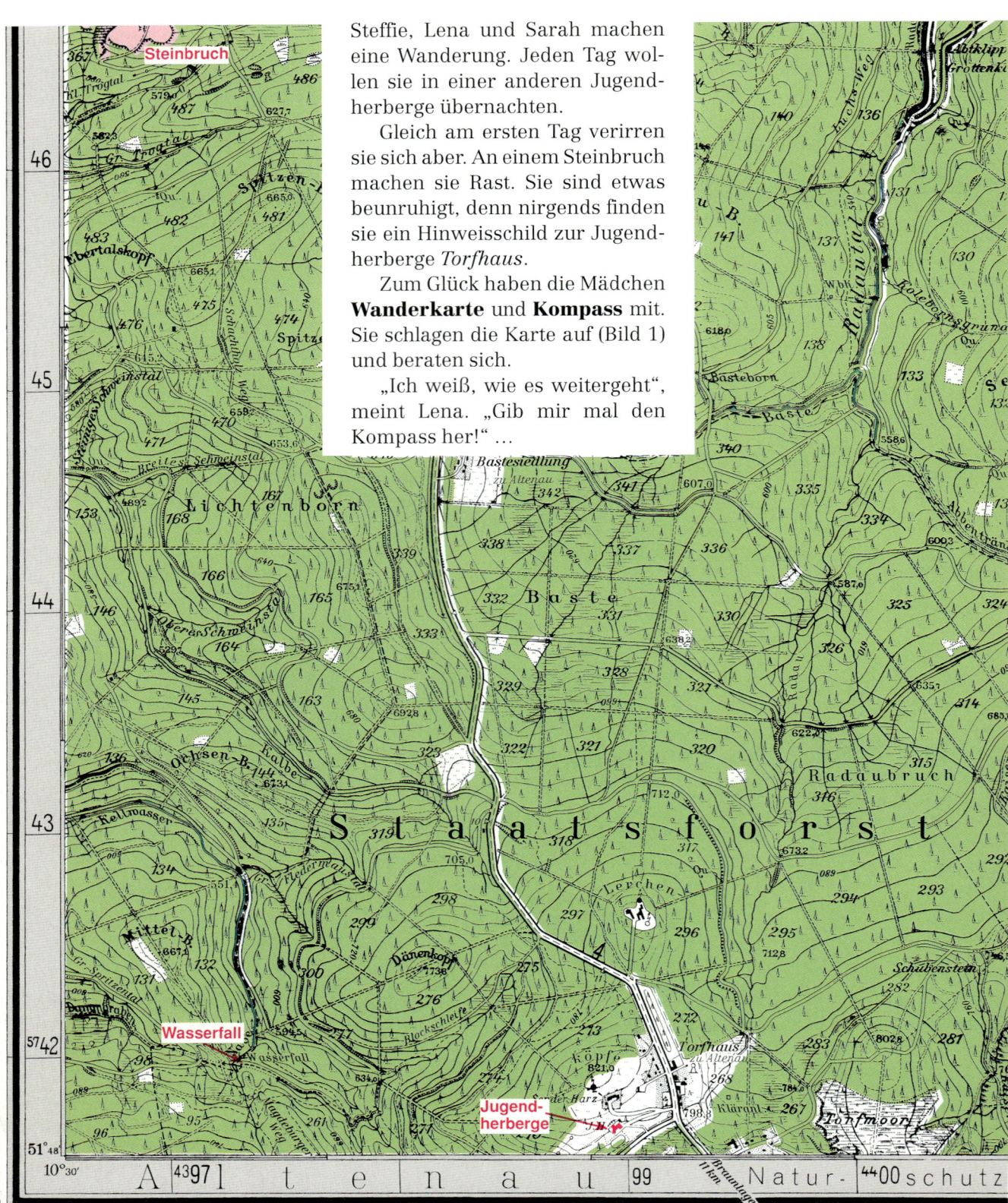

Steffie, Lena und Sarah machen eine Wanderung. Jeden Tag wollen sie in einer anderen Jugendherberge übernachten.

Gleich am ersten Tag verirren sie sich aber. An einem Steinbruch machen sie Rast. Sie sind etwas beunruhigt, denn nirgends finden sie ein Hinweisschild zur Jugendherberge *Torfhaus*.

Zum Glück haben die Mädchen **Wanderkarte** und **Kompass** mit. Sie schlagen die Karte auf (Bild 1) und beraten sich.

„Ich weiß, wie es weitergeht", meint Lena. „Gib mir mal den Kompass her!" …

Info: Wie man mit dem Kompass umgeht

So wird die Wanderkarte mit einem runden Kompass „eingenordet"

1. Breite deine Karte – beliebig gedreht – flach aus. (Zum Üben kannst du die Karte auf der Nachbarseite benutzen.)
2. Löse am *runden Kompass* mit Hilfe des Hebels die fest gestellte Kompassnadel (rechts in Bild 2).
3. Lege den Kompass so auf den seitlichen Kartenrand: N und S genau in Richtung des Randes (Bild 3).
4. Drehe nun die Karte mit dem darauf liegenden Kompass so lange, bis die blaue Nadelspitze genau über der Nordmarkierung der Windrose liegt. Jetzt ist deine Karte *eingenordet*; d.h., am oberen Rand der Karte ist Norden. Die Himmelsrichtungen auf der Karte stimmen überein mit den Himmelsrichtungen in der Landschaft (wie bei Bild 6).

So findest du den richtigen Weg

5. Von deinem Standort auf der Karte aus legst du eine Schnur (ein Lineal, einen Strohhalm oder einen Stab) in Richtung auf dein Ziel.
6. Lege deinen in Nordrichtung zeigenden Kompass auf die Schnur (Bild 4). Anschließend kannst du auf der Windrose deine Wegrichtung ablesen.

So arbeitest du mit einem Wanderkompass (statt mit einem runden Kompass)

Einen *Wanderkompass* (links in Bild 2) erkennst du daran, dass er eine *gerade Anlegekante* hat; sie ist oft mit einer Zentimetereinteilung versehen. Der Wanderkompass hat außerdem einen Klappdeckel und eine *drehbare Windrose*. Beim Aufklappen des Deckels wird der Feststeller automatisch entriegelt.

Das Gehäuse des Wanderkompasses hat Einstellmarkierungen. Drehe die Windrose so, dass ihr N auf die einzelne Einstellmarke zeigt (Bild 5). Lege dann den Kompass mit seiner Anlegekante an den Rand der Landkarte. Führe zum Einnorden der Karte Schritt 4 der links stehenden Anleitung durch.

So findest du auf der eingenordeten Karte den richtigen Weg: Lege den Wanderkompass mit seiner Kante an die Schnur (siehe Schritt 5). Drehe die Windrose, bis die Nadel auf N zeigt. Auf der Windrose kannst du dann an der Einstellmarke ablesen, in welche Richtung du gehen musst (Bild 7).

Bei der Karte auf der Nachbarseite müssen die Mädchen etwa in Richtung Südsüdosten gehen. (Zwischen Nordrichtung und Wegrichtung liegen 160°.)

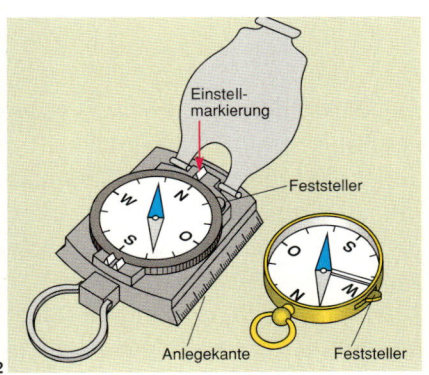
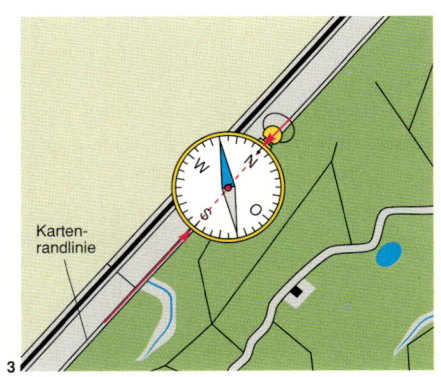
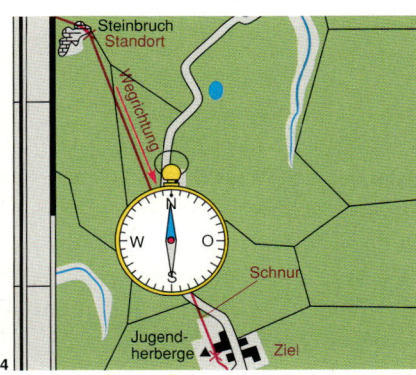
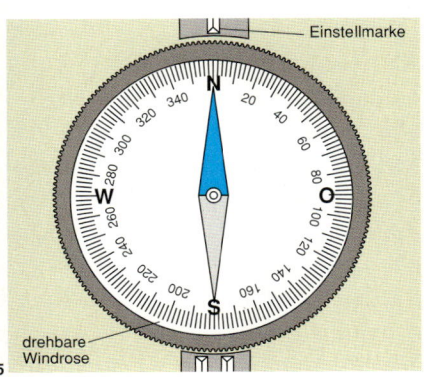
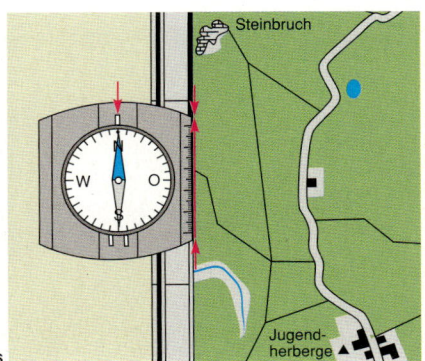
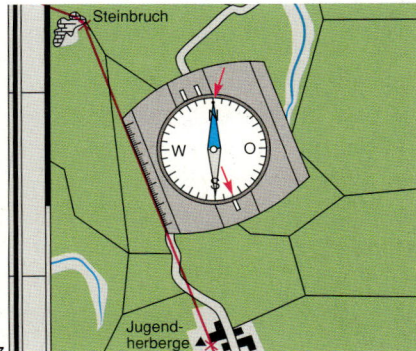

Aus der Umwelt: Orientierung ohne Kompass

Orientierung nachts:
Die Sterne am Himmel bewegen sich nicht. Sie bleiben an der gleichen Stelle. Die Erde aber dreht sich Tag und Nacht um ihre Achse.

Wenn wir nachts den Sternenhimmel beobachten, meinen wir aber, dass er sich dreht – mit Ausnahme des **Polarsterns**. Alle anderen Sterne scheinen nach ein paar Stunden an einer anderen Stelle zu sein.

Wenn du weißt, welches am Himmel der **Große Wagen** ist (Bild 1), brauchst du nachts keinen Kompass. Du musst nur in Gedanken seine zwei hinteren Sterne verbinden und diese Strecke etwa 5-mal nach links verlängern. Du kommst so zu einem etwas helleren Stern, dem *Polarstern*. Senkrecht unter ihm (am Horizont) liegt die Nordrichtung. Du kannst das an Bild 1 ausprobieren.

Blättere fünf Seiten im Buch zurück, auch dort findest du eine Sternenkarte. Sie zeigt den gleichen Himmel 4 Stunden früher.

Orientierung am Tage:
An sonnigen Tagen kann man die Himmelsrichtungen mit einer **Uhr** (mit Zeiger) finden.

Drehe die Uhr so lange, bis der kleine Zeiger zur Sonne zeigt (Bild 2). In der Mitte zwischen diesem Stundenzeiger und der „12" auf dem Zifferblatt liegt die Himmelsrichtung *Süden*.

Im Sommer wird bei uns die Uhr um eine Stunde vorgestellt *(Sommerzeit)*. Im Sommer musst du also beim Bestimmen der Himmelsrichtung nach dieser Methode die „1" benutzen.

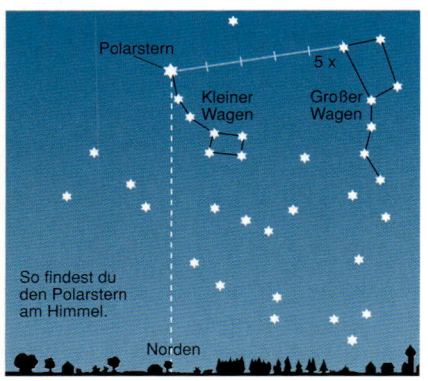

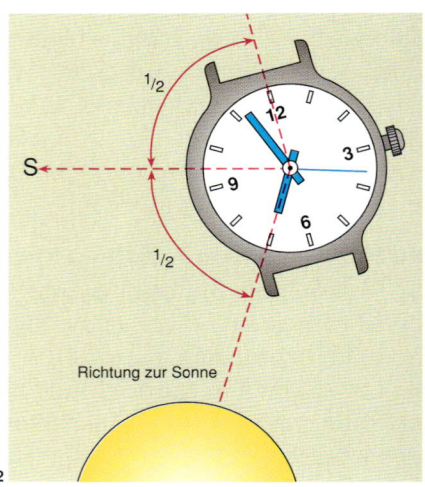

A4 Die zwei Seiten weiter vorne abgedruckte Karte hat den Maßstab 1 : 50 000. Das bedeutet: 1 cm auf dieser Karte entspricht 50 000 cm (0,5 km) in der Natur.
a) Etwa zwei Kilometer Luftlinie von der Jugendherberge Torfhaus entfernt steht ein Sender. In welcher Himmelsrichtung?
b) In welche Richtung müssen die Mädchen am nächsten Morgen vom Torfhaus aus gehen, wenn sie zu dem nahe gelegenen Wasserfall wollen?
c) In welcher Richtung liegt (von dem Wasserfall aus gesehen) der Steinbruch?

A5 Bild 3 zeigt einen Autokompass. Wo geht's nach Norden?

A6 In welcher Himmelsrichtung liegt (von deinem Platz aus gesehen) die Mitte der Tafel?
Wie kommt es, dass einige Mitschüler andere Ergebnisse haben?

A7 Nehmt nun eure Kompasse und geht mit ihnen auf den Schulhof. Dort könnt ihr für ein späteres „Geländespiel" üben:
Jeder bestimmt mit dem Kompass die Richtung zu irgendwelchen weit entfernten Zielen (z. B. Kirchturm, Baum, Schornstein).
Die Richtungen, die ihr feststellt, werden notiert und später miteinander verglichen.

A8 Auch ohne Kompass kann man die Himmelsrichtungen bestimmen – jedenfalls grob. Helfen können dir dabei z. B. tagsüber die Sonne und nachts die Sterne.
Aber auch die Bauweise alter Kirchen oder die Algen und Moose an Bäumen können bestimmte Richtungen verraten …
Welche Möglichkeiten kennst du?

Zusammenfassung

Erdmagnetismus und Kompass

Die Erde ist ein großer Magnet. Ihre Magnetpole liegen nicht an den geographischen Polen. Viele Kilometer vom geographischen Nordpol entfernt liegt der magnetische Südpol der Erde (Bild 4). Unsere Erde besitzt ein starkes **Magnetfeld**. Es reicht weit in das Weltall hinein. Man kann dieses Feld – ähnlich wie das Magnetfeld eines Stabmagneten – mit Hilfe von *Feldlinien* darstellen (Bild 5).

Wenn sich in diesem Feld eine drehbar gelagerte Magnetnadel befindet, stellt sich diese entlang der Feldlinien ein. Sie zeigt so zu den Magnetpolen der Erde. Eine solche Magnetnadel befindet sich in jedem Kompass.

Jeder Kompass besteht aus einer drehbar gelagerten Magnetnadel und einer Windrose mit den Himmelsrichtungen.

Das blaue Ende einer Kompassnadel ist ihr *Nordpol*. Er wird von dem magnetischen *Südpol* der Erde angezogen.

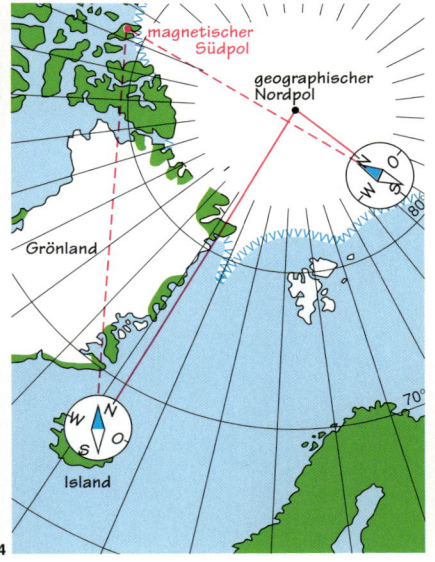

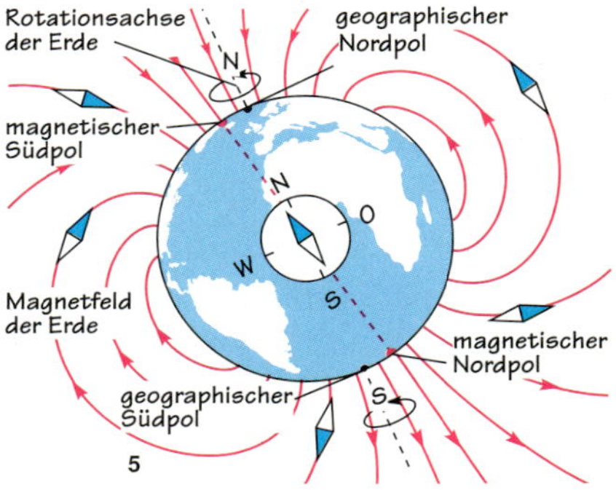

Der magnetische Südpol der Erde liegt in Kanada. Den Winkel zwischen der Richtung zum Magnetpol und der Nordrichtung nennt man **Missweisung** des Kompasses. Für jeden Ort auf der Erde ist die Missweisung anders.

In Deutschland haben wir es einfach, denn die Missweisung beträgt zur Zeit 0°. Die blaue Spitze einer Kompassnadel zeigt also genau nach Norden.

Alles klar?

Lösungen → Anhang

1. Sieh dir Bild 6 an. In welche Richtungen zeigen die Pfeile 1–8?

2. Alle Wanderkarten sind so gezeichnet, dass man sie in einer ganz bestimmten Richtung halten muss.
In welcher Himmelsrichtung muss der obere Rand liegen?

3. Es gibt Magnete in unterschiedlicher Form. Mit welchem kann man die Erde am ehesten vergleichen? Begründe!

4. Die blaue Spitze einer Kompassnadel ist selbst ein magnetischer Nordpol. Von welchem Pol der Erde kann sie deshalb nur angezogen werden?

5. Wohin müsste eine Kompassnadel genau am magnetischen Südpol der Erde zeigen?

6. Wer im Ausland einen Kompass benutzt, sollte die Missweisung kennen. Was bedeutet das?

7. Auf modernen U-Booten und Schiffen sind normale Kompasse nicht zu gebrauchen. Sie würden nämlich die Nord-Süd-Richtung nicht richtig anzeigen.
Versuche eine Begründung dafür zu finden.

8. Katja hat sich folgende Knobelaufgabe zurechtgelegt. Kannst du sie lösen?
„Du stehst an einer ganz bestimmten Stelle auf der Erde. Du gehst 1 km weit nach Süden, dann 1 km weit nach Osten und schließlich 1 km weit nach Norden. Danach bist du wieder an der Stelle, an der du losgegangen bist ...
An welchem Ort auf der Erde bist du losgegangen?"

Wasser – ein unentbehrlicher Stoff

Vorkommen und Bedeutung des Wassers

So sieht man die Erde vom Raumschiff aus (Bild 1). Du erkennst vor allem weiße Wolkenfelder, Kontinente und Wasser. Ungefähr drei Viertel der Erde sind mit Wasser bedeckt. Trotzdem gibt es ausgedehnte Trockengebiete, also Wüsten, auf der Erde. Bild 2 zeigt dir, wie es sich auswirkt, wenn Regen in diesen Gebieten ausbleibt.

An Bild 3 kannst du aber auch sehen, dass selbst in Wüsten vieles gedeihen kann – wenn ausreichend Wasser vorhanden ist.

○ Warum ist denn Wasser für das Leben auf der Erde so wichtig?

○ Beschreibe, welche Folgen es für eine Region hat, wenn der Regen für längere Zeit ausbleibt.

Vorbereitende Aufträge

1. Nimm eine Haushaltswaage und bestimme das Gewicht einer Kartoffel. Notiere ihr Gewicht. Schneide die Kartoffel in dünne Scheiben (Bild 4). Achte sorgfältig darauf, dass dabei von der Kartoffel nichts verloren geht. Trockne die Kartoffelscheiben im Backofen (oder etwa zwei Tage lang auf der Heizung). Prüfe danach erneut das Gewicht.
Wie findest du nun heraus, wie viel Wasser in der Kartoffel war?

2. Gieße eine Tasse Milch in einen Topf. Erhitze sie vorsichtig, bis sie kocht. (Dabei darfst du aber die Milch nicht „aus den Augen verlieren"; sie neigt zum Überkochen.)
Halte nun einen kalten Deckel schräg über den Topf. Schau ab und zu unter den Deckel (Bild 5). Ob es Milchtropfen sind, die sich unter dem Deckel sammeln? Welchen Bestandteil der Milch hast du so nachgewiesen?

Info: Wasser in Lebewesen und Nahrungsmitteln

Menschen, Tiere und Pflanzen enthalten viel Wasser. Der Mensch z. B. besteht zu etwa zwei Dritteln aus Wasser (Bild 6). Bei einem Körpergewicht von 75 kg trägt er also 50 kg Wasser mit sich herum.

Wir scheiden ständig Wasser aus, z. B. mit dem Schweiß und dem Urin. Diesen Wasserverlust müssen wir ausgleichen. Deshalb benötigt unser Körper täglich etwa drei Liter Wasser.

Allerdings müssen wir nicht 3 Liter Wasser trinken. Wir nehmen nämlich auch beim *Essen* Flüssigkeit auf. Das zeigt dir die Tabelle rechts.

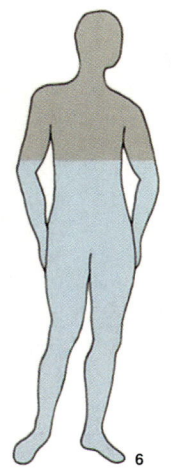
6

Nahrungsmittel (je 100 g)	Wassergehalt
Gemüse (z. B. Möhren)	ca. 90 g Wasser
Obst (z. B. 1 Apfel)	ca. 90 g Wasser
Milch (1 große Tasse)	ca. 88 g Wasser
Kartoffeln (1 Kartoffel)	ca. 80 g Wasser
Fisch (nur der Rumpf)	ca. 80 g Wasser
Ei (etwa 2 Eier)	ca. 70 g Wasser
Fleisch (1 kl. Schnitzel)	ca. 70 g Wasser
Brot (2 Scheiben)	ca. 40 g Wasser
Käse (am Stück)	ca. 40 g Wasser
Butter	ca. 15 g Wasser
Zucker	ca. 12 g Wasser
Öl (Speiseöl)	kein Wasser

A1 Das Bild der Erdkugel vermittelt den Eindruck, Wasser sei im Überfluss da.
a) Suche im Atlas Gebiete der Erde, in denen es dennoch an Wasser mangelt.
b) Vergleiche die Mengen von Salz- und Süßwasser (→ Bild 7 und die rechts stehende Tabelle).

A2 Wie kannst du auf einfache Weise zeigen, dass sich in Lebensmitteln Wasser befindet?

A3 Du solltest täglich 3 l (3000 g) Wasser zu dir nehmen. Stelle im Schaubild verschiedene Nahrungsmittel dar, mit denen du diese Menge zu dir nimmst.

A4 Durchschnittlich 128 Liter Wasser verbraucht jeder Bundesbürger täglich im Haus.
a) Wofür nimmt er vor allem das Wasser (Bild 8)?
b) An welchen Stellen könnte er Wasser einsparen?
c) Versuche zu ermitteln, wo und wie viel Wasser in deiner Schule verbraucht wird.

Wassermengen der Erde

Weltmeere (Salzwasser)	1 348 000 000 km³
Polareis und Gletscher	28 200 000 km³
Grundwasser	8 450 000 km³
Seen und Flüsse	126 000 km³
Salzseen (Salzwasser)	105 000 km³
Bodenfeuchtigkeit	69 000 km³
Atmosphäre	14 000 km³
Summe	1 420 964 000 km³
davon Süßwasser	36 776 000 km³

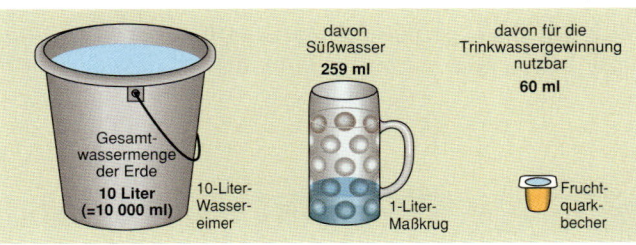
7

8

Wasser als Löse- und Transportmittel

Salz im Kartoffelwasser und Zucker im Tee! 1

Welche Eigenschaft des Wassers wird hierbei genutzt? 2

V1 Nimm einige kleine und flache Behälter (z. B. Deckel von Einmachgläsern). Gieße Leitungswasser, Mineralwasser oder klare Salz- und Zuckerlösungen hinein. Der Boden soll gerade bedeckt sein.
Lass diese Behälter einige Tage lang ruhig stehen. Was kannst du beobachten?

V2 Dieser Versuch soll zeigen, dass Wasser auch ein Lösemittel für Gase (z. B. Luft) ist.
a) Stelle drei Gläser mit Leitungswasser, mit abgekochtem Wasser und mit Mineralwasser in die Sonne. Was siehst du nach einigen Minuten an den Wänden der Gläser?
b) Wir bauen den Versuch nach Bild 3 auf. Das Wasser in dem Becherglas soll langsam erhitzt werden.
Bei den aufsteigenden Bläschen handelt es sich um Luft. (Eine Nachweismethode für Luft ist in dem unten stehenden Info beschrieben.)

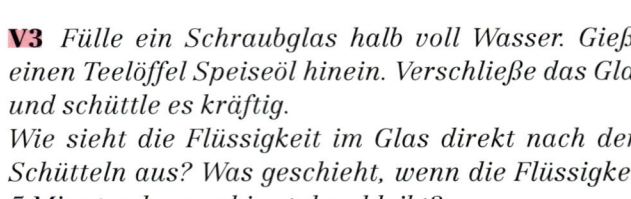
3

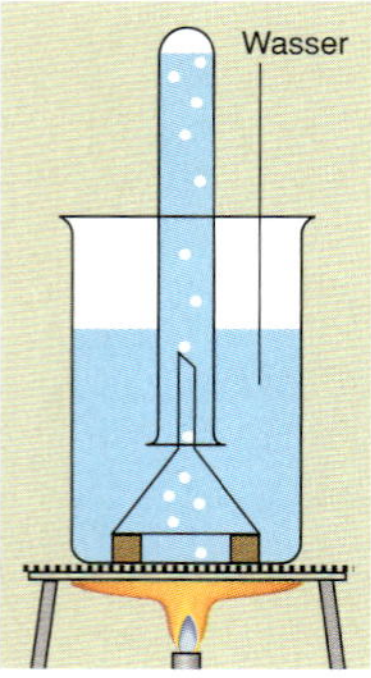

V3 Fülle ein Schraubglas halb voll Wasser. Gieße einen Teelöffel Speiseöl hinein. Verschließe das Glas und schüttle es kräftig.
Wie sieht die Flüssigkeit im Glas direkt nach dem Schütteln aus? Was geschieht, wenn die Flüssigkeit 5 Minuten lang ruhig stehen bleibt?

V4 So kann man Lösevorgänge beschleunigen:
a) Fülle zwei Bechergläser halb voll Wasser. Gib je einen Kristall Kaliumpermanganat ⟦O, Xn⟧ hinzu. Lass ein Glas ruhig stehen, rühre dagegen die Flüssigkeit im anderen Glas um.
b) Von zwei möglichst gleich großen Kristallen Kaliumpermanganat wird einer zerkleinert. Beide Kristalle werden gleichzeitig in gleich große Mengen Wasser gegeben.
c) In zwei halb mit Wasser gefüllte Reagenzgläser geben wir zwei gleich große Kaliumpermanganatkristalle. Ein Glas bleibt stehen, das andere wird erwärmt.

Info: So kann man Luft in einem Becherglas nachweisen

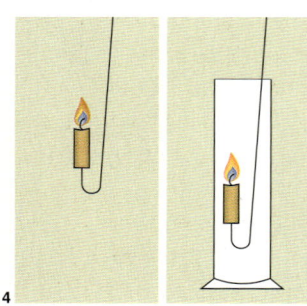
4

Mit Hilfe einer *brennenden Kerze* kann man prüfen, ob sich Luft in einem Gefäß befindet:
Ein Kerzenstummel (an einem Draht) wird entzündet. Da die Kerze von Luft umgeben ist, brennt sie normal. Nun wird die Kerze in das Becherglas getaucht: Wenn sie ruhig, unverändert weiterbrennt, befindet sich Luft in dem Gefäß (Bild 4).
Brennt die Kerze nicht normal weiter, befindet sich ein anderes Gas in dem Gefäß (Bild 5).

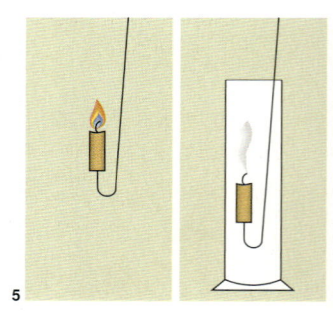
5

Info: Wasser löst viele Stoffe

Wenn man Zucker in Wasser gibt und umrührt, ist der Zucker bald nicht mehr zu sehen. Er ist nur noch am Geschmack zu erkennen. Man sagt: Zucker **löst** sich in Wasser. Wenn das Wasser verdunstet, wird er wieder sichtbar. Was beim Lösen mit dem Zucker geschieht, ist nicht zu erkennen.

Man kann sich den Vorgang so *vorstellen*: Der Zucker wird durch das Wasser in **kleinste Teilchen** zerlegt. Diese verteilen sich gleichmäßig zwischen den Teilchen des Wassers.

Ähnlich verhalten sich Kochsalz und andere wasserlösliche Stoffe. Auch sie werden in kleinste Teilchen zerlegt. Das gilt auch, wenn sich ein farbiger Stoff im Wasser löst (Bild 7, rechtes Gefäß).

Wasser ist für viele Stoffe ein gutes **Lösemittel** (früher meistens als *Lösungsmittel* bezeichnet). Mit diesen Stoffen bildet Wasser jeweils eine **wässrige Lösung**.

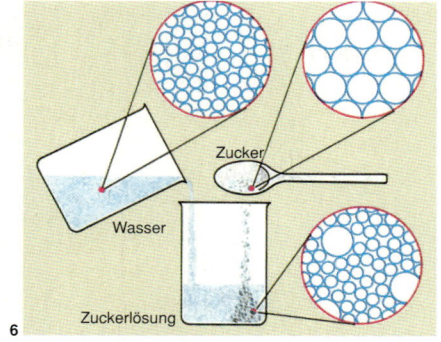

Wenn eine Lösung nichts mehr von demselben Stoff aufnehmen kann, ist sie **gesättigt**. Der ungelöste Stoff bleibt als *Bodensatz* im Gefäß liegen (Bild 7, linkes Gefäß).

Die *Löslichkeit* von Stoffen ist verschieden. Die von Zucker z. B. beträgt 203,9 g pro 100 g Wasser, die von Kochsalz 36 g und die von Kalk nur 0,0015 g pro 100 g Wasser. Durch Erwärmen kann die Löslichkeit meist erhöht werden.

Auch Flüssigkeiten und Gase können sich in Wasser lösen. Bei Erwärmung nimmt die Löslichkeit von Gasen aber ab.

Bestimmte Flüssigkeiten (Benzin, Öl) lösen sich nicht in Wasser. Sie lassen sich mit Wasser nur vorübergehend mischen. Es entsteht eine *Emulsion*. Diese ist zuerst meist trübe. Nach einiger Zeit entmischen sich die Flüssigkeiten.

A1 *Erkläre den Begriff „gesättigte Lösung". Gib dazu ein Beispiel an.*
Erhältst du eine gesättigte Lösung, wenn du einen Teelöffel Zucker in einer Tasse Tee löst? Begründe!

A2 *Wie könnte man den Bodensatz, den du in einer gesättigten Lösung siehst, doch noch auflösen? Beschreibe dazu wenigstens zwei Möglichkeiten.*

A3 *An der Innenwand von Wassertöpfen setzt sich oft ein weißer Belag ab. Was könnte das sein? Woher mag er kommen? Suche andere Beispiele dafür.*

A4 *Auch Gase können in Wasser gelöst werden.*
Beschreibe einen einfachen Versuch, mit dem du das beweisen könntest.
Welches Gas fällt dir dazu ein?

A5 *Wie wirkt es sich auf die Löslichkeit von Gasen in Wasser aus, wenn das Wasser erwärmt wird?*

A6 *Wasser löst auch Luft und damit den lebenswichtigen Sauerstoff.*
In welcher Jahreszeit ist der Sauerstoffanteil in Gewässern besonders niedrig? Was bedeutet das für das Leben der Fische in einem Gewässer?

A7 *Öl und Wasser bilden eine Emulsion. Was heißt das (Bild 8)?*

A8 *Der menschliche Körper produziert einige wässrige Flüssigkeiten. Welche kennst du?*
Nenne einen Stoff, der offenbar mit dem Schweiß transportiert wird.

A9 *Wasser transportiert nicht nur gelöste Stoffe. Inwiefern ist es auch sonst „Transportmittel"?*

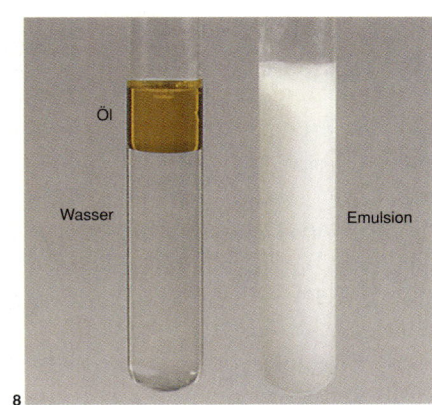

Aus der Umwelt: Wasser transportiert gelöste Mineralstoffe

Die sorgfältige Pflege von Pflanzen ist eine schöne Aufgabe. Dabei muss diese Pflege regelmäßig erfolgen. Vielleicht ist das der Grund dafür, dass heute immer häufiger eine *Pflanzenhaltung ohne Erde* betrieben wird – die **Hydrokultur** (von griech. *hydor:* Wasser; lat. *cultura:* Landbau, Pflege).

Das Besondere an der Hydrokultur ist, dass die Pflanze nicht in Pflanzenerde steht; ihre Wurzeln werden von vielen kleinen Kugeln aus *Blähton* gehalten (Bild 1); das ist Ton mit einer durchlässigen Oberfläche; der Ton ist innen voller Poren, die viel Wasser aufsaugen können. So gelangt das Wasser nur bei Bedarf zu den Wurzeln, sodass diese nicht – infolge eines zu großen Wasserangebots – zu faulen beginnen.

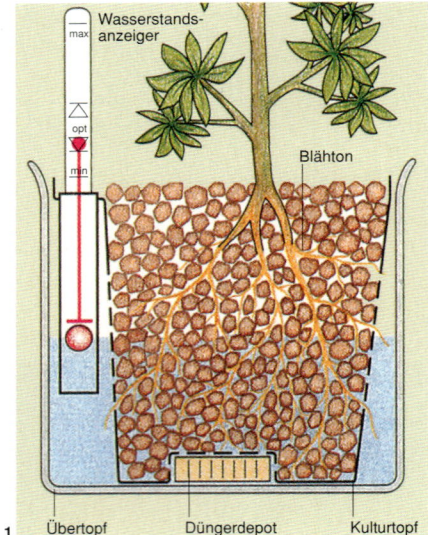

Normalerweise wird eine Pflanze durch Pflanzenerde mit Mineralstoffen versorgt – oft unterstützt durch einen Dünger. Bei der Hydrokultur entfällt aber die Versorgung der Pflanze über den Boden. Der Dünger wird ins Wasser gegeben und dort **gelöst**; so kann er zu den Pflanzen hin **transportiert** werden. Die Pflanzen entnehmen dann nur die Menge Wasser und Mineralstoffe, die sie benötigen.

Am Beispiel der Hydrokultur wird deutlich, welche Bedeutung das Wasser mit seiner *Fähigkeit gelöste Stoffe zu speichern und zu transportieren* hat.

Die Hydrokultur ist also eine vereinfachte Versorgung von Pflanzen. Durch die **Speicherfähigkeit** des Blähtons können sie auch Urlaubszeiten überstehen.

Aus dem Alltag: Wasser für Beruf und Freizeit

Flüsse und Seen werden für den Transport von Massengütern und Personen genutzt.

In den Bergen nutzen Holzfäller das zu Tal strömende Wasser der Bergflüsse für den *Holztransport*: Die gefällten Stämme werden (oftmals mit Pferden) zu den Sammelplätzen ans Wasser geschafft – und ab geht's dann, einzeln oder zu Flößen zusammengefasst, zum Sägewerk.

Heute bieten *Floßfahrten* (Bild 2) ein abwechslungsreiches Vergnügen. Wenn die Fahrten in Landschaftsschutzgebieten stattfinden, kann man Wasservögeln begegnen. Und richtigen *Sport* erlebt man in wildwassertauglichen Schlauchbooten (Bild 3).

Auf Seen verkehren auch Ausflugsdampfer. Sie bieten Einheimischen und Feriengästen malerische Rundfahrten.

Zugleich laden die Seen zum „Aktivurlaub" ein – zum Baden, Surfen, Segeln und Wasserskifahren.

Die Bedeutung der Gewässer für den Transport von Massengütern lässt sich am Beispiel des *Main-Donau-Kanals* zeigen:

Seit seiner Eröffnung im Jahr 1992 verbindet der 677 km lange Kanal die Flüsse Rhein, Main und Donau. Er ist damit Teil einer durchgehenden, ca. 3500 km langen „Wasserstraße", die von der Nordsee bis zum Schwarzen Meer verläuft.

Der Transport auf Wasserstraßen ist die einfachste und billigste Möglichkeit große Lasten (z. B. Kohle, Düngemittel, Baustoffe, Öl und Getreide) über größere Strecken hinweg zu befördern.

Zusammenfassung

Vorkommen und Bedeutung des Wassers

Wasser ist reichlich vorhanden, doch nur der geringste Teil davon ist *Süßwasser* und zugänglich.
In den meisten Lebensbereichen spielt das Wasser eine wichtige Rolle.
Von besonderer Bedeutung ist, dass sich in Wasser viele Stoffe lösen können.

Bestimmte feste Stoffe (z. B. Salz oder Zucker) verteilen sich in Wasser so fein, dass sie nicht mehr zu erkennen sind. Auf diese Weise entsteht eine **Lösung**. Das Wasser ist hierbei das **Lösemittel**.

Ein Lösemittel kann nicht beliebige Mengen eines Stoffes aufnehmen. Wenn sich in ihm nichts mehr von demselben Stoff lösen lässt, liegt eine **gesättigte Lösung** vor (Bild 4). Andere Stoffe kann das Lösemittel aber unter Umständen noch zusätzlich lösen.

Das Lösen fester Stoffe kann man beschleunigen: 1. durch Umrühren der Flüssigkeit; 2. durch Erwärmen der Flüssigkeit und 3. durch Zerkleinern des Stoffes.

Die **Löslichkeit** von Stoffen in Wasser ist verschieden. Es gibt leicht lösliche und schwer lösliche Stoffe. Bei vielen Stoffen steigt die Löslichkeit mit der *Temperatur* des Lösemittels an. Beim Abkühlen wird wieder eine bestimmte Menge des gelösten Stoffes ausgeschieden. Dabei bilden sich meist Kristalle.

Im Wasser können auch **Gase** gelöst sein, z. B. Sauerstoff. Das ist für das Leben im Wasser von Bedeutung. Wenn jedoch die Temperatur des Wassers ansteigt, nimmt die Löslichkeit der Gase ab.

Öl und Benzin lösen sich nicht in Wasser. Sie mischen sich nur kurz und bilden eine *Emulsion* (Bild 5).

4   5

Wasser als Transportmittel

Als **Transportmittel** spielt das Wasser eine besondere Rolle. Das liegt daran, dass es ein so gutes Lösemittel ist.

Mit den menschlichen Körperflüssigkeiten (z. B. Blut, Harn und Schweiß) werden lebenswichtige Stoffe transportiert und ausgeschieden.

Auch in den Pflanzen übernimmt das Wasser wichtige Transportfunktionen.

Es transportiert z. B. Mineralstoffe, die die Pflanze über ihre Wurzeln aufnimmt. Die Pflanze transportiert dann diese Nährstoffe zusammen mit dem Wasser bis in die Zweige und Blattspitzen hinein.

Alles klar?

Lösungen → Anhang

1. *Von welcher Bedeutung ist das Wasser für Lebewesen?*

2. *Löst sich beliebig viel Salz in einem Glas Wasser?*

3. *Unter dem Deckel eines Sahnebechers setzt sich oftmals eine weiße Schicht ab. Wie kommt das?*

4. *In Bild 6 siehst du Kristalle aus Kaliumnitrat (einem Salz). Wie sind diese Kristalle wohl entstanden?*

5. *Hier hat jemand eine weiße Tulpe in ein Gefäß mit Wasser gestellt (Bild 7). Das Wasser wurde vorher mit Tinte kräftig gefärbt.*

*Daraufhin hat die Tulpe allmählich die violette Farbe der Tinte angenommen.
Auf welche Eigenschaft des Wassers ist das deiner Meinung nach zurückzuführen?*

6. *Zur Düngung ganzer Felder werden auch Mineralstoffe eingesetzt. Dazu streut man diese Mineralstoffe einfach auf die Felder und hofft auf Regen.
Wie gelangen die Düngesalze schließlich zu den Wurzeln der Pflanzen?*

6

7

Wir untersuchen die Wasserqualität

Wasser ist nicht gleich Wasser (Praktikum)

Sauberes Trinkwasser – welch ein kostbares Gut!

Aus dem Bundesseuchengesetz:

Trinkwasser muss so beschaffen sein, „dass durch seinen Genuss oder Gebrauch eine Schädigung der menschlichen Gesundheit, insbesondere durch Krankheitserreger, nicht zu befürchten ist."

Aus der Trinkwasserverordnung:

„Trinkwasser soll appetitlich, zum Genuss anregend, farblos, kühl, geruchlos und geschmacklich einwandfrei sowie frei von Krankheitserregern und arm an Keimen sein, soll gelöste Stoffe nur in engen Grenzen enthalten und in genügender Menge und mit ausreichendem Druck zur Verfügung stehen."

Mit den folgenden Versuchen können *Wasserproben aus Aquarien und z. B. Teichen* untersucht werden. Es empfiehlt sich, einige Untersuchungen zum Vergleich auch mit *Trinkwasser* durchzuführen. Die Proben sollten den Gewässern nur *unter Aufsicht* entnommen werden – nach Möglichkeit an mehreren Stellen der Gewässer. Dabei sollen immer *Gummihandschuhe* getragen werden.

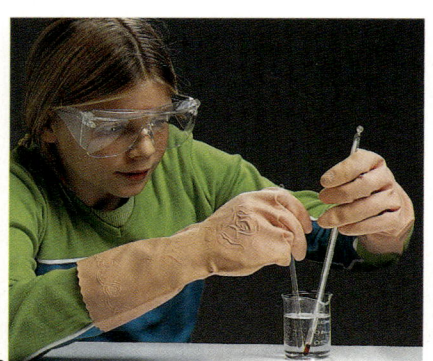

V1 Temperaturmessung
Geräte: Becherglässer und Laborthermometer.
Versuchsdurchführung: Die Wasserproben werden entnommen. Unmittelbar danach bestimmen wir die Wassertemperatur (Bild 3). Die Werte werden notiert und – wie auch bei den folgenden Versuchen – in eine Tabelle eingetragen (→ Muster rechts).

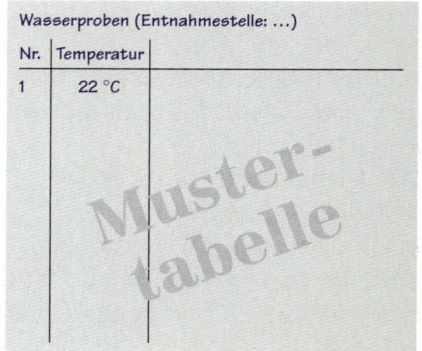

Wasserproben (Entnahmestelle: ...)

Nr.	Temperatur
1	22 °C

Mustertabelle

V2 Sicht- und Geruchsprobe

Erforderliche Geräte: Bechergläser (je nach Anzahl der entnommenen Wasserproben).

a) Versuchsdurchführung der **Sichtprobe**: Die Wasserproben füllen wir jeweils 5 cm hoch in je ein Becherglas. Dann halten wir die Gläser gegen das Licht (Bild 4). Die Beobachtungen werden in einer Tabelle festgehalten. Die Eintragungen könnten z. B. folgendermaßen lauten: farblos, gelblich, grünlich, bräunlich ... bzw. klar, leicht getrübt, trüb, sehr trüb ...

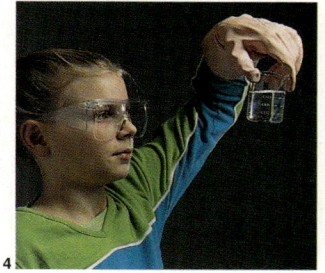

Nach einiger Zeit wiederholen wir die Sichtprobe. Dadurch können wir feststellen, ob sich eventuell noch Schwebstoffe abgesetzt haben, sodass sich die Beobachtung ändert. Die Ergebnisse werden dann ebenfalls in die Tabelle eingetragen.

b) Versuchsdurchführung der **Geruchsprobe**: Wir riechen vorsichtig an den Wasserproben („chemisch riechen" wie in Bild 5 dargestellt).

Die Ergebnisse werden ebenfalls in die Tabelle eingetragen, z. B. geruchlos, frisch, modrig, muffig, faulig ...

V3 Bestimmung des Säuregrades

Die Wasserproben können Stoffe enthalten, die sie leicht sauer machen. Wie sauer das Wasser ist, wird durch die Messung des „pH-Wertes" festgestellt. (Darüber wirst du später mehr erfahren.)
In natürlichen Gewässern findet man pH-Werte zwischen pH 4 und pH 9. Je niedriger der pH-Wert ist, desto saurer ist das Wasser. Man kann pH-Werte z. B. mit Teststäbchen bestimmen.
Geräte und Hilfsmittel: Bechergläser, pH-Teststäbchen mit Farbskala.

a) Wie wirken pH-Teststäbchen? Dazu lassen wir Lösungen, die wir als sauer kennen, auf den Teststreifen ein-

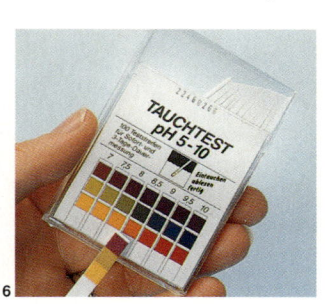

wirken (z. B. Haushaltsessig, Zitronensaft und Apfelsaft); auch Seifenlauge nehmen wir. Wenn sich die Testzone verfärbt hat, vergleichen wir sie mit der Farbskala (Bild 6); dort lesen wir den pH-Wert ab.

b) Nun prüfen wir auch die entnommenen (leicht sauren) Wasserproben mit dem pH-Teststäbchen:

1. Teststäbchen so lange ins Wasser des Becherglases halten, bis keinerlei Farbänderung mehr erfolgt. Alle Testzonen sollen benetzt sein.
2. Stäbchen herausnehmen, das überschüssige Wasser abschütteln. Testfelder mit Farbskala vergleichen (Bild 6).
3. Den pH-Wert ablesen und in die Tabelle eintragen.

V4 Bestimmung der Wasserhärte

Grundwasser und auch alle anderen Gewässer kommen mit kalkhaltigem Gestein in Berührung. Dabei wird ein wenig von dem Kalkstein (chemischer Name: Calciumcarbonat) in dem Wasser gelöst. Man sagt: „Kalksalze härten das Wasser." Wasser mit niedrigem Gehalt an Kalksalzen nennt man „weich", solches mit hohem Gehalt nennt man „hart". Die Härte des Wassers bestimmt man mit Teststäbchen.
Geräte und Hilfsmittel: 100-ml-Bechergläser, Teststäbchen zur Bestimmung der sog. Gesamthärte (mit Farbskala).
Versuchsdurchführung: 1. Teststäbchen etwa 1 s lang in die entnommene Wasserprobe halten; alle Testzonen sollen benetzt sein. 2. Teststäbchen herausnehmen, überschüssiges Wasser abschütteln. Die Färbung der Testzonen nach 1–2 min mit der Farbskala vergleichen. Notieren der Ergebnisse in der Tabelle.

V5 Bestimmung stickstoffhaltiger Mineralsalze

Aus Kläranlagen und durch Überdüngung gelangen stickstoffhaltige Mineralsalze (z. B. Nitrat und Nitrit) in die Gewässer. Der Nitratgehalt eines Gewässers gibt uns stets einen Hinweis darauf, wie weit das Gewässer durch Abwässer verschmutzt ist.
Der Nitrat- bzw. Nitritgehalt des Wassers kann mit entsprechenden Teststäbchen ermittelt werden. Auf diesen befinden sich zwei Testzonen: Die dem Stäbchenende nächstliegende zeigt sowohl Nitrat als auch Nitrit an, die entferntere nur Nitrit.
Geräte und Hilfsmittel: 100-ml-Bechergläser, Teststäbchen für den Nitrat/Nitrit-Test (mit Farbskala).
Versuchsdurchführung: 1. Teststäbchen entnehmen; Dose schließen. 2. Stäbchen 1 s lang in die Wasserprobe tauchen; alle Testzonen müssen benetzt sein. 3. Nach 2 min Färbung der Testzonen mit der Farbskala vergleichen. Notieren der Ergebnisse (Tabelle).

Info: Die Beurteilung der Wasserqualität

Wasser ist nicht gleich Wasser. Zwischen Flusswasser, Teichwasser, Tümpelwasser und Wasser aus Seen gibt es große Unterschiede – von dem salzigen Meerwasser einmal ganz abgesehen. Diese Unterschiede kann man zum Teil *sehen* und *riechen*.

Jedes natürliche Gewässer enthält bestimmte Stoffe und diese bestimmen die *Qualität des Wassers*. So kann Wasser mit auffallendem Geruch bei uns Ekel und Widerwillen hervorrufen; das Gleiche gilt für Wasser, das in auffälliger Weise gefärbt ist oder in dem Fremdstoffe zu sehen sind.

Die Art und die Menge der Stoffe entscheiden mit darüber, welche Pflanzen und Tiere in einem natürlichen Gewässer leben.

Für die Beurteilung der Wasserqualität gibt es chemische und biologische Verfahren. Mit **chemischen Verfahren** werden der Gehalt und Verbrauch von Sauerstoff und die Belastung durch Schadstoffe (Ammoniak, Nitrit, Phosphate …) ermittelt. *Biologische Verfahren* prüfen die Verträglichkeit des Wassers für bestimmte Lebewesen.

Auch die **Färbung des Wassers** kann wichtige Hinweise auf den Zustand eines Gewässers (auf seine Qualität) geben. Die Farbe der Gewässer ist außerordentlich unterschiedlich. Sie reicht von Blau (Bild 1) über Grün (Bild 2) und Gelb bis hin zu braunen (Bild 3) und roten (Bild 4) Farbtönen. Manchmal ist das Wasser (Abwasser) sogar milchig grau (Bild 5).

Blaues Wasser wird durch Streuung des Sonnenlichts an kleinsten Schwebstoffteilchen hervorgerufen. Im Wasser schwebende Kleinstlebewesen führen zu den grünen oder roten Farbtönen.

Einige Merkmale der Wasserqualität lassen sich wie in unseren Versuchen mit Hilfe von *Teststäbchen* ermitteln. Um aber ein genaues Bild von der Qualität eines Gewässers zu erhalten, sind umfangreichere Untersuchungen im Labor erforderlich. Selbst klares, geruchfreies Wasser kann problematisch sein.

Info: Hartes Wasser – weiches Wasser

Wasser, das in der Natur vorkommt, ist nie ganz „rein". Es enthält eine Reihe von Mineralsalzen, die aus Böden und Gesteinen stammen.

Regenwasser z. B. sickert durch die einzelnen Schichten des Bodens und erreicht schließlich eine wasserundurchlässige Schicht. Dort sammelt es sich, sodass sich Grundwasser bildet. Auf seinem Weg dahin hat es aus kalkhaltigem Gestein verschiedene salzartige Stoffe aufgenommen; d. h., sie haben sich in dem Wasser gelöst. Man nennt sie „Härtebildner" und sagt: Sie haben das Wasser „gehärtet".

Wasser mit niedrigem Gehalt an Härtebildnern wird als **weiches Wasser** bezeichnet, Wasser mit hohem Gehalt an Härtebildnern als **hartes Wasser**.

Unser Trinkwasser stammt aus Bodenschichten mit unterschiedlicher Zusammensetzung, je nachdem an welchem Ort wir uns befinden.

Deshalb unterscheidet sich das Trinkwasser auch in seiner Härte: In regenreichen und kalkarmen Gegenden ist Quellwasser meistens weich. Umgekehrt ist es in niederschlagsarmen und kalkreichen Gebieten (oder nach einer längeren Trockenzeit) hart.

Die Wasserhärte wird oft in **Härtegraden** angegeben. Heute unterscheidet man auch nach sog. *Härtebereichen* (nämlich *weich, mittelhart, hart* und *sehr hart*; → die Tabelle oben).

Härtebereiche des Wassers

Härtebereich	1	2	3	4
Bezeichnung	weich	mittelhart	hart	sehr hart
Härtegrad	0–7	7–14	14–21	über 21

Den Unterschied von weichem und hartem Wasser kann man auch in einem **Versuch** sichtbar machen:

Wir geben einige Tropfen Seifenlösung in ein Reagenzglas mit *„reinem" (destilliertem) Wasser*. Die Mischung wird geschüttelt. Es bildet sich ein feiner, weißer Schaum, der längere Zeit über bestehen bleibt (Bild 6). Das ist ein Zeichen dafür, dass destilliertes Wasser keine salzartigen Stoffe oder Härtebildner enthält.

Anders ist es, wenn wir eine kleine Menge Seifenlösung in etwas *Leitungswasser* tropfen und die Mischung schütteln:

In diesem Fall bildet sich *kein* weißer Schaum. Innerhalb des Wassers sind aber kleine Flocken zu sehen; sie steigen nach oben und sammeln sich an der Oberfläche des Wassers.

Härtebildner und Seife vereinigen sich hier zu einer wachsähnlichen, schmierigen Masse, der so genannten *Kalkseife* (Bild 7).

Erst wenn wir weitere Seifenlösung hinzugeben, bildet sich Schaum.

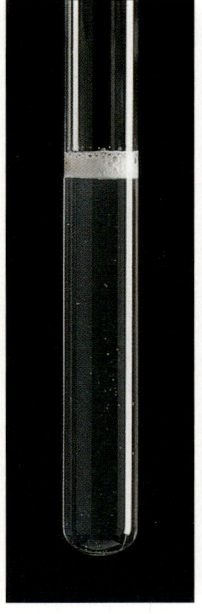
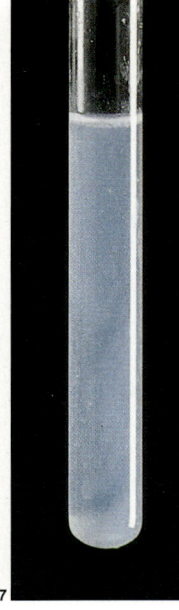

6 7

A1 *Beschreibe Methoden, mit denen man die Qualität des Wassers überprüfen kann.*

A2 *Nenne Stoffe, die in Gewässer gelangen. Gehe auch auf Auswirkungen ein.*

A3 *In manchen Gegenden sollte man Leitungswasser nicht ungekocht trinken. Warum?*

A4 *Sammle Fotos und Pressemeldungen über Fälle von Wasserverschmutzung.*
Wer war der Verursacher? Was wird jeweils getan?

A5 *Schreibe Möglichkeiten auf, wie man die Wasserverschmutzung vermindern könnte. (Überlege auch, was man im Haushalt tun könnte.)*

A6 *Auch die Wasserqualität in einem Aquarium sollte man regelmäßig überprüfen.*
Suche eine Begründung dafür.

A7 *Man könnte den Unterschied zwischen weichem und hartem Wasser auch durch Eindampfen herausbekommen.*
Überlege dir dazu einen Versuch und begründe ihn.

Info: Kleinstlebewesen zeigen die Gewässergüte an

Zwar gibt es noch Bäche mit kristallklarem Wasser – doch die meisten Gewässer sind durch Abwässer „belastet". Im Bild 1 siehst du z. B. einen Bach, der durch Abwässer aus Haushalten, der Landwirtschaft oder der Industrie verschmutzt *(belastet)* ist.

Inzwischen weißt du schon, dass Abwässer *Nitrat* enthalten. Auch *Phosphat* ist darin zu finden. Nitrat und Phosphat sind Mineralstoffe, die das Wachstum von Pflanzen sehr fördern. Auf die Algen im Gewässer wirken sie deshalb wie *Dünger*.

Wenn die Abwassermengen nur gering sind, kann ein Gewässer das verkraften. Gewässer besitzen nämlich eine gewisse **Selbstreinigungskraft**. Das Nitrat und das Phosphat z. B. werden von den Wasserpflanzen aufgenommen. Bakterien und andere Kleinstlebewesen bauen andere Stoffe ab. Dazu benötigen sie allerdings viel Sauerstoff, der im Wasser gelöst ist.

Große Abwassermengen bewirken ein übermäßiges Pflanzenwachstum. Da sich die Pflanzen dann gegenseitig das Licht wegnehmen, gehen viele von ihnen zugrunde. Bakterien bauen nun die abgestorbenen Pflanzen ab. Dabei kann der gesamte Sauerstoff des Gewässers verbraucht werden. Dann sterben alle seine Bewohner: Das Gewässer *kippt um*.

Damit es möglichst nicht so weit kommt, werden Abwässer heute meist erst in Klärwerken gereinigt.

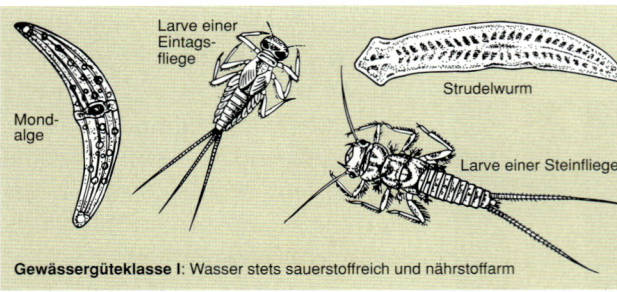

Gewässergüteklasse I: Wasser stets sauerstoffreich und nährstoffarm

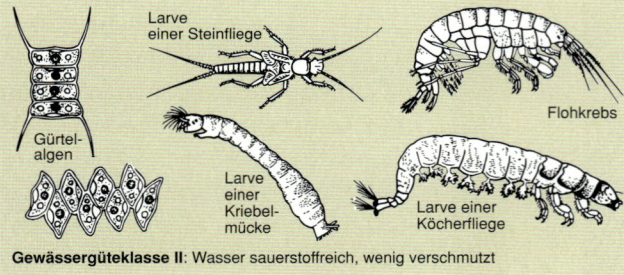

Gewässergüteklasse II: Wasser sauerstoffreich, wenig verschmutzt

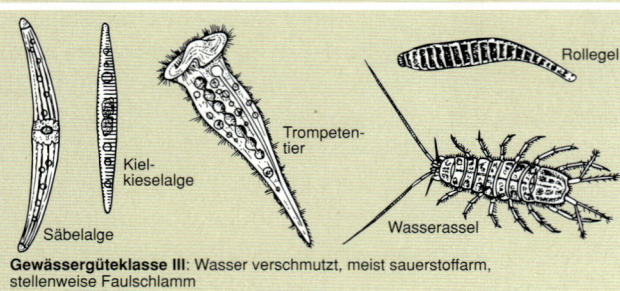

Gewässergüteklasse III: Wasser verschmutzt, meist sauerstoffarm, stellenweise Faulschlamm

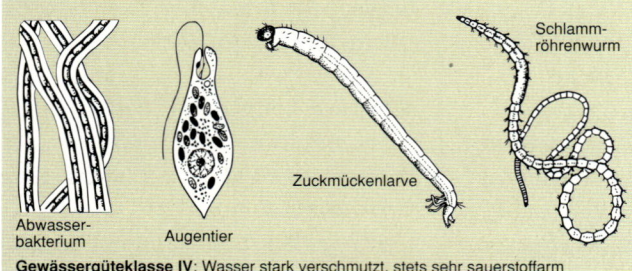

Gewässergüteklasse IV: Wasser stark verschmutzt, stets sehr sauerstoffarm

Mit Abwässern belastete Gewässer sind *nährstoffreich* und *sauerstoffarm*. Lebewesen, die sehr sauberes und sauerstoffreiches Wasser benötigen, können darin nicht mehr leben. Je nachdem, wie stark ein Gewässer belastet ist, kommen darin andere Tiere und Pflanzen vor. An solchen so genannten **Zeigerarten** lässt sich der *Grad der Verschmutzung* ablesen – genauso zuverlässig, wie man z. B. den Nitratgehalt eines Wassers chemisch bestimmt. So kann man aufgrund von Zeigerarten die verschiedenen **Gewässergüteklassen** unterscheiden (Bild 2).

A1 *Erkläre, was man unter der „Selbstreinigungskraft eines Gewässers" versteht.*

A2 *In einen Fluss wurde unzureichend geklärtes Abwasser geleitet.*
Berichte, was daraufhin geschieht.

Zusammenfassung

Die Wasserqualität muss überprüft werden

Gewässer sind ein wichtiger Teil unserer Lebensgrundlage. Bäche, Flüsse und Seen unterscheiden sich jedoch stark in der Qualität ihres Wassers.

Oft ist ihr Wasser nicht frei von Verunreinigungen, z. B. von gelösten (und deshalb unsichtbaren) Mineralsalzen, sowie von Farbstoffen, Öl und Abwässern.

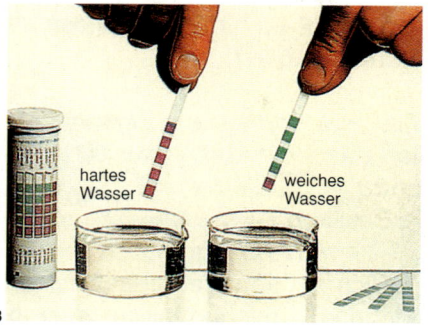

Die Wasserqualität muss deshalb regelmäßig überwacht werden – z. B. auf den Gehalt des Wassers an stickstoffhaltigen Mineralsalzen (Nitrat und Nitrit), außerdem auf seinen pH-Wert.

Wir können diese Merkmale sowie die Härte des Wassers mit Hilfe von Teststäbchen herausbekommen (Bilder 3–6).

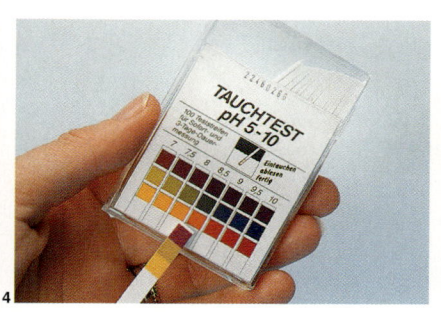
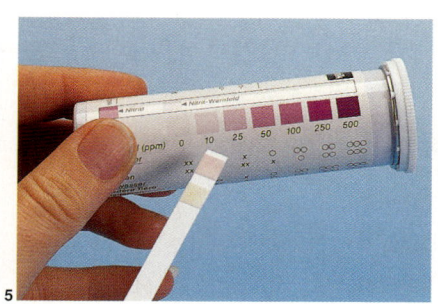
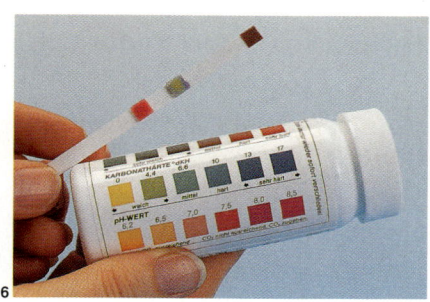

Alles klar?

Lösungen → Anhang

1. Sauberes Wasser in Flüssen und Seen ist wichtig für die Lebensqualität.
a) Erläutere diesen Satz. Gib Beispiele an.
b) Beschreibe Methoden, mit denen man Wasser untersucht.

2. Teststäbchen haben bei unseren Wasseruntersuchungen eine wichtige Rolle gespielt.
a) Welche Merkmale der Wasserqualität lassen sich auf einfache Weise mit Hilfe von Teststäbchen überprüfen?
b) Ein „pH-Teststäbchen" färbte sich nach dem Anfeuchten mit Wasser leicht rot. Wofür war das ein Hinweis?
c) Was wäre, wenn sich dasselbe Teststäbchen dunkler rot gefärbt hätte?

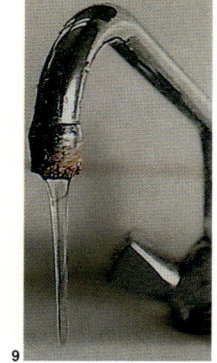

3. An die Qualität des Trinkwassers werden bei uns hohe Anforderungen gestellt.
Nenne einige Anforderungen.

4. Auf Seen, aus denen Trinkwasser gewonnen wird, sollten keine Motorboote fahren. Ebenso ist es streng verboten, in „Wasserschutzgebieten" (Bild 7) Autos zu waschen. Warum?

5. An Tauchsiedern und Wasserhähnen bildet sich oft ein kalkiger Belag (Bilder 8 u. 9).
Weshalb kann es zu solchen Ablagerungen kommen?

6. Was versteht man unter dem Härtebereich des Wassers?
Wobei spielt die Wasserhärte eine Rolle?

Wasserverschmutzung und Wasseraufbereitung

Die Verschmutzung des Wassers

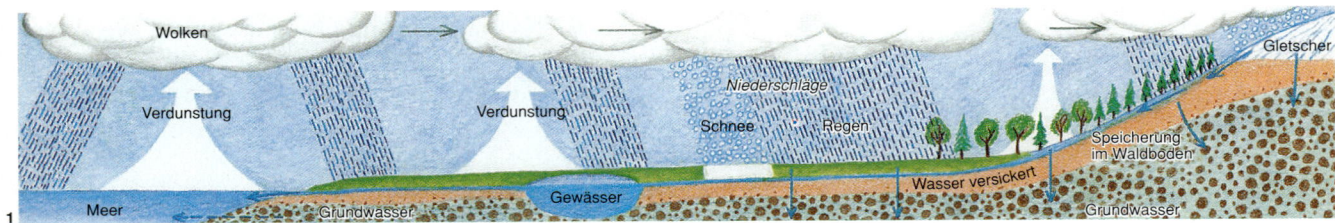

Ständig fließt Wasser ins Meer und dennoch läuft es nicht über.
Gletscher schmelzen im Tal ab; sie „wachsen" oben aber immer wieder nach.
Ein perfekter Kreislauf des Wassers (Bild 1)!
Also dürfte es doch eigentlich gar keine Probleme mit dem Wasser geben …

Aus der Umwelt: Der Mensch greift in den Wasserkreislauf ein

Auf vielfältige Weise greift der Mensch in den Wasserkreislauf ein (Bild 2). Denke nur an die vielen Häuser, an die Straßen und an Parkplätze. Durch sie werden große Landflächen mit Beton und anderen wasserundurchlässigen Baustoffen abgedeckt.

Eine große Rolle spielt auch die Erwärmung von Luft und Wasser durch Industrieanlagen, Kraftwerke, Haushalte und Kraftfahrzeuge. Dadurch wird die Verdunstung des Wassers beschleunigt.

Auch die Begradigung von Flussläufen, die Trockenlegung von Mooren und das Abholzen von Wäldern wirkt sich auf den Wasserkreislauf aus.

Ferner entzieht der Mensch dem Boden (Grund-)Wasser oder er entnimmt es Seen und Flüssen direkt.

Das für den Verbrauch durch den Menschen vorgesehene Wasser muss zunächst noch in Wasseraufbereitungsanlagen gereinigt werden.

Schwieriger und kostspieliger ist es, das *durch den Menschen* verunreinigte Wasser wieder zu reinigen – und zwar so, dass es ohne Bedenken in den natürlichen Kreislauf zurückgeleitet werden kann.

Oberflächenwasser und Grundwasser sind nämlich zunehmend verunreinigt worden, z. B. durch Mineralstoffe, durch Jauche oder Gülle und durch Öl. Da reichte die Filterwirkung des Bodens nicht mehr aus.

Die wirksamste Methode des *Gewässerschutzes* ist es deshalb, von vornherein möglichst wenige Schadstoffe ins Wasser gelangen zu lassen. Dazu tragen zwar auch gesetzliche Maßnahmen bei, sie werden aber leider nicht überall eingehalten.

Giftige Abfälle müssen sachgerecht gelagert werden, sonst können sie mit dem versickernden Regenwasser ins Grundwasser gelangen. Giftmüll darf weder in fester noch in flüssiger Form ins Meer gelangen („verklappt" werden). In der Natur geht nämlich gar nichts verloren. Auch die riesigen Meere sind nur begrenzt belastbar, wie alarmierende Nachrichten vom Fisch- und Robbensterben immer wieder zeigen.

Auch die Luftverschmutzung ist eine Gefahr für das Wasser: So hoch die Rauchschwaden auch steigen mögen – mit dem Regen kommen die Schadstoffe unweigerlich zur Erde (ins Wasser) zurück.

Aus der Umwelt: Gefahren für „unsichtbare Wasserwerker"

Jahr für Jahr fallen etwa 300 Milliarden Kubikmeter Niederschläge auf Deutschland. Das ist sechsmal so viel wie die Wassermenge des Bodensees.

Trotzdem wird das **Grundwasser** – unsere Trinkwasserreserve – allmählich immer knapper. Trinkwasser muss deshalb heute schon überwiegend aus Flüssen und Seen entnommen werden.

In diese Gewässer wurden aber teilweise schon **Abwässer** eingeleitet. Du wirst deshalb fragen: „Ist denn unser Trinkwasser wirklich noch genießbar? Ist es – wie die Vorschriften verlangen – farblos, kühl, geruchlos und geschmacklich einwandfrei?"

Ja, das Trinkwasser aus Flüssen und Seen ist gut, weil man es nicht mehr direkt von den Gewässern ins Wasserwerk pumpt. Vielmehr lässt man dieses Wasser zunächst ins Grundwasser einsickern um dieses zu ergänzen.

Während des Versickerns treten „unsichtbare Wasserwerker" in Aktion: In großer Zahl (etwa 5000 je Kubikdezimeter) existieren **Kleinstlebewesen** in den Hohlräumen des Gesteins. Sie ernähren sich u. a. von den Schmutzstoffen des Sickerwassers; dadurch wandeln sie diese in unschädliche Stoffe um.

Diese nützlichen Kleinstlebewesen sind aber in Gefahr, wenn z. B. bestimmte **Mineralstoffe** *(Nitrate)* ins Sickerwasser gelangen.

Nitrate sind Pflanzennährstoffe, die für Pflanzen notwendig sind. Deshalb sind sie auch in Düngemitteln enthalten. Wenn nun ein Landwirt mehr davon düngt, als die Pflanzen aufnehmen können, sickern die Nitrate mit dem Regen ein – zum Schaden der Kleinstlebewesen und der Qualität des Grundwassers. Das daraus gewonnene Trinkwasser wäre dann nitrathaltig und gefährlich für Säuglinge und Kleinkinder.

A1 *Noch vor 200 Jahren konnte man bei uns bedenkenlos Trinkwasser direkt aus Flüssen schöpfen. Was hat dazu geführt, dass das nicht mehr so ist?*

A2 *Welche Rolle spielen die Kleinstlebewesen bei der Wasserreinigung? Welche Gefahr besteht für sie?*

Aus der Umwelt: Öl – eine Bedrohung für Gewässer und Lebewesen

Leider sind die Meere vor allem auf den Hauptschifffahrtswegen stark durch Öl verschmutzt – natürlich nicht durch Speiseöl. Gemeint sind Mineralöle, die – wenn sie in das Wasser gelangen – dem Wasser einen üblen Geschmack und Geruch vermitteln. Schlimmer ist jedoch: Das Wasser, das mit dem Öl verschmutzt wurde, ist *giftig*.

Wie das Mineralöl ins Wasser gelangt, wirst du dir wahrscheinlich vorstellen können, z. B. durch **Lecks in Tankschiffen**, **Tankerunfälle** und **Tankerreinigung**.

Wenn solch ein „Ölriese" ausläuft, sind die Folgen verheerend. Über Tausende von Quadratkilometern hinweg ist dann die Meeresoberfläche mit einer *Ölschicht* bedeckt. Auch die Strände werden mit Öl verschmutzt. Es vermischt sich dort mit dem Erdboden zu einer übel riechenden Masse.

Dieses Öl vernichtet Seevögel, Fische, Muscheln und andere Lebewesen (Bild 3). Es dauert Monate oder Jahre, bis die Strände wieder gesäubert sind, z. B. durch mühsames Abtragen des so verschmutzten Erdreichs (Bild 4).

Mineralöl, das ins Wasser gelangt, ist also eine Gefahr für uns alle. Deshalb ist jeder Einzelne aufgefordert, alles zu unterlassen, was das Wasser gefährden könnte (z. B. Ölwechsel zu Hause).

Brauchwasser aus Schmutz- und Salzwasser?

Schmutzwasser – selbst angerührt (Bild 1)

Ob daraus wieder sauberes Wasser werden kann?

Vorbereitende Aufträge

1. Zunächst musst du dir etwas Schmutzwasser selber herstellen.
a) Fülle einen Becher mit ca. einem Viertelliter Wasser. Gib etwas von den folgenden Stoffen zu: Sand, Gartenerde, Kochsalz, fein zerriebene Holzkohle. Rühre um. (In dem umgerührten Schmutzwasser kannst du einige Schwebstoffe erkennen, die sich nach und nach absetzen. Eine solche Flüssigkeit nennt man „Suspension", von lat. „in der Schwebe halten".) Schüttle das verschmutzte Wasser noch einmal kräftig durch. Lass es dann 3 Minuten lang stehen und gieße es vorsichtig in einen zweiten Becher ab. (Man nennt dieses Abgießen „Dekantieren".)
b) Sieh dir das abgegossene Wasser und den Rückstand mit einer Lupe an. Ist das Wasser schon wieder ganz sauber?

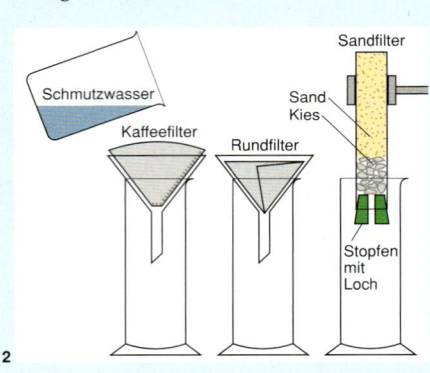

2. Jetzt sollst du versuchen aus dem verschmutzten Wasser sauberes Wasser zu machen.
a) Lege ein Stück Filterpapier in einen alten Kaffeefilter und filtriere das abgegossene Wasser. (Du kannst auch andere Filter nehmen; Bild 2). Prüfe den Rückstand im Filterpapier und das filtrierte Wasser.
b) Gib einige Tropfen dieses Wassers auf eine Untertasse oder ein Glasschälchen. Lass das Wasser dort verdunsten.
Wurde durch das Filterpapier alles zurückgehalten oder bleibt ein salziger Rückstand?

V1 Durch Filtrieren lässt sich eine Salzlösung nicht in Wasser und Salz zerlegen – aber so:
a) Gib in einen Glaskolben filtrierte Salzlösung und erhitze sie vorsichtig bis zum Sieden. Halte ein Glasgefäß in den aufsteigenden Wasserdampf.
b) Sammle das abtropfende Wasser (Bild 3). Lass etwas davon verdunsten oder dampfe es auf einem Gläschen ein. (Vorsicht, heiß!) Bleibt ein Rückstand oder hast du reines Wasser erhalten? (Es wird „destilliertes" Wasser genannt.)

V2 Mit einem Liebig-Kühler lässt sich eine Destillation gefahrlos durchführen. In Bild 4 siehst du das Gerät und den Aufbau.
a) Was geschieht mit dem Wasser der Salzlösung im Kolben?
b) Was wird sich wohl im Becherglas sammeln?
c) Was wird schließlich im Destillierkolben zurückbleiben?
d) Was geschieht mit dem Kühlwasser im Liebig-Kühler?

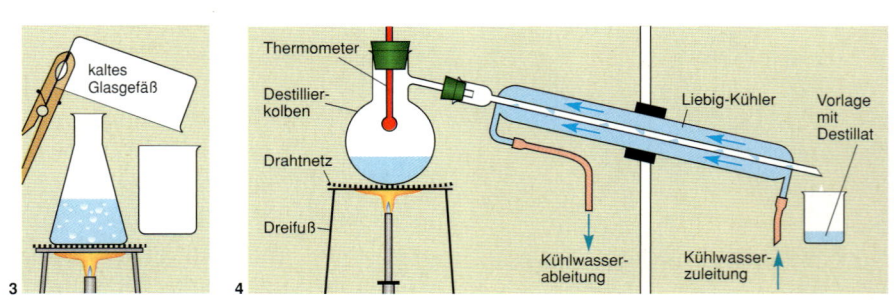

Info: Was geschieht beim Filtrieren?

Wenn feste Stoffe von flüssigen getrennt werden sollen (z. B. Sand von Wasser), ist ein einfaches Verfahren geeignet: das **Filtrieren**.

Dazu verwendet man meist ein rundes Filterpapier. Es wird gefaltet und in einen passenden Glastrichter gelegt (Bild 5). Das Papier sollte leicht angefeuchtet werden, damit es gut an der Glaswand anliegt. Der Trichter mit dem Filter kommt in ein Becherglas.

Wenn eine Flüssigkeit filtriert (d. h. durch einen Filter gegossen) wird, sammelt sich im Becherglas die gereinigte Flüssigkeit; man nennt sie **Filtrat**. Der dann im Filter zurückbleibende Rest ist der **Rückstand**.

Unsere Versuche haben gezeigt, dass einige Stoffe im Filter zurückgehalten werden.

Das liegt an den *Poren*, d. h. an den winzigen Kanälchen im Filterpapier. Sie lassen die gröberen Bestandteile der Flüssigkeit (z. B. Sandkörnchen) nicht durch. Diese Bestandteile werden immer dann zurückgehalten, wenn sie größer als die Poren sind (Bild 6).

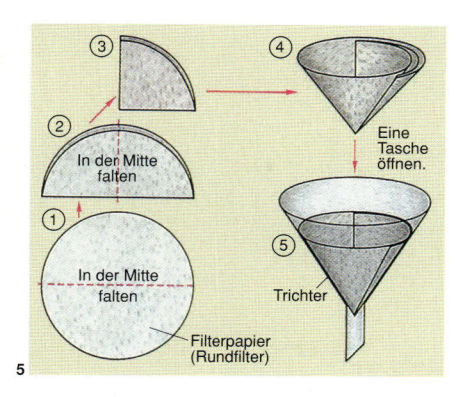

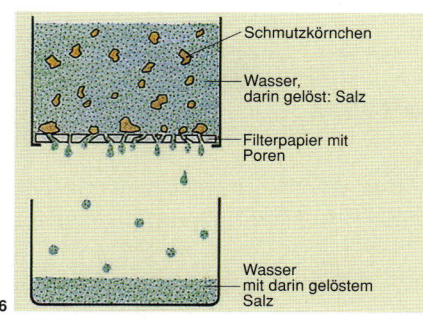

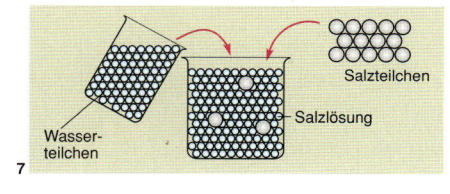

Es gibt aber auch Bestandteile, die *kleiner* als die Poren sind – z. B. das in der Flüssigkeit gelöste Salz. Diese gelösten Bestandteile können nicht herausgefiltert werden.

Solche Vorgänge kann man mit einem *Modell* verdeutlichen.

Man stellt sich vor, dass z. B. Wasser und Salz aus einer großen Menge **winzig kleiner Teilchen** bestehen – so klein, dass sie nicht einmal mit einem Mikroskop zu sehen sind.

Beim Lösen wird das Salz in diese Teilchen zerlegt. Das heißt:

Die Salzteilchen verteilen sich gleichmäßig zwischen den Teilchen des Wassers (Bild 7). Da sie so winzig sind, können sie – genauso wie die Wasserteilchen – nicht aus der Lösung herausgefiltert werden.

Aus dem Alltag: Trennverfahren – nicht nur im Unterricht

Dass sich in Flüssigkeiten *Bodensatz* bilden kann, hast du sicher schon gesehen. Vor allem bei naturtrüben Fruchtsäften setzt sich das Fruchtfleisch ab.

Das **Absetzenlassen** zählt in der Chemie zu den Trennverfahren (→ den vorbereitenden Auftrag Nr. 1 auf der Nachbarseite).

Wirksam ist dieses Verfahren, wenn man *Bodenproben* trennen will: Man verrührt sie zuerst mit Wasser – ein Verfahren, das der Chemiker **Aufschlämmen** nennt. Dann lässt man die Mischung ruhig stehen. Die Folge ist, dass sich die festen Bestandteile – der Größe nach – am Boden der Mischung absetzen. Das **Abgießen** (Dekantieren) des Wassers ist jetzt nicht mehr allzu schwer. Mit einigem Geschick kann man dabei sogar die unterschiedlichen Bodenarten voneinander trennen.

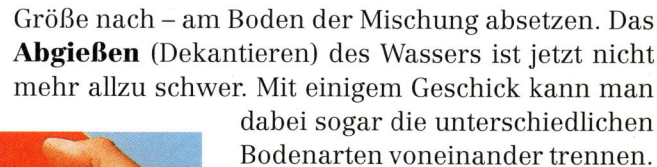

Das Abgießen macht man sich manchmal auch in der Küche zunutze:

Wenn man z. B. Kartoffeln reibt um Kartoffelpuffer zu backen, setzen sich die festeren Bestandteile unten ab. Ein Teil der Flüssigkeit sammelt sich oben und kann – wie in Bild 8 gezeigt – vorsichtig abgegossen werden.

Der lange Weg vom Abwasser zum Trinkwasser

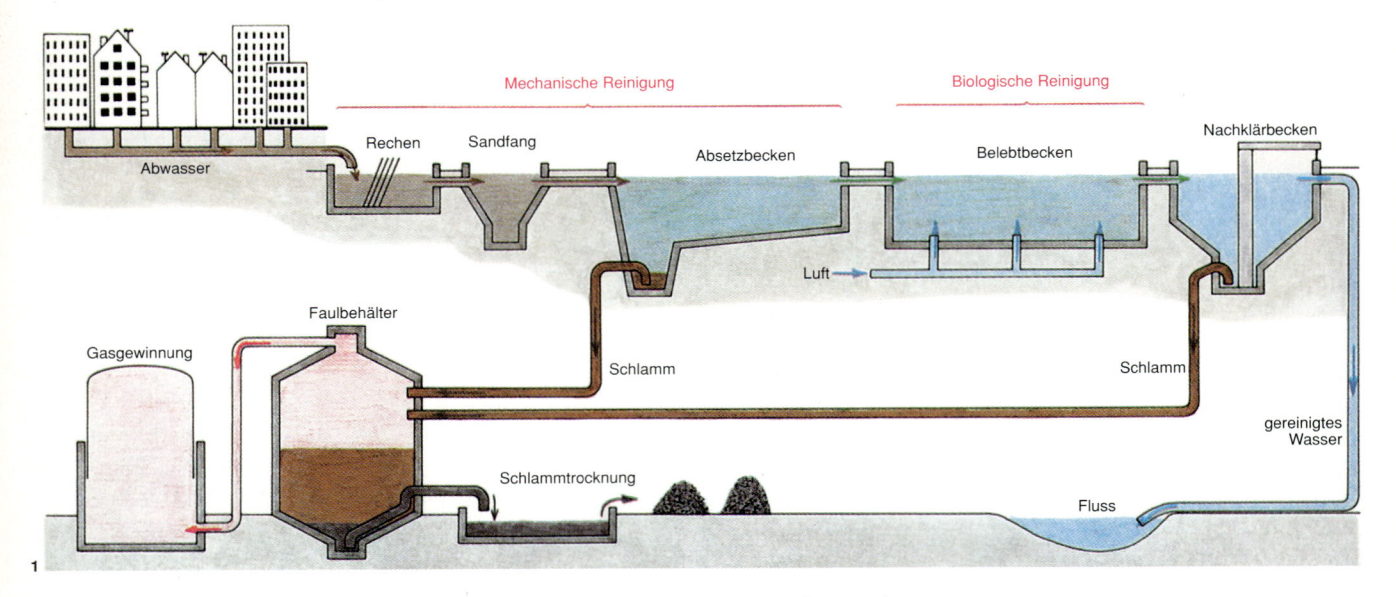

Abwasserreinigung im Klärwerk.
Was für ein Aufwand ist dafür erforderlich!

Aus der Technik: „Teamwork" im Klärwerk

Bei der Reinigung von Abwässern im **Klärwerk** ist „Teamwork" erforderlich – nämlich ein Zusammenwirken von *physikalischen*, *biologischen* und manchmal auch *chemischen* Maßnahmen.

Die Abwasserreinigung erfolgt in zwei, manchmal auch drei Stufen:

1. Die mechanische Reinigung: Das unappetitliche, übel riechende Abwasser fließt zunächst durch den großen *Rechen* (Bild 2). Der hält – wie ein Sieb – Gegenstände zurück, die sowieso nicht ins Abwasser gehört hätten: Stoffreste, Bierdosen, Holzstücke …

Im *Sandfang* (Bild 3) wird der Abwasserstrom gebremst. Hier setzen sich Sand, Kies und Steine ab – wie in einem ruhig strömenden Fluss.

Im *Absetzbecken* (Bild 4) geht es zu wie in einem stark verschmutzten stehenden Gewässer: Allmählich sinkt der Kot zu Boden. Auch für Gemüsereste und z. B. Fasern ist hier Endstation. Es entsteht ein feiner Schlamm, der in einen Trichter geschoben wird.

Jetzt helfen Verfahren der Physik nicht mehr weiter. Allein durch Sieben, Absetzen oder Abscheiden werden fein verteilte oder im Abwasser gelöste Bestandteile nicht entfernt.

2. Die biologische Reinigung: Diese Reinigungsstufe beginnt im *Belebtbecken* (Bild 5).

Hier warten unzählige Bakterien auf den eingeleiteten Schmutz. Aus vielen Düsen am Boden des Beckens strömt Druckluft durch das Abwasser; so können sich Sauerstoff, Bakterien und Schmutz innig miteinander vermischen.

Für die Bakterien und für andere Kleinlebewesen ist der Schmutz eine willkommene Nahrung. Im Abwasser sind nämlich auch Zucker und Eiweißstoffe enthalten – Stoffe, die die Bakterien für ihre Ernährung brauchen. So wachsen die Bakterien prächtig und vermehren sich schnell. Die Körper der Bakterien bilden einen lebenden Schlamm; er wird oft auch als „Belebtschlamm" bezeichnet.

Doch wohin mit dem Inhalt des Belebtbeckens, wenn die Bakterien ihr Werk getan haben? Er wird zunächst ins *Nachklärbecken* (Bild 6) geleitet. Dort kann sich der Belebtschlamm allmählich am Boden absetzen. Das geklärte Abwasser gelangt dann von hier aus in einen Zulauf zum Fluss.

Den entstandenen Schlamm kann man nicht einfach auf einer Mülldeponie lagern – du brauchst nur an den üblen Geruch zu denken. Man bringt ihn also in einen *Faulbehälter* (Bild 7), in dem er weiter ausfaulen kann.

Bei diesem Faulprozess entstehen Gase. Sie werden teilweise zu Heizzwecken in der Kläranlage selbst genutzt.

Der zurückbleibende Schlamm wird getrocknet. Er enthält aber noch giftige Schwermetalle, die man durch die beschriebenen Verfahren nicht entfernen konnte. Er wird deshalb jetzt mit Heizöl vermischt und in einem besonderen Ofen verbrannt.

Mit physikalischen und biologischen Verfahren wurde so ein geruchloses, klares Wasser erzeugt. Es enthält aber noch phosphorhaltige Stoffe (*Phosphate*, z. B. von Wasch- und Düngemitteln). Sie müssen in einer dritten Reinigungsstufe entfernt werden.

3. Die chemische Reinigung: Viele Klärwerke besitzen auch diese kostspielige Reinigungsstufe.

Man setzt dort dem Abwasser bestimmte Stoffe zu, die zusammen mit den Phosphaten unlösliche Flocken bilden. Diese setzen sich dann am Boden ab.

Du siehst, es muss viel getan werden, bis die Abwässer wieder gründlich gereinigt sind. Schließlich erzeugt jeder von uns täglich mehr als 100 Liter davon.

A1 *Wie werden Abwässer in drei Reinigungsstufen gesäubert?*

A2 *Auch in dem Ort, in dem du wohnst, oder in einem Nachbarort gibt es ein Klärwerk.*
Erkundige dich danach, mit welchen Reinigungsstufen es ausgerüstet ist.

A3 *Sind in der Gegend, in der du wohnst, größeren Betriebe?*

a) *Wenn ja, ermittle durch Interviews, ob sie eine eigene Kläranlage haben.*
b) *Wohin leiten sie die Abwässer?*

A4 *Manchmal wird Schmutzwasser ungeklärt in Gewässer oder in den Erdboden geleitet.*
Was ist dagegen zu sagen?

A5 *Auch bei euch daheim fallen Abwässer an.*

a) *Welche Menge ist das ungefähr in einer Woche (in einem Monat)?*
b) *Was könnte man vermeiden?*

A6 *Was für ein Aufwand für die Wasserreinigung! Und dabei sind wir oft so großzügig:*
a) *Fang einmal 6 Minuten lang das Wasser eines tropfenden Wasserhahns auf.*
b) *Rechne aus: Wie viel ergäbe das in 24 Stunden (in einer Woche)?*

Aus der Technik: Damit man Wasser mehrmals trinken kann …

Das Wasser, das wir trinken wollen (Bild 1), muss von besonderer Qualität und frei von Krankheitserregern sein.

Normalerweise stammt unser Trinkwasser aus dem Grundwasser. Doch wenn dieses nicht ausreicht, muss man auch das Wasser aus Flüssen, Seen oder Talsperren nehmen. Wahrscheinlich ist also ein Teil dieses Wassers schon einmal benutzt worden – z. B. zum Kochen, zum Waschen, zum Duschen oder sogar zum Trinken.

Doch keine Sorge! Unser Trinkwasser ist weder unappetitlich noch ungesund. Solches Wasser wird nämlich in **Wasserwerken** sorgfältig *aufbereitet*, bevor es in die Haushalte gelangt (Bild 2).

Selbst Grundwasser riecht und schmeckt nicht immer appetitlich. Es enthält ja so gut wie keinen Sauerstoff; auch ist es nicht völlig frei von unangenehm riechenden Gasen. Außerdem sind in ihm z. B. eisen- und manganhaltige Stoffe gelöst.

Deshalb wird das Wasser im Wasserwerk zunächst noch durch feine Düsen *zerstäubt* (Bild 3). Man sagt, es wird *verdüst*.

Mit diesem Verfahren erreicht man drei Dinge gleichzeitig:
1. Das Wasser nimmt Sauerstoff aus der Luft auf.
2. Die übel riechenden Gase entweichen in die Luft.
3. Die gelösten eisen- und manganhaltigen Stoffe wandeln sich in schwer lösliche Stoffe um.

Diese schwer löslichen Stoffe können mit Hilfe von speziellen *Absetzbecken* und *Sandfiltern* aus dem Wasser entfernt werden. Sollte das Wasser dann immer noch schädliche Stoffe enthalten, wird es durch Aktivkohlefilter gepresst. (Die feinen Teilchen der Aktivkohle gleichen winzigen Schwämmen mit Milliarden von Poren. In ihnen werden die verschiedenen Schadstoffe festgehalten.)

Oft müssen auch noch Bakterien abgetötet werden; sonst könnten Krankheiten durch das Trinkwasser übertragen werden. Man muss also das Wasser *entkeimen*. (Dazu verwendet man häufig Chlor, das du vielleicht wegen seines typischen Geruchs vom Schwimmbad her kennst.)

Das Wasser ist nun einwandfrei – wenn nicht, muss es die Stationen des Wasserwerks noch einmal durchlaufen.

Wenn du in Zukunft an den Wasserhahn gehst, dann bedenke: Gutes Trinkwasser ist nicht einfach ein Geschenk der Natur. Wasser ist knapp und wird zunehmend knapper. Es ist also schützenswert!

Viel Aufwand ist nötig um es trinkbar zu machen und bis zu dir zu transportieren. (Die Großstadt München z. B. bekommt ihr Wasser über Fernleitungen aus dem Alpenvorland.)

Und auch dieses: Selbst kleinste Mengen an Lösemitteln, Mineralölen oder anderen Schadstoffen, die du in den Abfluss gießt, gefährden das Trinkwasser – und das Wasser, das du verschmutzt, wird bestimmt wieder einmal getrunken werden …

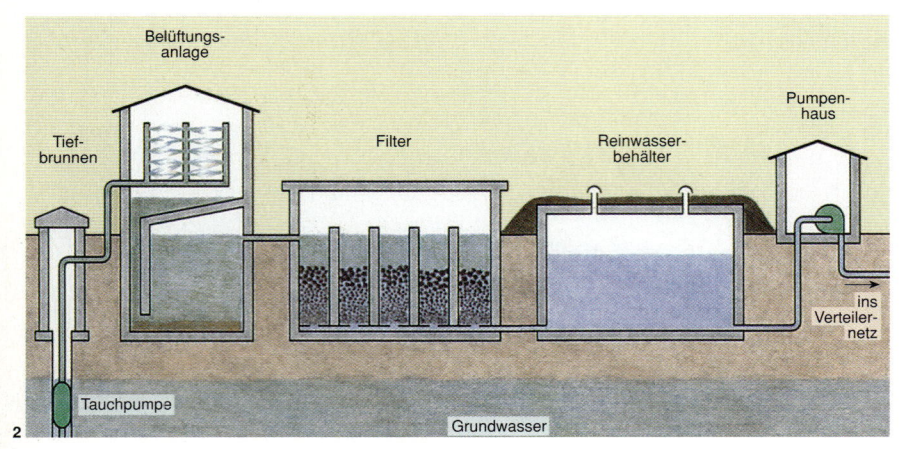

Aus der Umwelt: Im Rhein tummeln sich wieder Fische

„Das ist ja ein Hecht, den du da geangelt hast!" Birgits Vater kann es kaum fassen, dass es im Rhein wieder solche Fische gibt. Tatsächlich vierzig Arten tummeln sich derzeit im Rhein – so viele wie zuletzt in den Vierzigerjahren.

Das Staunen von Birgits Vater ist berechtigt: Vor etwa 30 Jahren war Deutschlands größter Strom nämlich zu einem stinkenden Abwasserkanal verkommen.

Die großen Industrieanlagen entlang des Rheins leiteten ihre Abwässer ungeklärt in den Rhein. Die Städte machten es größtenteils nicht anders. Außerdem wurde das Wasser durch Ölrückstände verschmutzt, die von Schiffen in den Fluss gelangten.

Die Folgen blieben nicht aus: Das Wasser enthielt nicht mehr genug Sauerstoff um sich selbst zu reinigen. Die Fische konnten nicht mehr atmen und starben allmählich aus. Übrig blieben allein die Kleinlebewesen, die beinahe ohne jeglichen Sauerstoff auskommen. Aber die beschleunigten die Fäulnis und Gärung im Wasser.

Dieser Zustand wirkte sich auf die Trinkwasserversorgung von 20 Millionen Menschen zwischen Basel und Rotterdam aus: Je verschmutzter das Wasser war, desto teurer und komplizierter wurde seine Aufbereitung. Deshalb setzten sich Fachleute aus Industrie und Politik zusammen um dem Rhein „auf die Beine zu helfen".

Am Rhein und seinen Nebenflüssen wurden nun 40 Kläranlagen mit biologischer Reinigungsstufe an die dort liegenden großen Chemiebetriebe angeschlossen. So konnte die Gewässerbelastung ganz erheblich verringert werden.

Überhaupt wurden nun für den Gewässerschutz die nötigen Gelder zur Verfügung gestellt.

Außerdem erließ die Regierung strenge Vorschriften zur Reinhaltung der Gewässer.

Zum Glück ist auch das Umweltbewusstsein der Bevölkerung inzwischen gewachsen.

Regelmäßig entnimmt man heute dem Rhein an verschiedenen Stellen Wasserproben. Diese werden dann in zahlreichen Messstationen analysiert.

Wenn man z. B. die **Gewässergütekarten** dieser Seite vergleicht, sieht man, dass die Belastungen in den letzten Jahren zurückgegangen sind.

Wasserverschmutzung und Wasseraufbereitung

Ein besonderes Trennverfahren[Z]

Du hast dich ganz schön mit Öl beschmiert!

Du mit deinen Grasflecken bist auch nicht gerade besser dran!

Ölflecken gehen schlecht raus und Grasflecken noch schlechter.
Hast du damit schon eigene Erfahrungen gemacht?
Kennst du einen Trick oder ein Hausmittel, mit dem es vielleicht doch geht?

V1 *Probiere aus, ob du Öl- oder Grasflecken entfernen kannst. Dazu brauchst du zwei kleine Stofflappen (z. B. von einem alten Küchentuch).*
a) *Zunächst musst du dir die Flecken herstellen: Reibe in einen Lappen etwas Gras, bis der grüne Pflanzenfarbstoff Flecken bildet.
Auf den anderen Lappen tropfst du etwas Fahrradöl (oder du wischst mal eben über deine Fahrradkette).*
b) *Versuche die Flecken unter warmem, fließendem Wasser auszuwaschen.*
c) *Probiere auch Seife und andere Reinigungsmittel aus. Lass die Lappen anschließend trocknen.*
d) *Kann man die Flecken mit Reinigungsbenzin [F] oder Brennspiritus [F] entfernen? (Vorsicht, es darf keine offene Flamme in der Nähe sein! Die Flasche schnell wieder verschließen! Gut lüften!)*

V2 *Grashalme und Spinat- oder Brennnesselblätter werden mit einer Schere zerkleinert und in eine Reibschale gelegt; sie soll zu einem Drittel gefüllt sein. Wir fügen 4–5 Spatelspitzen Quarzsand und 10 ml Brennspiritus [F] hinzu. Das Gemisch zerreiben wir 3 min lang und geben weitere 5 ml Brennspiritus hinzu. Jetzt reiben wir noch einmal alles gut durch.
Am Ende wird die Flüssigkeit abfiltriert. Wie sieht das Filtrat aus?*

V3 *Wir zerkleinern Sonnenblumenkerne, Erdnüsse oder Haselnüsse in einer Porzellanschale und übergießen sie mit 3–4 ml Reinigungsbenzin [F]. Nach einigen Minuten filtrieren wir das Benzin ab. Ein paar Tropfen des Filtrats lassen wir auf einem Blatt Papier verdunsten. Was stellst du fest?*

A1 *In V2 haben wir aus einigen Blättern den grünen Farbstoff herausgezogen. Chemiker sagen dazu* **extrahieren** *(lat. extrahere: herausziehen).
Auch V3 zeigte eine* **Extraktion**. *Welcher Stoff wurde extrahiert?*

A2 *Bei der Extraktion wird ein Stoff als Lösemittel verwendet (z. B. das Reinigungsbenzin). Darin löst sich der Stoff, den man extrahieren will.*

Welche Lösemittel eignen sich für die Flecken auf den Kleidungsstücken von Bild 1?

A3 *Auch beim Teekochen (Bild 2) wird ein Trennverfahren angewandt – vielleicht ist dir das bisher noch gar nicht so bewusst gewesen.
Wie würde ein Chemiker diesen Trennvorgang beschreiben?*

A4 *Die Extraktion ist ein besonderes Trennverfahren.
Worin unterscheidet es sich von anderen Verfahren, z. B. dem Filtrieren und dem Destillieren?*

Zusammenfassung

Die Wasserverschmutzung

Wasser aus Flüssen und Seen ist nicht unmittelbar als Brauchwasser oder Trinkwasser geeignet. Es enthält oft viele Verunreinigungen (Bild 3).

Das können feste Stoffe sein (z. B. Pflanzenreste, Sand, Ton und andere Schwebstoffe), aber auch flüssige Stoffe (z. B. Lösemittel, Jauche oder Öl). Außerdem sind im Wasser stets salzartige Stoffe (Mineralsalze) gelöst.

Das **Trinkwasser**, unser wichtigstes Lebensmittel überhaupt, muss sehr hohe Anforderungen an die Reinheit erfüllen. Vor allem muss es frei von Giftstoffen und Krankheitskeimen sein.

In der Regel wird im Wasserwerk *Grundwasser* zu Trinkwasser aufbereitet. Dort wird es filtriert, entkeimt und dadurch von unerwünschten Stoffen befreit. Da nicht in allen Gebieten genügend Grundwasser zur Verfügung steht, wird auch W*asser aus Flüssen, Seen* oder *Talsperren* zu Trinkwasser aufbereitet.

Unser Trinkwasser wird immer knapper. Es ist ein kostbares Gut, das geschützt werden muss.

3

Abwasserreinigung in der Kläranlage

Wasser, das nach Gebrauch in den Abfluss gelangt, wird zu **Abwasser**. Abwasser kann Flüsse und Seen verunreinigen und dadurch zu einer Gefahr für uns Menschen werden. Es muss deshalb – bevor es in die Gewässer geleitet wird – in einem **Klärwerk** gereinigt („geklärt") werden.

In modernen Klärwerken geschieht das in mehreren aufeinander folgenden Stufen (in der mechanischen, der biologischen und der chemischen Reinigungsstufe):

1. *Mechanische Reinigung:* Grobe Verunreinigungen werden abgeschieden.
2. *Biologische Reinigung:* Im Belebtbecken wirken bestimmte Bakterien und Kleinstlebewesen auf den Schmutz ein. Der sich bildende Schlamm wird im Faulbehälter gesammelt, getrocknet und verbrannt.
3. *Chemische Reinigung:* Dem Abwasser werden Stoffe zugesetzt, die mit unerwünschten Mineralsalzen (z. B. den Phosphaten) unlösliche Flocken bilden. Diese setzen sich dann am Boden ab.

Alles klar?

Lösungen → Anhang

1. *Man spricht von einem „Kreislauf des Wassers". Was versteht man darunter?*
Beschreibe die einzelnen Stationen dieses Kreislaufs.

2. *Aus verschmutztem Wasser lassen sich Schwebstoffe durch Filtrieren entfernen.*
a) *Beschreibe die Wirkungsweise eines Filters.*
b) *Wovon hängt die Wirkungsweise eines Filters ab?*

3. *Öl stellt eine besondere Bedrohung des Wassers dar.*
a) *Woran liegt das?*
b) *Auf welche Weise werden die Gewässer manchmal durch Öl (Mineralöl) verschmutzt?*

4. *Worin unterscheiden sich das Leitungswasser und destilliertes Wasser?*

5. *Die Bestandteile einer Bodenprobe sollen getrennt werden. Wie macht man das? (Tipp: Das Dekantieren spielt dabei eine Rolle.)*

6. *In modernen Klärwerken erfolgt die Reinigung des Abwassers in mehreren Stufen.*
Nenne die einzelnen Stufen. Beschreibe auch, wie die schrittweise Reinigung des Abwassers vor sich geht.

7. *Was kannst du tun um Trinkwasser nicht zu gefährden?*

Der einfache elektrische Stromkreis

Die Fahrradbeleuchtung

Fahrradkontrolle auf dem Schulhof (Bild 1)

Mängel können an den Leitungen, den Anschlüssen, den Lampen und den Fassungen auftreten.

Vorbereitende Aufträge

1. Sicher hast du schon einmal eine Fahrradprüfung gemacht? Dann weißt du bestimmt, womit ein **verkehrssicheres Fahrrad** ausgestattet ist.
(Beschaffe dir Unterlagen darüber. Du bekommst sie z. B. bei der Polizei oder bei einem Fahrradhändler.)

a) Welche der in Bild 2 genannten Teile sind für das Fahrrad vorgeschrieben?
Welche Teile wären zusätzlich empfehlenswert?
b) Ob bei dem Fahrrad von Bild 2 alles stimmt?
Vergleiche mit den von dir besorgten neuesten Unterlagen.

c) Sieh nach, ob dein eigenes Fahrrad (oder ein anderes) alle vorgeschriebenen Teile besitzt.

2. Sieh dir die **Beleuchtungsanlage** deines Rades genau an.
a) Beschreibe, wie du Scheinwerfer und Rücklicht überprüfen könntest.
Welche Aufgabe(n) haben die Beleuchtungsvorrichtungen?
b) Neben den Lampen, die selber Licht aussenden, hat dein Fahrrad auch Reflektoren.
Suche sie am Fahrrad und gib an, wo sie sich befinden.
Wofür sind diese Reflektoren wichtig?
Versuche die Aufgaben der beiden Lampen (Scheinwerfer und Rücklicht) und der Reflektoren zu beschreiben.
c) Vom Dynamo aus führen Kabel sowohl zum Scheinwerfer als auch zum Rücklicht.
Sieh nach, um wie viele Drähte es sich jeweils handelt.

① eine helltönende Glocke
② eine Vorderradbremse
③ eine Hinterradbremse (Rücktritt)
④ ein Scheinwerfer mit weißem Frontreflektor
⑤ mindestens zwei gelbe Speichenrückstrahler oder in jedem Rad „Leucht-Reifen"
⑥ ein Dynamo
⑦ ein rotes Rücklicht mit kleinem rotem Rückstrahler
⑧ ein zusätzlicher großer roter Rückstrahler
⑨ gelbe Rückstrahler an beiden Seiten der Pedale

Du darfst nie an der Steckdose experimentieren! Lebensgefahr!

V1 Mit einer Flachbatterie kann man prüfen, ob die Fahrradlampen in Ordnung sind (Bild 3).
a) Überlege: Bei welchen Anordnungen von Bild 3 wird die Lampe leuchten, bei welcher nicht (auch wenn sie in Ordnung ist)?
b) Probiere die vier Schaltungen von Bild 3 aus.

V2 Leichter geht es, wenn du zum Überprüfen der Glühlampen eine Lampenfassung und einen „Trafo" – verwendest. (Bild 4 zeigt den Versuchsaufbau.)
a) Was für Möglichkeiten hast du die Lampe auszumachen?
b) Kannst du die Lampe mit nur einem Kabel leuchten lassen?

V3 Wir überprüfen die Leitungen der Fahrradbeleuchtung.
a) Sieh zuerst nach, wie sie (innen und außen) aufgebaut sind.
b) Mit dem Versuchsaufbau von Bild 5 kannst du untersuchen, ob sie in Ordnung sind.

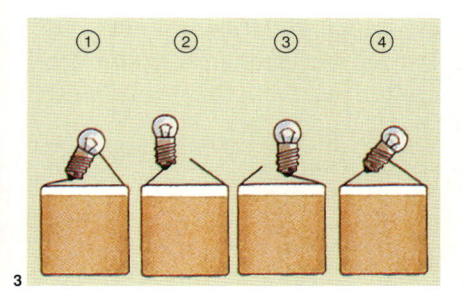

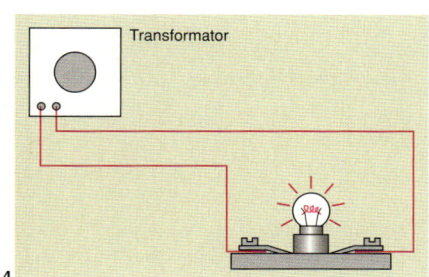

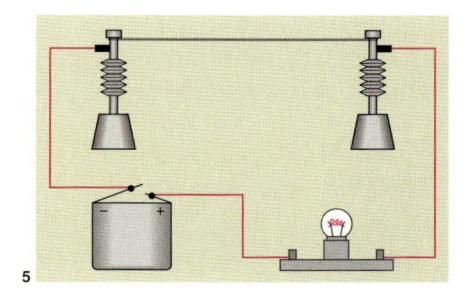

Info: Stromkreise – nicht nur beim Fahrrad

Lampen leuchten nur dann, wenn ihre *beiden* Kontaktstellen mit den Polen einer Energiequelle (Batterie, Trafo …) verbunden sind (Bild 6).

In der Physik nennt man eine solche Schaltung einen **elektrischen Stromkreis**. Die Lampe gibt uns Auskunft über den elektrischen Stromkreis:
○ Wenn die Glühlampe leuchtet, ist der Stromkreis *geschlossen*.
○ Wenn die Glühlampe nicht leuchtet, ist der Stromkreis *unterbrochen*.

Bild 7 zeigt die Schnittzeichnung einer **Glühlampe**. So kannst du sehen, wie sie aufgebaut ist. Ihre wichtigsten Teile sind mit Namen bezeichnet worden. In der Zeichnung kannst du auch verfolgen, wie der Stromkreis im Innern der Lampe verläuft.

Praktisch ist es, wenn man seine Glühlampe in eine **Lampenfassung** einschrauben kann – dann muss man sie beim Experimentieren nicht festhalten; auch die Kontakte sind dann einwandfrei. Die Lampenfassung ist ebenfalls Teil des Stromkreises (Bild 8).

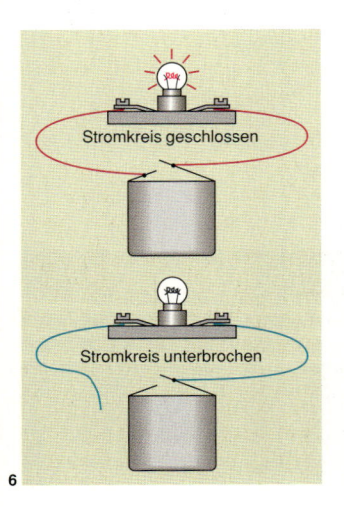

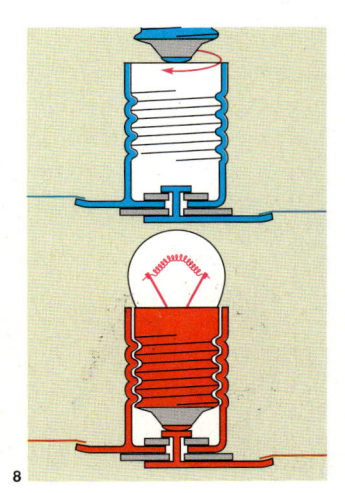

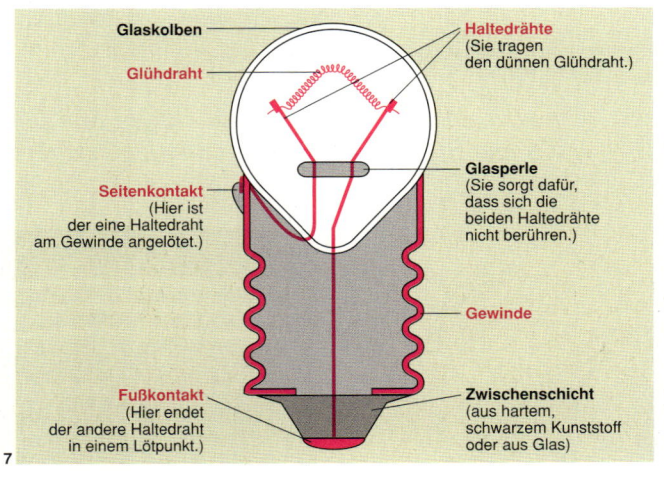

Info: Schaltzeichen und Schaltpläne

Um sich das Zeichnen zu erleichtern, hat man für die einzelnen Teile des elektrischen Stromkreises Zeichen verabredet: **Schaltzeichen**, auch **Schaltsymbole** genannt (Bild 1).

Die Leitungen, die sie verbinden, werden als *Linien* gezeichnet.

Einen mit Schaltsymbolen gezeichneten Stromkreis nennt man **Schaltplan (Schaltskizze)**.

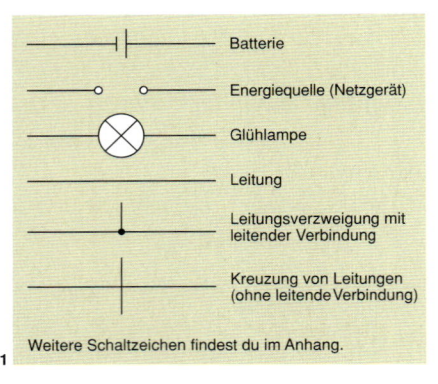

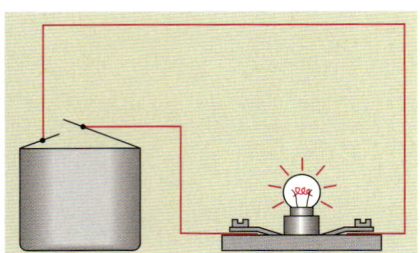

1 Weitere Schaltzeichen findest du im Anhang.
- Batterie
- Energiequelle (Netzgerät)
- Glühlampe
- Leitung
- Leitungsverzweigung mit leitender Verbindung
- Kreuzung von Leitungen (ohne leitende Verbindung)

A1 Sieh dir die Bilder 2–4 dieser Seite an.
a) Was haben sie gemeinsam und worin unterscheiden sie sich?
b) Nenne Vor- und Nachteile dieser drei Darstellungsarten.

A2 Ein Strom„kreis" müsste ja eigentlich anders aussehen …
Warum hat man sich auf die Darstellungsart von Bild 4 geeinigt?

A3 In einer Schaltung aus Batterie, Glühlampe und Fassung leuchtet die Lampe nicht.
Gib mögliche Gründe dafür an. (Verwende bei deiner Antwort die Begriffe „geschlossener Stromkreis" oder „offener Stromkreis".)

A4 Wie kannst du mit einer Flachbatterie überprüfen, ob eine Glühlampe kaputt ist oder nicht?
Zeichne deinen Vorschlag auf.

A5 Die Leitungen der Fahrradbeleuchtung enthalten Litzen (Bild 5).
Litzen bestehen aus feinen Drähten, die zusammengedreht und gemeinsam isoliert sind.
Warum werden nicht alle elektrischen Leitungen aus massiven Drähten hergestellt? (Bild 6 gibt dir einen Hinweis für deine Antwort.)

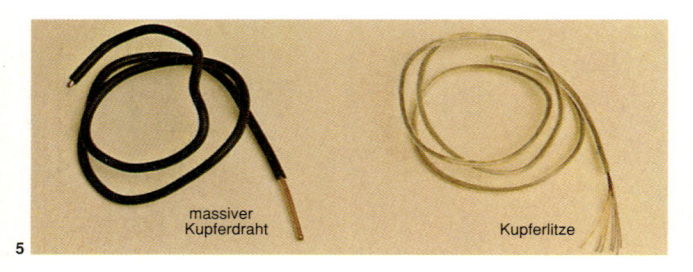

A6 Eine Glühlampe wird an einen Dynamo angeschlossen.
a) Welche Teile der Glühlampe sind Bestandteil des Stromkreises (Bild 7 der Vorseite)?
b) Beschreibe den Stromkreis vom Fußkontakt bis zum Seitenkontakt der Lampe. (Benutze bei deiner Beschreibung die Begriffe aus Bild 7 der Vorseite.)

A7 Zeichne den Schaltplan eines Stromkreises aus Trafo, Lampe und Leitungen. Nimm dafür ein Lineal zu Hilfe.
Beschreibe den Stromkreis von einem Pol des Trafos zum anderen Pol.

A8 Eine Glühlampe leuchtet nicht, wenn man sie nur halb in die Fassung dreht.
Gib an, warum das so ist.

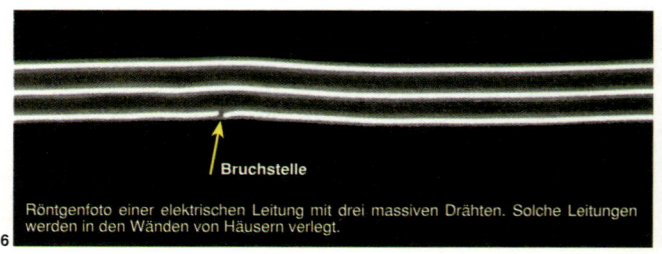

5 massiver Kupferdraht — Kupferlitze

6 Röntgenfoto einer elektrischen Leitung mit drei massiven Drähten. Solche Leitungen werden in den Wänden von Häusern verlegt. — Bruchstelle

Stromkreise beim Fahrrad

Erinnere dich: Beim Experimentieren haben wir immer mindestens *zwei* Leitungen gebraucht um eine Glühlampe zum Leuchten zu bringen.

Bei der Fahrradbeleuchtung führt nur *ein einziger* Draht zum Scheinwerfer und auch nur *einer* zum Rücklicht (Bild 7). *Kann denn das ein geschlossener Stromkreis sein?*

V1 *Schließe deine Glühlampe mit Fassung so an einen Dynamo an, wie Bild 8 es zeigt.*

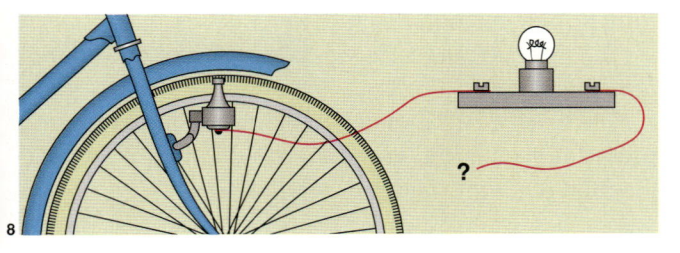

a) Drehe das Rad mit dem angeklappten Dynamo.
b) Wo befindet sich am Dynamo der zweite Pol (d. h. die zweite Kontaktstelle)?

V2 *Der Fahrraddynamo wird jetzt durch eine Flachbatterie ersetzt (Bild 9). Statt der Batterie kann auch ein Netzgerät verwendet werden.*

a) Was ist zu tun, damit die Lampe leuchtet?
b) Führe dasselbe mit dem Rücklicht durch.

V3 *Bild 10 zeigt den Versuchsaufbau. Die Lampe soll leuchten, obwohl du nur eine einzige Leitung benutzt.*

a) Welcher Teil des Versuchsaufbaus entspricht dem Fahrradrahmen?
b) Wie erreichst du, dass die Lampe aufleuchtet?
c) Nicht alle Teile des Laubsägebügels sind dafür geeignet, den Stromkreis zu schließen. *Worauf musst du achten?*
d) Übertrage deine Erkenntnisse auf die Schaltung bei der Fahrradbeleuchtung:
Wo ist dort „die zweite Leitung"?
Wie wird dort (trotz des isolierenden Lacks) für eine leitende Verbindung gesorgt?

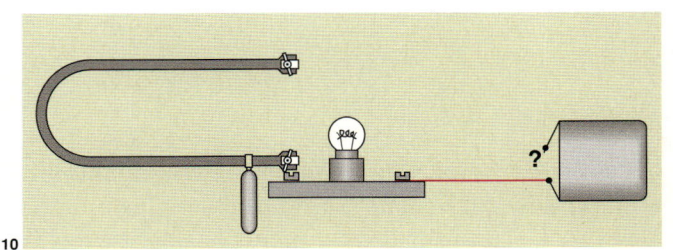

A1 Beim Fahrrad sind an einen einzigen Dynamo zwei Lampen angeschlossen (Scheinwerfer und Rücklicht).
a) Probiere im **Versuch** aus, wie man zwei Glühlampen an ein Netzgerät anschließen kann. Nimm die Geräte von Bild 1.
Es gibt verschiedene Möglichkeiten. Vielleicht findest du sogar eine, bei der die eine Lampe weiterleuchtet, während die andere aus ihrer Fassung gedreht wird.
b) Zeichne den Schaltplan.

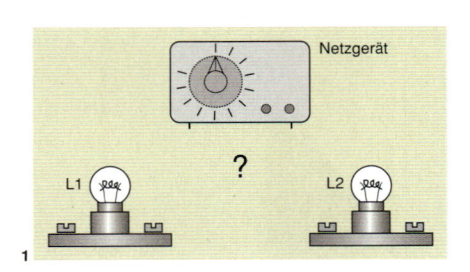

A2 In den Bildern 2–5 siehst du Schaltungen; sie zeigen, wie zwei Lampen an eine Energiequelle angeschlossen werden können.
Bild 2 ist eine **Reihenschaltung**: Die beiden Glühlampen sind hintereinander oder „in Reihe" geschaltet. Eine **Parallelschaltung** siehst du in Bild 3. Die Lampen sind parallel angeordnet.
a) Um welche Schaltungsarten handelt es sich in den Bildern 4 u. 5?
b) Welcher der folgenden Sätze passt zu welcher Schaltung?
„Wenn man eine Lampe herausdreht, geht die andere aus."
„Jede Lampe hat einen eigenen Stromkreis."
c) Welche Schaltungsart findest du beim Fahrrad?

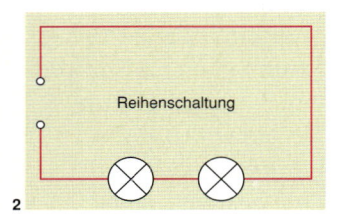

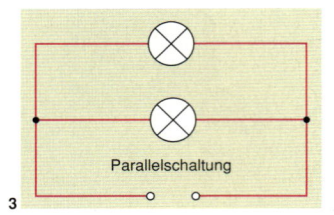

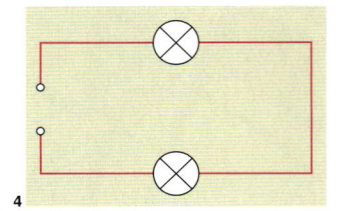

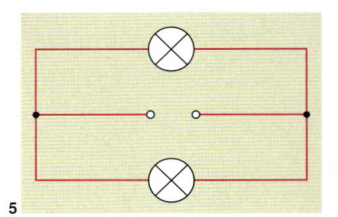

Info: Das Pfiffige am Fahrradstromkreis

Eine Lampe kann nur leuchten, wenn sie Teil eines geschlossenen Stromkreises ist.

Das gilt auch für die Fahrradbeleuchtung – auch wenn dort jede Lampe mit nur *einem* Kabel an den Dynamo angeschlossen ist. **Die zweite Verbindung zwischen Lampe und Dynamo bilden die Metallteile des Fahrrads.** Sieh dir dazu Bild 6 an.

Rücklicht und **Scheinwerfer** der Fahrradbeleuchtung haben je einen eigenen Stromkreis.
Die zwei Stromkreise sind also voneinander *unabhängig* (Bild 7).
Die beiden Lampen der Fahrradbeleuchtung sind **parallel** geschaltet. Wenn eine der Lampen ausfällt, leuchtet die andere immer noch weiter.

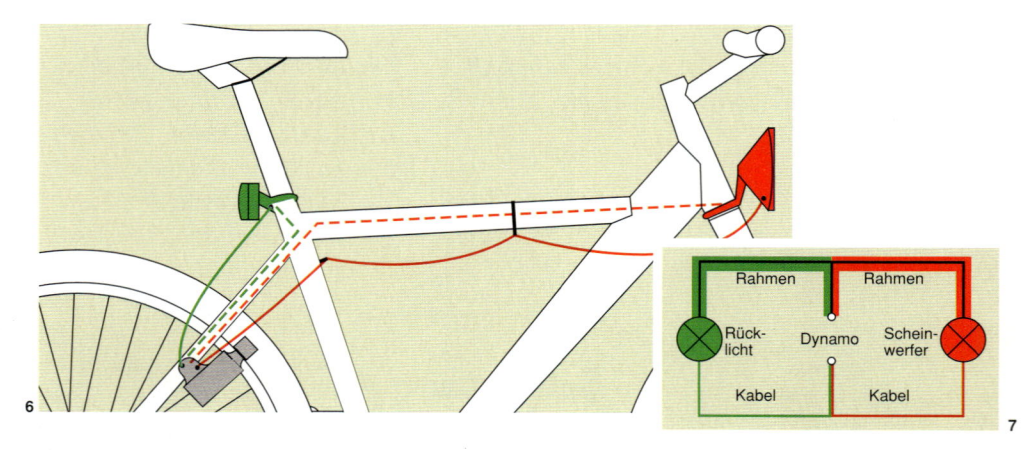

Stromkreis beim Scheinwerfer: Fußkontakt des Dynamos (1. Pol) → Draht → Lampenanschluss → Fußkontakt des Lämpchens → Glühdraht → Gewinde des Lämpchens → Gehäuse des Scheinwerfers → Gabel → Rahmen → Halterung des Dynamos → Gehäuse des Dynamos (2. Pol)

A3 In den Bildern 6 u. 7 auf der Nachbarseite ist der Stromkreis der Fahrradbeleuchtung beschrieben. Beschreibe in ähnlicher Weise den Stromkreis des Rücklichts.

A4 Um eine Lampe in einer Fassung zum Leuchten zu bringen, sind zwei Kabel erforderlich. Beim Fahrrad führt aber nur ein einziges Kabel vom Dynamo zum Scheinwerfer.
Warum ist das möglich?

A5 Hier kannst du „in eine Taschenlampe hineinsehen" (Bild 8).

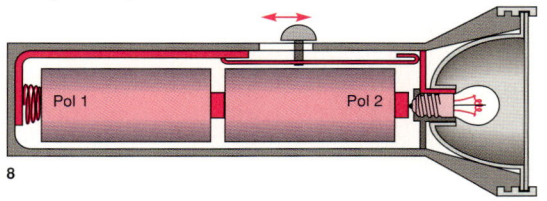

Die Taschenlampe ist eingeschaltet, der Stromkreis ist also geschlossen. Beschreibe den Stromkreis.

A6 Die Fotos der Bilder 9 u. 10 zeigen, wie man Lampen schalten kann.
a) Zeichne die Schaltpläne.
b) Welches ist eine Reihenschaltung und welches eine Parallelschaltung?
c) Welche dieser Schaltungsarten verwendet man bei der Fahrradbeleuchtung? Begründe!
d) In eurer Wohnung können mehrere Lampen und Elektrogeräte gleichzeitig eingeschaltet sein.
Welche Schaltungsart wird hier offenbar angewendet? Begründe!

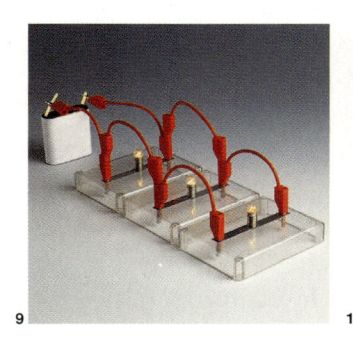

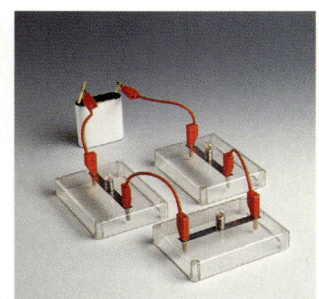

Aus dem Alltag: Ein „Check" für die Fahrradbeleuchtung

Die Fahrradbeleuchtung ist nicht nur dazu da, die Straße zu beleuchten. Sie dient vor allem dazu, *gesehen zu werden*. Sie ist wichtig für die Sicherheit!

Du solltest daher regelmäßig die Beleuchtung deines Fahrrads kontrollieren. Wenn eine Lampe nicht leuchtet, hilft dir die folgende *Checkliste*:

1. Überprüfe, ob die Leitung vom Dynamo zur Lampe richtig angeklemmt ist (Bild 11). Sind die Kontaktstellen blank und rostfrei? (Den Belag kannst du mit einem Schraubenzieher abkratzen.)
(Vielleicht hast du ein Rad mit Kunststoff-Schutzblechen, in die ein Metallstreifen eingelassen ist. Dann solltest du auch den Steckkontakt untersuchen, der zu dem Metallstreifen führt; dieser Kontakt könnte sich gelöst haben.)
2. Öffne den Scheinwerfer des Fahrrads und schraube die Glühlampe heraus. Ist ihr Glühdraht in Ordnung (Bild 12)? Sieht der Fußkontakt der Lampe blank aus?
3. Schraube die Glühlampe ein. Achte darauf, dass sie fest in der Fassung sitzt. Der Fußkontakt muss auf den Blechstreifen im Scheinwerfer drücken (Bild 13).
4. Der Seitenkontakt des Rücklichts ist über die Halterung der Lampe mit dem Fahrradrahmen verbunden. Sieh nach, ob die Stelle, an der die Halterung befestigt ist, rostfrei ist (Bild 14).
5. Ob der Leitungsdraht unterbrochen ist (Bild 15) – womöglich sogar unter der Isolierung?
6. Wenn weder im Scheinwerfer noch im Rücklicht die Lampe leuchtet, könnte auch der Dynamo defekt sein. Zur Kontrolle solltest du eine Batterie anschließen. Vergiss dabei nicht den Anschluss der Batterie an den Rahmen (Bild 16).

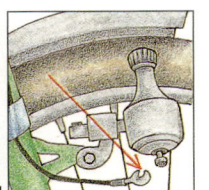

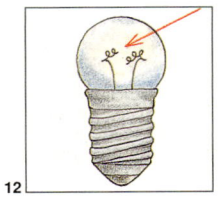

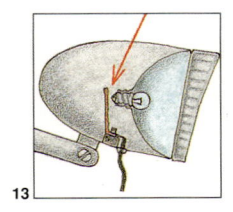

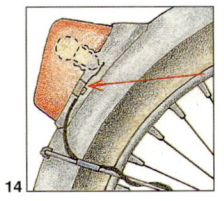

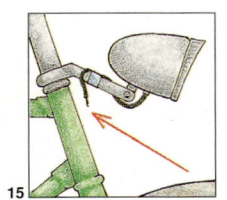

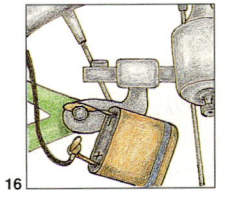

Leiter und Nichtleiter – Gefahren des elektrischen Stroms

Die Lampe leuchtet nicht (Bild 1).

Woran könnte das liegen?
(Der Stromkreis scheint doch geschlossen zu sein …)

Vorbereitende Aufträge

Im Unterricht wird untersucht, welche **Stoffe** den elektrischen Strom leiten und welche nicht.

(In Physik und Chemie heißt das Material, aus dem etwas hergestellt ist, „Stoff". So kann z. B. ein Becher aus Glas oder Kunststoff bestehen und ein Armband aus Leder oder Silber.

Glas, Kunststoff, Leder und Silber sind also Stoffe.)

1. Sammle zu Hause Gegenstände aus unterschiedlichen Stoffen. Bringe sie – wenn sie nicht zu groß sind – in die Schule mit.

2. Versuche auch unterschiedliche Metallreste zu bekommen (z. B. bei einem Klempner). Zu den Metallen gehören z. B. Eisen, Kupfer und Silber. Auch sie sind Stoffe.

3. Schreibe die Namen sämtlicher Metalle auf, die du kennst.

4. Notiere Erkennungsmerkmale einiger Metalle (z. B. Kupfer: rötlich; wird für elektrische Leitungen verwendet).
Du kannst dazu auch Rätselaufgaben stellen: Schreibe einige Merkmale eines Metalls auf und lass jemanden das Metall raten.

Praktikumsversuch

V1 a) *Wir prüfen, welche festen Stoffe den elektrischen Strom leiten und welche ihn nicht leiten.*
Versuchsmaterialien: *Prüfgerät der Bilder 4 u. 5 oder Flachbatterie, Glühlampe in Fassung, 4 Krokodilklemmen, 3 Anschlussdrähte.*
Versuchsaufbau u. -durchführung: *Siehe Bild 2.*
Mustertabelle zum Eintragen der Ergebnisse:

Körper	Stoff, aus dem er besteht	Leitet der Stoff?
Draht	Kupfer	ja
…	…	…

b) *Wir prüfen auch Flüssigkeiten.*
Versuchsmaterialien: *Prüfgerät der Bilder 4 u. 5 oder zusätzlich zu den genannten Materialien ein Strommesser mit Anschlussdraht, 2 Kupferstreifen oder Kohlestäbe, 1 Becherglas, Flüssigkeiten.*
Versuchsaufbau u. -durchführung: *Siehe Bild 3.*
Mustertabelle zum Eintragen der Ergebnisse:

Flüssigkeit	Leitet die Flüssigkeit?
destilliertes Wasser	…
…	…

Der Versuch wird entweder so mit dem Prüfgerät … … oder so mit Batterie und Glühlampe durchgeführt.

Der Stromkreis erhält nun noch einen Strommesser als Anzeigegerät.

In das Becherglas mit den Kupferstreifen werden verschiedene Flüssigkeiten gegossen.

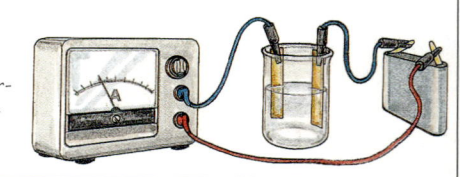

Der einfache elektrische Stromkreis

A1 Stoffe, die den elektrischen Strom leiten, heißen **Leiter**. Stoffe, die den elektrischen Strom nicht leiten, heißen **Nichtleiter** oder **Isolatoren**. (Isolatoren nutzt man z. B. zum Isolieren von Drähten.)
a) Schreibe fünf Leiter und fünf Nichtleiter auf.
b) Anja behauptet: „Mein Bleistift ist ein Leiter." Sven widerspricht: „Ein Bleistift ist ein Nichtleiter." Beide haben sogar Recht ... Erkläre!
c) Wie hätten sie sich genauer ausdrücken müssen?

A2 Hier sind „Steckbriefe" von drei Metallen:
1. Silberfarben, leicht, daraus werden z. B. Fensterrahmen gemacht.
2. Grau, rostet leicht, wird von einem Magneten angezogen.
3. Dunkelgrau, leicht biegbar, schwer.
a) Gib an, um welche Metalle es sich dabei handelt.
b) Sind es Leiter oder Nichtleiter?

A3 Micha hat destilliertes Wasser mitgebracht. (Es ist frei von anderen Stoffen und wird z. B. in Dampfbügeleisen verwendet.) Er behauptet: „Dieses Wasser leitet den elektrischen Strom."
Wie kannst du herausfinden, ob seine Behauptung stimmt? Plane dazu einen Versuch (Schaltplan!). Führe ihn dann durch.

Bauanleitung: Ein Prüfgerät für Leiter und Nichtleiter

Du brauchst:
(Hinweis: Die Ziffern im Kreis verweisen auf die betreffenden Teile in Bild 4).

Lüsterklemmen, 5 Abschnitte ①;
1 Leuchtdiode ②;
1 Festwiderstand (330 Ohm ③);
3 flexible, leicht biegbare Kupferkabel ④, an den Enden abisoliert;
2 starre Kupferkabel ⑤, an den Enden abisoliert;
eine 4,5-Volt-Flachbatterie oder eine 9-Volt-Blockbatterie mit Anschluss ⑥.

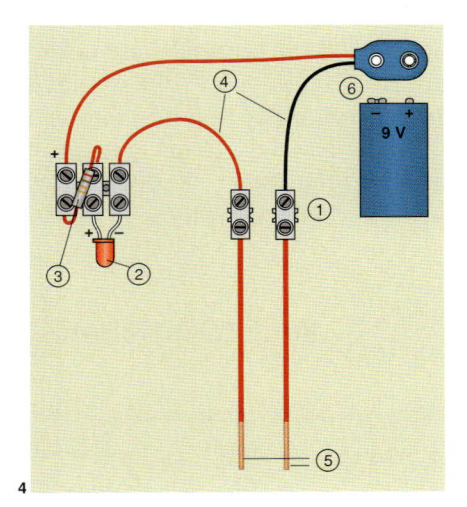

So wird's gemacht:

Entferne vorsichtig die Isolierung von allen Drahtenden. Baue dann das Gerät nach Bild 4 zusammen. Achte dabei auf die richtige Polung der Leuchtdiode!

So kannst du das Prüfgerät testen: Wenn sich die beiden Enden der Prüfstrecke berühren, muss die Leuchtdiode leuchten. (Tipps zur Fehlersuche: Richtige Polung der Leuchtdiode? Isolierung sauber entfernt? Schrauben der Lüsterklemme fest? Batterie „leer"?)

4

Bild 5 zeigt das Prüfgerät im Einsatz. So kann man sogar an den Wurzeln direkt messen, ob genügend Feuchtigkeit vorhanden ist. 5

Als Prüfstrecke kannst du auch – wie hier – Stricknadeln nehmen. (Wie wär's mit einem solchen Gerät als Geschenk für deine Mutter?)

Info: Der Mensch als elektrischer Leiter

Metalle und Kohlenstoff sind elektrische **Leiter**. Glas, Gummi, Porzellan und Kunststoffe sind Beispiele für **Nichtleiter**.

Mit einem Messgerät kann man nachweisen, dass sogar der *menschliche Körper* ein elektrischer Leiter ist (Bild 1).

Elektrische Ströme durch den menschlichen Körper hindurch können lebensgefährlich sein: Die Muskeln verkrampfen sich, das Herz kann außer Takt geraten und auch Verbrennungen sind möglich. Unter Umständen kann ein Stromschlag sogar zum Tod führen.

Das Hantieren an Steckdosen oder am Stromnetz sowie das Öffnen von Elektrogeräten sind lebensgefährlich.

Nimm beim Experimentieren immer nur Batterien oder Netzgeräte als Energiequellen!

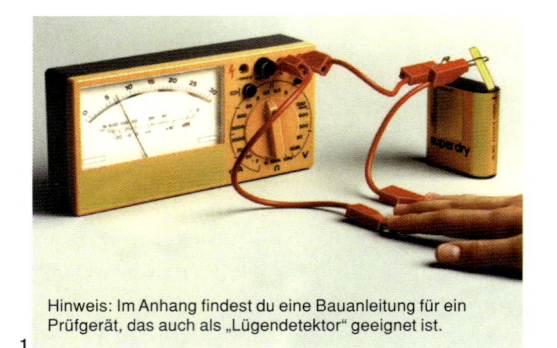

1 Hinweis: Im Anhang findest du eine Bauanleitung für ein Prüfgerät, das auch als „Lügendetektor" geeignet ist.

Wie kommt es eigentlich, dass der menschliche Körper den elektrischen Strom leitet?

Ihr habt verschiedene Flüssigkeiten auf ihre Leitfähigkeit hin untersucht. Dabei werdet ihr festgestellt haben, dass das Salzwasser ein guter Leiter ist. Da unser Körper zu etwa zwei Dritteln aus salzhaltigem Wasser besteht, leitet auch er gut.

Bei **Elektrounfällen** ist eine schnelle Hilfeleistung wichtig: Der Stromkreis muss unterbrochen werden (Schalter bzw. Sicherung ausschalten!). Auf keinen Fall den Verunglückten vorher anfassen!

Bei Atemstillstand sofort mit Wiederbelebungsmaßnahmen beginnen (z. B. Atemspende oder Herzdruckmassage)!

Außerdem muss ein Notarzt bzw. der Rettungswagen gerufen werden.

Aus der Technik: Auch Nichtleiter sind wichtig

Vor rund 80 Jahren, als deine Urgroßeltern noch Kinder waren, gab es kaum Elektrogeräte in den Haushalten. Wasch- oder Spülmaschinen, Staubsauger usw. waren weitgehend unbekannt. Erst allmählich setzte sich das elektrische Licht allgemein durch.

Obwohl die Elektrizität damals weniger verbreitet war als heute, gab es viele *Stromunfälle*. Das lag vor allem an den schlecht isolierten Leitungen. Die Leitungen waren in den Wohnungen sichtbar an Wänden und Decken angebracht (Bild 2). Heute dagegen befinden sich Leitungen meist „unter Putz" (also unsichtbar und berührungssicher in den Wänden verborgen).

Die Isolierung der Leitungen (Bild 3) bestand aus Baumwollband und Gummi. Diese Materialien wurden schnell brüchig – vor allem in der Nähe von Lampen; dort wurden die Leitungen heiß.

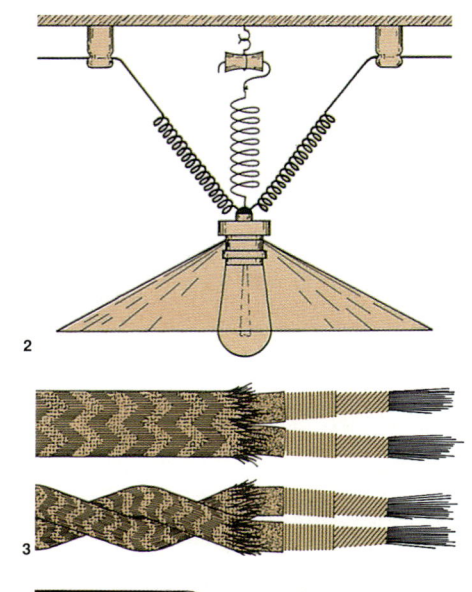

Beim Auswechseln von Lampen konnte man leicht mit den blanken Drähten in Berührung kommen. Das führte dann zu lebensgefährlichen Unfällen.

Heute sind elektrische Leitungen mit Kunststoffen isoliert. Diese sind ziemlich hitzebeständig und elastisch und werden auch nach Jahren noch nicht brüchig.

Erst diese neueren Kunststoffe haben es möglich gemacht, Leitungen überall gefahrlos zu verlegen – selbst im Wasser oder in der Erde (Bild 4, Erdkabel).

Kunststoffe als Nichtleiter waren für die Verbreitung der Elektrizität genauso wichtig wie die Metalle als Leiter.

Aus dem Alltag: Gefahren beim Umgang mit Elektrogeräten

Haartrockner im Bad brachte den Tod
39-Jähriger erlitt Stromstoß

Unvorstellbarer Leichtsinn hat einem Menschen das Leben gekostet. Dies veranlasste die Kriminalpolizei und den Verband Deutscher Elektrotechniker (VDE), erneut auf Gefahren beim Hantieren mit Haartrocknern in Feuchträumen hinzuweisen.

Am Montag wurde in einer Frankfurter Wohnung die Leiche eines 39 Jahre alten Mannes gefunden. Der Mann lag tot in der gefüllten Badewanne. Der eingeschaltete, noch unter Strom stehende Haartrockner lag im Wasser. Die Polizei stellte fest, dass das Gerät keinen technischen Mangel aufwies.

Der VDE bezeichnete die Gewohnheit, sich in Badewannen die Haare zu trocknen, als lebensgefährliche Dummheit. Sobald nämlich der Haartrockner in die Wanne rutscht, fließt ein großer elektrischer Strom durch den Körper. Es genügt auch, wenn man feuchte Stellen des Gerätes berührt und gleichzeitig Kontakt mit der Wasserleitung hat. Haartrockner haben in der Badewanne nichts zu suchen!

Unwissenheit und Leichtsinn
Über die häufigsten Ursachen des Stromtodes

In der Bundesrepublik sterben jährlich Hunderte von Menschen durch elektrischen Strom. Dabei sind häufig Unwissenheit und Leichtsinn im Spiel. Gefahr herrscht vor allem da, wo Wasser und Strom „einander begegnen".

Einige Tipps zum Umgang mit dem elektrischen Strom:
1. Darauf achten, dass Elektrogeräte VDE-geprüft sind.
2. Nach Gebrauch des Gerätes den Stecker aus der Steckdose ziehen.
3. Elektrogeräte niemals mit Wasser reinigen.
4. Wenn kleine Kinder in der Wohnung sind, Steckdosen mit Steckdoseneinsätzen sichern.
5. Stecker nicht an der Leitung aus der Dose ziehen.
6. Leitungen nicht unter Teppiche legen oder durch Türritzen quetschen.
7. In der Badewanne keinen Haartrockner bedienen.
8. Heizlüfter und Nachttischlampen gehören nicht ins Badezimmer.
9. Schadhafte Teile vom Fachmann reparieren lassen.

A4 Suche nach VDE-Prüfzeichen (Bild 5) auf einigen Elektrogeräten.

A5 „Wo Wasser und Strom einander begegnen", da ist es besonders gefährlich. Erläutere diese Aussage anhand der Bilder 6 u. 7.

A6 Wie funktionieren die Steckdoseneinsätze („Kindersicherungen")? Was sollen sie verhindern?

A7 Welche der Werkzeuge von Bild 8 könnte ein Elektriker gut gebrauchen? Begründe!

A8 Bild 9 zeigt einen Stromkreis; er besteht aus mehreren Teilen. Der Stromkreis ist geschlossen, wie das Messgerät anzeigt.
Übertrage zunächst den Stromkreis in dein Heft.
Schreibe dann die leitenden Stoffe an die einzelnen Teile.

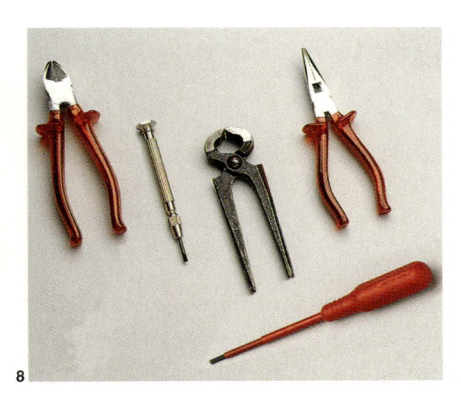

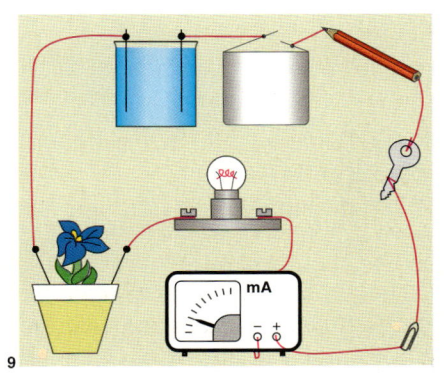

Zusammenfassung

Geschlossene und unterbrochene Stromkreise

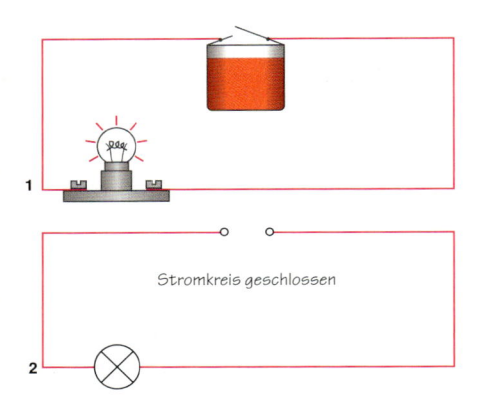

Eine Glühlampe kann nur leuchten, wenn sie mit ihren *beiden* Kontaktstellen an die Energiequelle (Batterie, Trafo …) angeschlossen ist (Bilder 1 u. 2).

Man sagt dazu: **Der Stromkreis ist geschlossen.**

Wenn der Stromkreis **unterbrochen** ist, leuchtet die Lampe nicht (Bilder 3 u. 4).

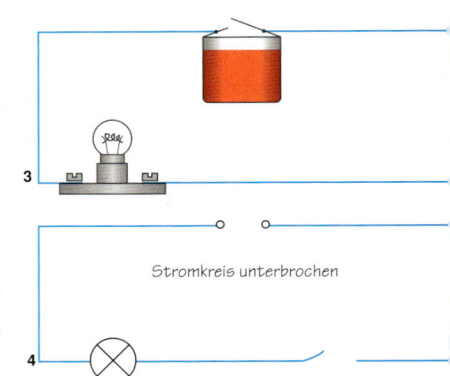

Stromkreis geschlossen

Stromkreis unterbrochen

Der Stromkreis der Fahrradbeleuchtung

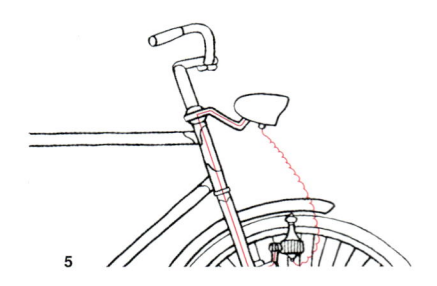

Bei der Fahrradbeleuchtung führt nur *eine* Leitung vom Dynamo zur Scheinwerferlampe (Bild 5). Der Fahrradrahmen ersetzt die zweite Leitung (Bild 6).

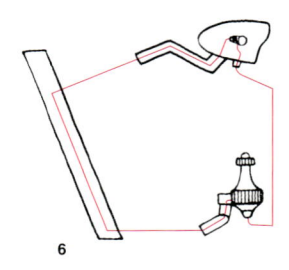

Das ist möglich, weil ein elektrischer Stromkreis auch über andere Metallteile als die Drähte geschlossen werden kann.

Die Reihenschaltung

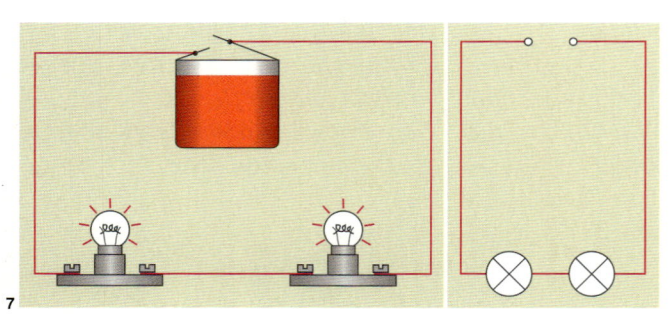

Beide Lampen gemeinsam bilden mit der Batterie einen Stromkreis (Bild 7).

Wenn eine dieser Lampen ausfällt, erlischt auch die andere.

Die Parallelschaltung

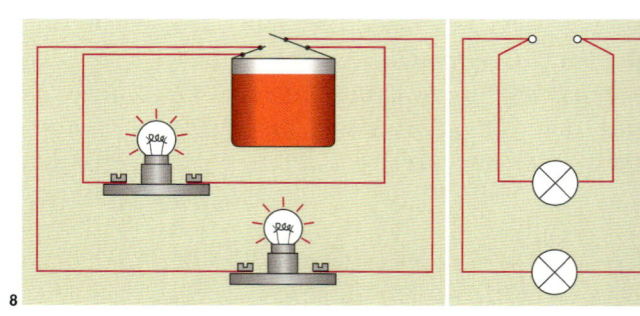

Jede der beiden Lampen bildet mit der Batterie einen eigenen Stromkreis (Bild 8).

So entstehen zwei getrennte Stromkreise. Wenn eine der Lampen ausfällt, leuchtet die andere weiter.

Bei der Fahrradbeleuchtung sind Scheinwerfer und Rücklicht parallel geschaltet.
So leuchten sie unabhängig voneinander: Wenn eine Lampe ausfällt, leuchtet die andere weiter.
Auch im Haushalt sind Glühlampen und Elektrogeräte parallel geschaltet.

Leiter und Nichtleiter

Zu den elektrischen **Leitern** gehören die Metalle und der Kohlenstoff (Bild 9). Die meisten anderen Stoffe (z. B. Kunststoffe, Glas, Gummi, Porzellan) leiten den elektrischen Strom praktisch nicht. Sie sind **Nichtleiter** oder **Isolatoren**.

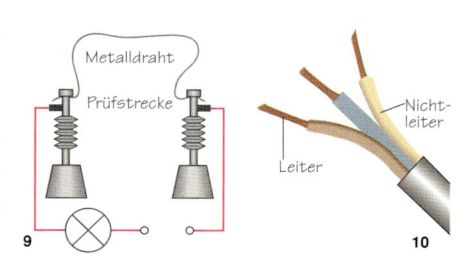

Unter den Isolatoren spielen die modernen Kunststoffe eine besondere Rolle (Bild 10).

Wenn die Isolierung von Elektrokabeln in Ordnung ist, kann man diese Kabel gefahrlos berühren.

Flüssigkeiten als Leiter – Gefahren des elektrischen Stroms

Auch unter den Flüssigkeiten gibt es elektrische Leiter. Sie leiten nicht so gut wie die Metalle.

Mit einem empfindlichen Anzeigegerät kann man aber prüfen, welche Flüssigkeiten Leiter und welche Nichtleiter sind:

Leiter: Leitungswasser, Salzwasser, Fruchtsäfte, Essig …

Nichtleiter: Speiseöl, Spiritus, Benzin …

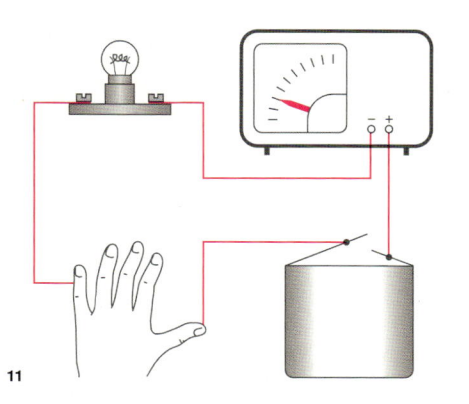

Unser Körper enthält Wasser, in dem Kochsalz gelöst ist. Deshalb ist er ein Leiter (Bild 11).

Wenn der Mensch Teil eines Stromkreises (mit der Steckdose als Energiequelle) wird, besteht Lebensgefahr.
○ Benutze nie ein Elektrogerät mit beschädigter Isolierung!
○ Setze von der Badewanne aus kein Elektrogerät ein!

Alles klar? 　　　　　　　　　　　　　　　　　　　　　　　　　Lösungen → Anhang

1. *In Bild 12 siehst du eine Glühlampe mit Fassung. Die Lampe ist mit zwei Drähten an eine Batterie angeschlossen.*
a) *Warum leuchtet sie trotzdem nicht?*
b) *Zeichne einen Schaltplan einer entsprechenden Schaltung, bei der die Glühlampe leuchtet.*

2. *Auch beim Fahrrad leuchtet die Lampe nur, wenn der Stromkreis geschlossen ist. Wie ist das möglich? (Bedenke, dass nur ein einziger Draht von der Lampe zum Dynamo führt.)*

3. *Beim Fahrrad sind zwei Lampen an den Dynamo angeschlossen – der Scheinwerfer und das Rücklicht.*
a) *Wie sind sie geschaltet – so wie in Bild 7 oder wie in Bild 8?*
b) *Begründe deine Wahl.*
c) *Wie heißen die Schaltungsarten?*

4. *Petra behauptet, ihr Armband sei aus Silber. Frank dagegen meint:* „Das Armband ist aus Plastik und nur mit einer Silberfarbe angestrichen." *Auf eine bestimmte Art und Weise können die beiden das klären ohne dabei das Armband zu beschädigen. Hättest du eine Idee? …*

5. *Handelt es sich bei den folgenden Stoffen um Leiter oder um Nichtleiter?*
Lege eine Tabelle an und trage folgende Begriffe in die Spalten ein: Eisendraht, Aluminiumblech, Glasstab, Bleistiftmine, nasser Bindfaden, Badewasser, Öl.
Schreibe mindestens drei weitere Leiter und drei Nichtleiter hinzu.

6. *Einen Drachen darf man niemals in der Nähe von Hochspannungsleitungen steigen lassen. Sonst bringt man sich in Lebensgefahr.*
Warum eigentlich – der Stoff, aus dem ein Bindfaden besteht, ist doch ein Nichtleiter?

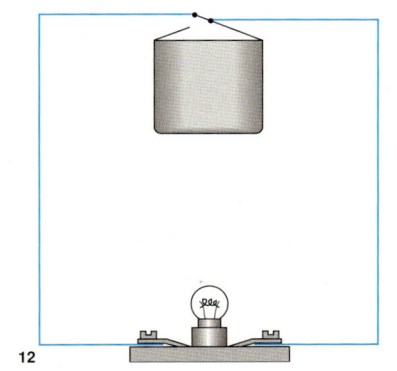

57

Schalter und Schaltungen

Schalter – unentbehrliche Helfer

Ziemlich umständlich wäre es, … … Stromkreise ohne Schalter zu unterbrechen.

Vorbereitende Aufträge

1. In der Wohnung und an Elektrogeräten findest du zahlreiche Schalter (Bilder 2 u. 3). Sie sehen unterschiedlich aus, haben aber eine gemeinsame Eigenschaft. Welche? (Benutze bei deiner Antwort den Begriff „Stromkreis".)

2. Schalter für Lampen und Schalter für Klingeln funktionieren auf unterschiedliche Weise.
a) Versuche den Unterschied zu beschreiben. (Klingelschalter bezeichnet man als „Taster".)
b) Was wäre, wenn ein Lampenhersteller seine Tischlampen mit Tastern versehen würde?
c) Und was wäre, wenn bei einer Klingel ein (Licht-)Schalter eingebaut wäre?

3. Sieh dir einige Elektrogeräte an, z. B. einen Haartrockner, eine Schreibtischlampe, eine Kaffeemühle, eine Brotschneidemaschine und eine Taschenlampe. Welche haben einen Schalter und welche einen Taster?

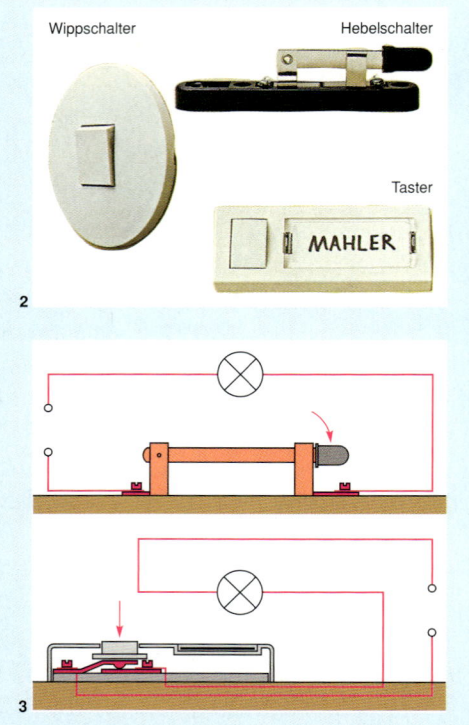

Wippschalter   Hebelschalter   Taster   MAHLER

a) Schreibe die Beispiele in einer solchen Tabelle auf:

Elektrogerät	Schalter	Taster
Klingel	–	x
…	…	…

b) Erkläre für eines der Geräte, warum ein Taster oder ein Schalter günstiger ist.

4. Im Kühlschrank wird das Licht mit Hilfe eines Tasters geschaltet. Du findest ihn innen im Rahmen der Kühlschranktür.
a) Was geschieht, wenn du die Tür langsam öffnest und wieder schließt? (Du kannst den Taster auch mit der Hand betätigen.) Schreibe deine Beobachtungen so auf:
„Die Tür wird geöffnet. → Der Taster springt von selbst heraus. → Der Stromkreis wird … → Die Lampe … "
„Die Tür wird geschlossen. → Der Taster … → Der Stromkreis … → Die Lampe … "
b) Vergleiche beide Taster:
„Der Klingeltaster wird gedrückt. → Der Stromkreis wird … → Die Klingel … "
„Der Kühlschranktaster wird gedrückt. → Der Stromkreis … → Die Lampe … "

V1 Baue einen Stromkreis mit Schalter und Glühlampe (oder Elektromotor oder Klingel) auf. Verwende als Energiequelle einen Trafo (4 V) oder eine Flachbatterie.
a) Zeichne zunächst einen Schaltplan.
b) Führe den Versuch durch. Trage die Ergebnisse in eine solche Tabelle ein:

Schalter	Schaltzeichen	Ist der Stromkreis geschlossen?	Leuchtet die Lampe?
aus	—o o—	nein	?
...	...	...	...

c) Sind Schalter und Lampe (Motor, Klingel) in Reihe oder parallel geschaltet?

V2 Mit zwei Schaltern sollen zwei Lampen – unabhängig voneinander – ein- und ausgeschaltet werden können.
a) Fertige eine Schaltskizze an. Bild 4 hilft dir dabei.
b) Baue die Schaltung auf.

V3 Baue den Versuch von Bild 5 auf.
Versuche einen Schalter so einzubauen, dass nur eine der beiden Lampen ausgeschaltet werden kann. Probiere es an mehreren Stellen des Stromkreises. Erkläre deine Beobachtung.

V4 Baue diesen Versuch nach Bild 6 auf.
a) Setze den Schalter so in den Stromkreis ein, dass
1. beide Lampen gleichzeitig ein- und ausgeschaltet werden können,
2. nur Lampe 1 geschaltet werden kann,
3. nur Lampe 2 geschaltet werden kann.
b) Zeichne zu allen drei Fällen einen Schaltplan. Schreibe jeweils darunter, welche der Lampen geschaltet werden kann.

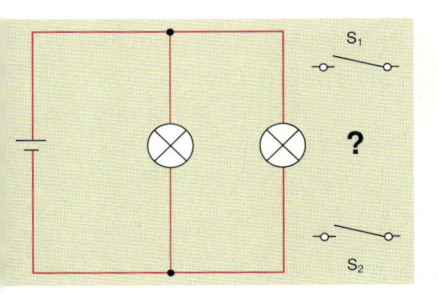

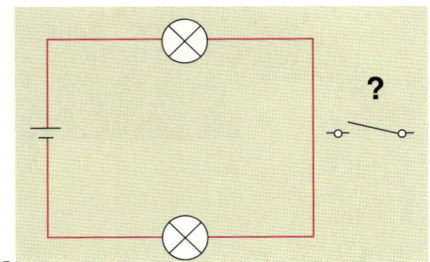

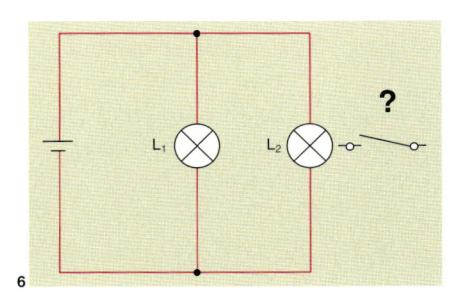

Aus der Seefahrt: Morsen mit Taster und Lampe

Morsen mit Lichtsignalen spielt in der Seefahrt noch immer eine Rolle.

Die *Morsescheinwerfer* sind so gebaut, dass sie sich schnell auf- und abblenden lassen (Bild 7). Auf diese Weise können Nachrichten z. B. von einem Schiff zu einem anderen übermittelt werden.

Für jeden Buchstaben wurde ein bestimmtes Lichtzeichen vereinbart – und zwar jeweils eine Kombination aus Punkten und Strichen.

Diese Buchstaben wurden in dem so genannten *Morsealphabet* zusammengestellt. (Du findest das Morsealphabet im Anhang dieses Buches.)

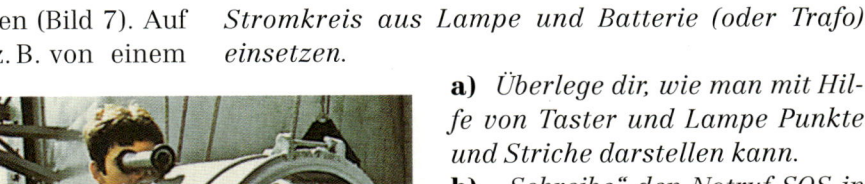

A1 Mit einem **Taster** kannst du dir einen einfachen Lichtmorseapparat bauen.
Du musst den Taster nur in einen elektrischen Stromkreis aus Lampe und Batterie (oder Trafo) einsetzen.
a) Überlege dir, wie man mit Hilfe von Taster und Lampe Punkte und Striche darstellen kann.
b) „Schreibe" den Notruf SOS in „Morseschrift".
(Suche dazu die passenden Zeichen aus dem Morsealphabet im Anhang heraus.)
c) Veranstaltet in der Klasse ein „Lichtmorsewettspiel".
Wer schreibt dabei die meisten Buchstaben auf?

Eine „Sicherheitsschaltung"

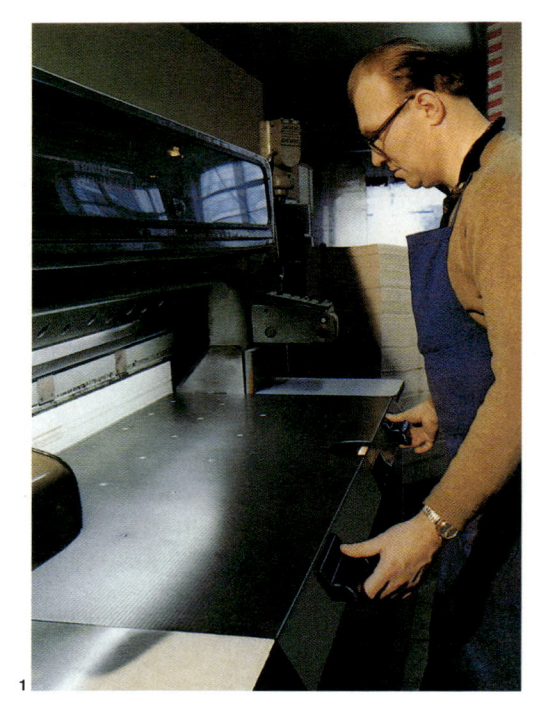

Bild 1 zeigt eine Schneidemaschine für Papier. Sie schneidet viele Papierbögen in einem einzigen Arbeitsgang durch.

Der Arbeiter drückt mit *beiden Händen gleichzeitig* auf zwei **Taster**. Sie sind rechts und links von ihm angebracht.
Erst dann senkt sich das Schneidemesser …

A1 Zur Papierschneidemaschine von Bild 1:
a) Was muss der Arbeiter tun, damit die Maschine zu arbeiten beginnt?
b) Sicherlich hätte man die Maschine auch mit nur einem einzigen Schalter konstruieren können. Die zwei auseinander liegenden Taster stellen aber einen Schutz für den Arbeiter dar.
Welche Unfallgefahr wird damit gebannt?
c) Wie müssen die Taster in den Stromkreis eingebaut sein, damit der Motor der Maschine laufen kann?
Zeichne einen Schaltplan.
d) Baue die „Sicherheitsschaltung" der Schneidemaschine als **Versuch** auf. Falls du keinen Motor hast, nimm eine Glühlampe; ihr Aufleuchten soll dem Anlaufen der Schneidemaschine entsprechen.
Halte das Ergebnis deines Versuchs in einer solchen Tabelle fest:

1. Taster	2. Taster	Leuchtet die Lampe?
offen	offen	?
offen	geschlossen	?
geschlossen	offen	?
geschlossen	geschlossen	?

A2 Du kannst jetzt voraussagen, wann bei zwei in Reihe geschalteten Schaltern ein Elektrogerät im Stromkreis zu arbeiten beginnt.
Ergänze dazu den folgenden Satz: „Das Gerät beginnt erst zu arbeiten, wenn …"

A3 Die Reihenschaltung von Schaltern wird auch UND-Schaltung genannt.
Sicher kannst du dir denken, weshalb man diesen Begriff gewählt hat …

A4 Carola hat ihre Schaltung wie in Bild 2 aufgebaut, Frank die seine wie in Bild 3.
Wer hat es richtig gemacht?

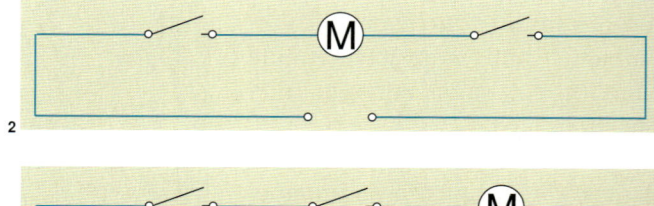

Eine „Klingelschaltung"

In Mehrfamilienhäusern hat jede Wohnung zwei „Klingelknöpfe": einen Taster an der Haustür und einen an der Wohnungstür (Bild 4).

Die Klingel läutet – gleich, ob der Taster an der Haustür oder an der Wohnungstür gedrückt wurde …

A1 Auch bei dieser „Klingelschaltung" wird nur eine Energiequelle gebraucht. Kann es sich wieder um eine UND-Schaltung handeln? Begründe!

A2 Wie sind die beiden Taster eingebaut worden? Denke daran, dass der Stromkreis schon durch nur einen der Taster geschlossen wird. (Der andere kann dabei offen bleiben.)
a) Fertige einen Schaltplan an. Bild 5 bietet dir dafür eine Hilfe.
b) Baue den **Versuch** auf. Statt der Klingel kannst du wieder eine Glühlampe nehmen.
Trage dein Ergebnis in eine solche Tabelle ein:

1. Taster	2. Taster	Leuchtet die Lampe?
ein	aus	?
ein	ein	?
aus	ein	?
aus	aus	?

c) Vergleiche deine Tabelle mit der, die zur UND-Schaltung auf der Nachbarseite entstand.

A3 Die „Klingelschaltung" wird auch ODER-Schaltung genannt.
a) Vervollständige den folgenden Satz: „Die Klingel (Lampe) ist in Betrieb, wenn man den Taster 1 …"
b) Suche nach einer Erklärung für die Bezeichnung ODER-Schaltung.
c) Sind die Schalter bei der ODER-Schaltung parallel oder in Reihe geschaltet?

A4 Die Innenbeleuchtung von Autos wird meistens durch Taster an den Rahmen der Vordertüren betätigt (Bild 6). Wenn eine der Türen geöffnet wird, leuchtet im Wagen das Licht auf.
Wie sind wohl hier die beiden Schalter angeordnet?

„Schalter" zum Selbstbauen

Schalter und Taster gibt es viele – manchmal sind sie gar nicht als solche zu erkennen. Hier siehst du einige Modelle. Wie funktionieren sie?

Hast du Lust einen dieser Schalter zu bauen? Du könntest ihn in einem Stromkreis ausprobieren:

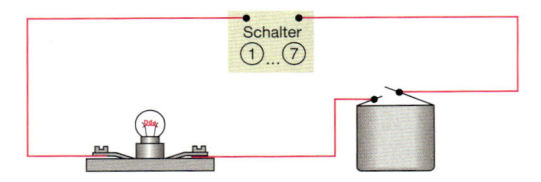

Vielleicht erfindest du einen ganz anderen Schalter …

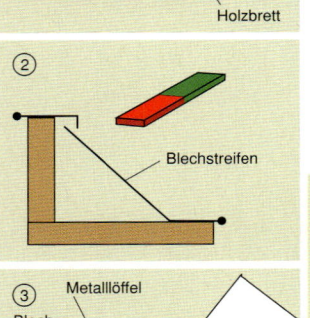

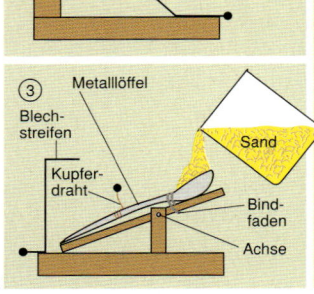

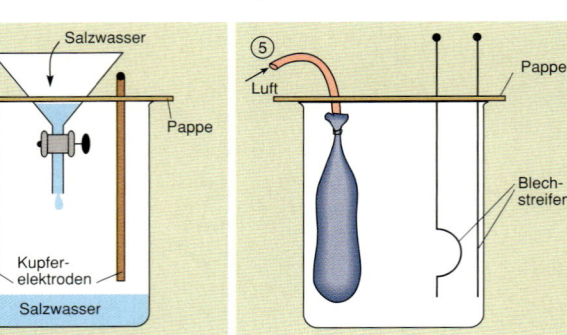

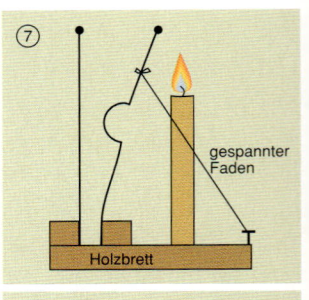

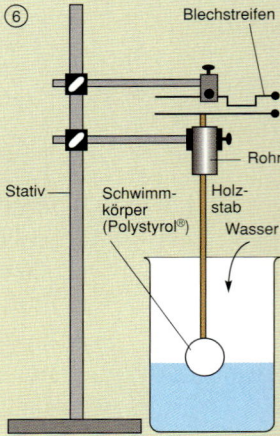

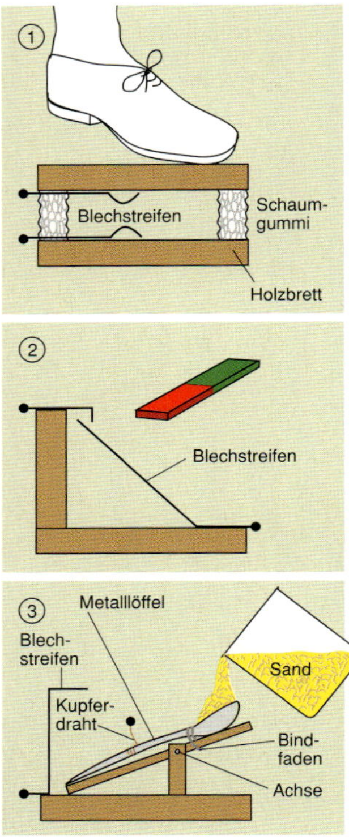

① Blechstreifen, Schaumgummi, Holzbrett
② Blechstreifen
③ Metalllöffel, Blechstreifen, Kupferdraht, Sand, Bindfaden, Achse
④ Salzwasser, Pappe, Kupferelektroden
⑤ Luft, Pappe, Blechstreifen
⑥ Blechstreifen, Stativ, Schwimmkörper (Polystyrol®), Holzstab, Rohr, Wasser
⑦ gespannter Faden, Holzbrett

Zusammenfassung

Schalter und Taster

Mit Hilfe von Schaltern (oder Tastern) kann man elektrische Stromkreise bequem und gefahrlos schließen oder öffnen.

Schalter (Bilder 2 u. 3) schließen und öffnen Stromkreise, wenn sie nur einmal kurz betätigt werden (z. B. bei einer Stehlampe).

Taster (Bilder 4 u. 5) müssen dagegen dauernd betätigt werden, wenn sie Stromkreise öffnen oder schließen sollen:
„Ein-Taster" schalten Geräte *ein*, wenn sie gedrückt werden (z. B. Klingel). *„Aus-Taster"* schalten sie aus, wenn sie gedrückt werden (z. B. Kühlschranklampe).

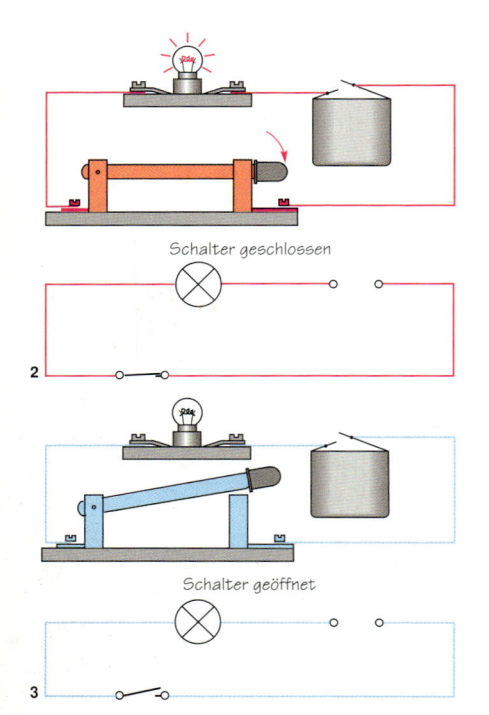

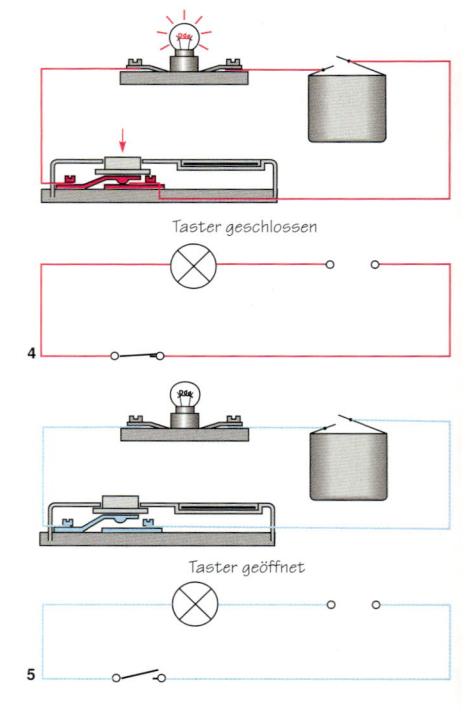

2 Schalter geschlossen
3 Schalter geöffnet
4 Taster geschlossen
5 Taster geöffnet

Schaltungen mit mehreren Schaltern

Die „Sicherheitsschaltung"

Die **Sicherheitsschaltung** soll helfen Unfälle an gefährlichen Maschinen zu vermeiden (z. B. an Pressen oder Schneidemaschinen).
Die Maschine arbeitet nur, wenn *zwei Taster gleichzeitig* gedrückt werden (Bild 6).
Die Taster sind „in Reihe" geschaltet. Man nennt diese Schaltung **UND-Schaltung**, weil der Stromkreis nur dann geschlossen ist, wenn Taster 1 *und* Taster 2 gedrückt werden.

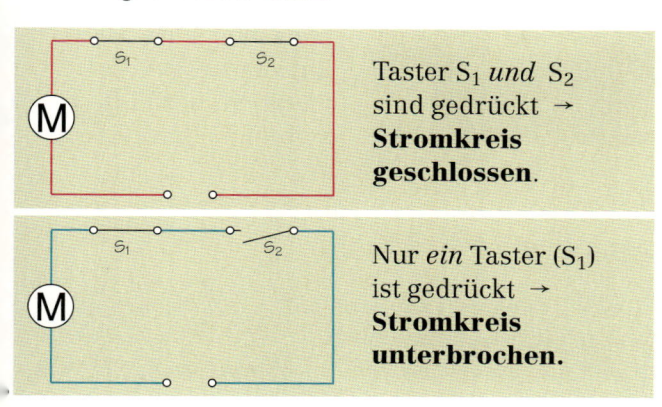

Taster S_1 und S_2 sind gedrückt → **Stromkreis geschlossen**.

Nur *ein* Taster (S_1) ist gedrückt → **Stromkreis unterbrochen**.

Die „Klingelschaltung"

Die **Klingelschaltung** (für die Klingel an der Haustür und an der Wohnungstür) ist oft eine Schaltung mit zwei Tastern.
Die Klingel läutet schon, wenn *nur ein Taster* gedrückt wird (Bild 7).
Die Taster sind „parallel" geschaltet. Man nennt diese Schaltung **ODER-Schaltung**, weil der Stromkreis schon dann geschlossen ist, wenn Taster 1 *oder* Taster 2 gedrückt ist.

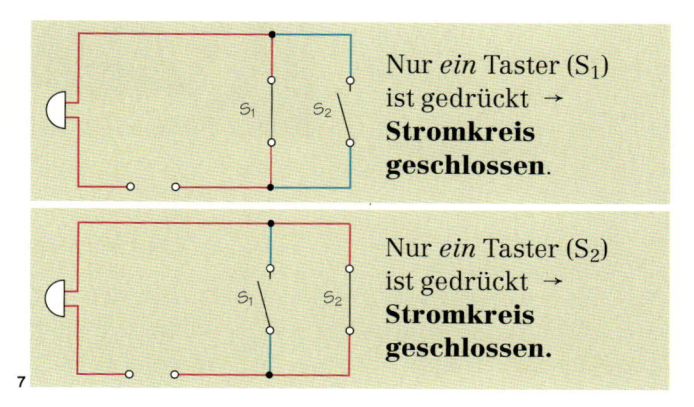

Nur *ein* Taster (S_1) ist gedrückt → **Stromkreis geschlossen**.

Nur *ein* Taster (S_2) ist gedrückt → **Stromkreis geschlossen**.

Alles klar?

Lösungen → Anhang

1. Beschreibe mit dem Begriff „Stromkreis", welchen Zweck Schalter oder Taster haben.

2. Nenne zwei Elektrogeräte mit einem Schalter und zwei mit einem Taster.
Erkläre an einem Beispiel, weshalb ein Taster und kein Schalter eingebaut wurde.

3. Welche der folgenden Begriffe gehören wohl zusammen: Klingelschaltung – Taster – Reihenschaltung – Parallelschaltung – UND-Schaltung – ODER-Schaltung?

4. In eine Kaffeemühle wurden zwei Taster eingebaut: Einen der Taster bedient man direkt mit der Hand. Der andere wird über den Deckel betätigt: Nur wenn der Deckel nach unten gedrückt wird, schließt dieser Taster; nur dann springt die Maschine an.
a) Handelt es sich hierbei um eine UND-Schaltung oder eine ODER-Schaltung?
b) Zeichne einen Schaltplan mit den beiden Tastern, dem Motor und der Energiequelle.
c) Was für einen Zweck hat dieser „Deckeltaster" der Kaffeemühle überhaupt?

5. Die Spülmaschine beginnt noch nicht zu arbeiten, wenn nur die Ein-Taste gedrückt ist. Erst muss man noch die Tür zumachen und auch die Wasserzufuhr muss geöffnet sein.
a) Warum hat man in diesem Fall drei „Schalter" eingebaut?
b) Wurde hier eine UND- oder eine ODER-Schaltung gewählt?

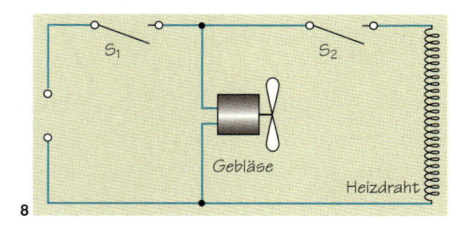

6. Bild 8 zeigt den Schaltplan für einen Haartrockner. Er ist mit zwei Schaltern ausgestattet.
a) Was geschieht, wenn Schalter S_1 geschlossen wird?
b) Zusätzlich wird jetzt noch der Schalter S_2 geschlossen. Was ändert sich?
c) Was geschieht, wenn nur S_2 geschlossen ist? Begründe!
d) Könntest du mit dem Schalter S_2 den gesamten Haartrockner abschalten?

Wärmewirkung des elektrischen Stroms

Wärme und Licht durch elektrischen Strom

Mit einem Styroporschneider geht das Schneiden von Styropor® wie von selbst. Da kommt selbst das schärfste Messer nicht mit …

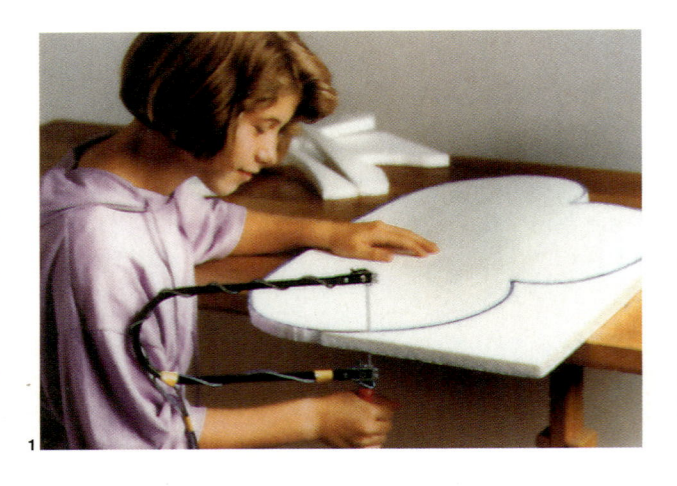

Im Anhang dieses Buches findest du die Bauanleitung für einen solchen Styroporschneider.

Vorbereitende Aufträge

1. Strom hat viele Wirkungen. Mit Hilfe einer Herdplatte erzeugt er z. B. Wärme.
Suche mindestens drei weitere Beispiele für unterschiedliche Wirkungen. Trage sie in eine solche Tabelle ein:

Elektrogerät	Wirkung
elektrische Herdplatte	Wärme

2. Bei den meisten Elektrogeräten wird Wärme erzeugt. Manchmal ist sie erwünscht und manchmal nicht.
Sammle dazu einige Beispiele. Schreibe sie z. B. in einer solchen Tabelle auf:

Wärme erwünscht	unerwünscht
Toaster	Bohrmaschine

3. Versuche einmal mit einer Stahlstricknadel oder mit einer dicken Stopfnadel ein Loch in ein Stück Styropor® zu stechen. Erwärme dann die Nadel über einer Kerzenflamme und probiere es noch einmal.
Du wirst einen Unterschied feststellen …
Suche eine Erklärung für dein Versuchsergebnis.

Praktikumsversuch

V1 So funktioniert ein Styroporschneider.
Versuchsmaterialien: Netzgerät (Trafo), 2 Isolatoren, 2 Anschlusskabel, einen „Heizdraht" (z. B. ein Stück Konstantandraht, 50 cm lang, 0,2 mm dick), 1 Thermometer.
Versuchsaufbau u. -durchführung: Siehe Bild 2.

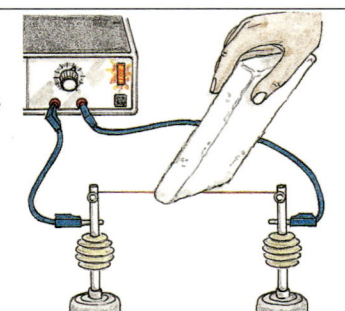

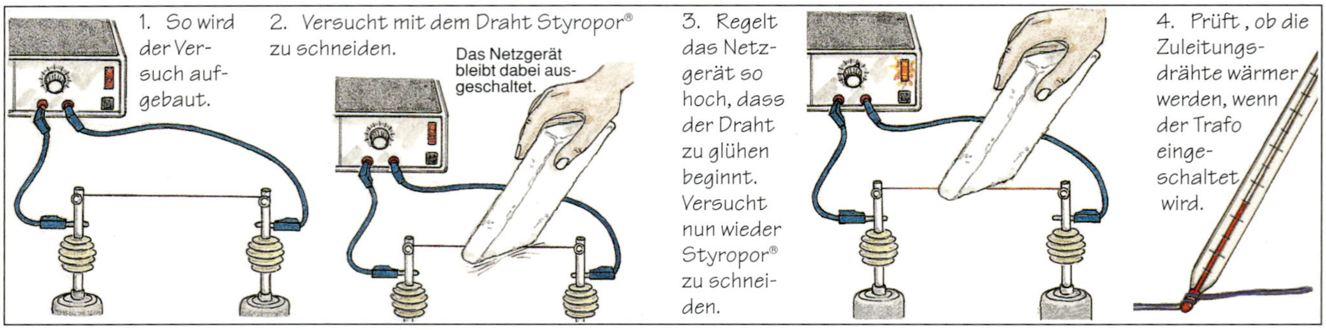

1. So wird der Versuch aufgebaut.
2. Versucht mit dem Draht Styropor® zu schneiden. Das Netzgerät bleibt dabei ausgeschaltet.
3. Regelt das Netzgerät so hoch, dass der Draht zu glühen beginnt. Versucht nun wieder Styropor® zu schneiden.
4. Prüft, ob die Zuleitungsdrähte wärmer werden, wenn der Trafo eingeschaltet wird.

Wärmewirkung des elektrischen Stroms

V2 Die Erwärmung eines Drahtes könnte von dem Material abhängen, aus dem er besteht.
Bild 3 zeigt dir einen Versuchsaufbau, mit dem du das untersuchen kannst. Die eingespannten Drähte sind gleich dick und gleich lang; auf jeden Draht ist ein Wachskügelchen gedrückt.
Was zeigt dir dieser Versuch?

V3 Ob die Temperatur des Heizdrahtes auch von der Dicke des Drahtes abhängt?
Plane dazu einen Versuch.

V4 Baue das Modell einer Glühlampe: Den Glühdraht stellst du dir aus 50 cm Konstantandraht (0,2 mm) her (Bild 4): Du wickelst den Draht um eine Stricknadel oder Kugelschreibermine, sodass eine Wendel entsteht. (Ziehe die Nadel dann wieder heraus.)
Baue den Versuch nach Bild 5 auf. Stelle das Netzgerät so ein, dass die Wendel gerade glüht.
Ziehe die Ständer jetzt auseinander, bis der Draht nicht mehr gewendelt, sondern gespannt ist.
Was beobachtest du? Erkläre!

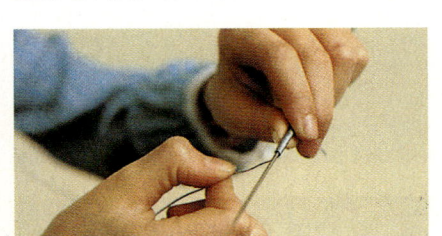

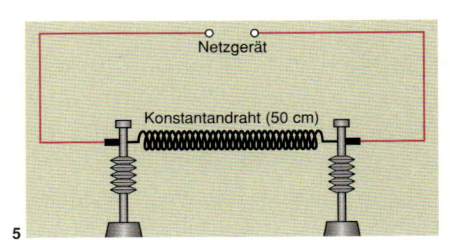

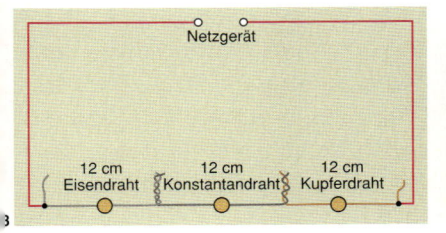

Aus dem Alltag: Hier geht's heiß her

Elektrische Heizgeräte gibt es viele. Und jedes von ihnen hat dasselbe „Herzstück" – einen Draht (Bilder 6–9).

Hast du schon einmal in einen eingeschalteten Toaster geschaut (Bild 6)? Du kannst darin rot glühende *Heizdrähte* entdecken. Die Drähte haben eine Temperatur von etwa 850 °C.

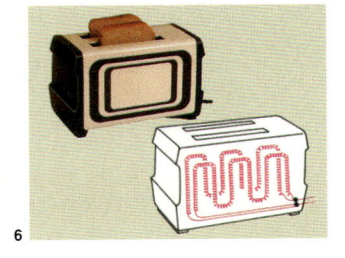

Nicht jeder Draht hält über längere Zeit solche Temperaturen aus. Er schmilzt schließlich und verbrennt, wenn er mit Luft in Berührung kommt.

Das ist einer der Gründe dafür, dass man Heizdrähte nicht einfach aus reinen Metallen herstellt. Man nimmt dafür vielmehr eine *Metall-Legierung*, in der die Metalle Chrom, Nickel und Eisen zusammengeschmolzen sind. Eine solche Legierung hält sogar Temperaturen von ungefähr 1100 °C auf Dauer aus.

Die blanken, sehr heißen Drähte darf man nicht berühren. Deshalb ist z. B. der Heizdraht des Tauchsieders in feuerfeste Keramik eingebettet. Außerdem ist er von einem Metallrohr umgeben. Beim Haartrockner sind die blanken, nicht isolierten Heizdrähte auf Isolationskörper aufgewickelt. Hier schützt das Gehäuse vor einem Berühren der Heizdrähte.

In **Glühlampen** sind die Glühdrähte *gewendelt* (Bild 10); das spart Platz. Die Drahtstücke berühren sich nicht; sie heizen sich aber gegenseitig so stark auf, dass sie Licht aussenden. Auf der folgenden Seite erfährst du weitere Einzelheiten über die Glühlampe.

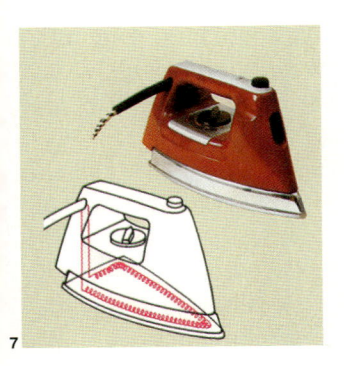

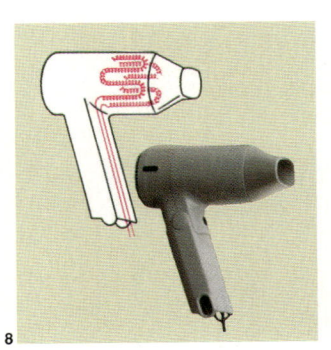

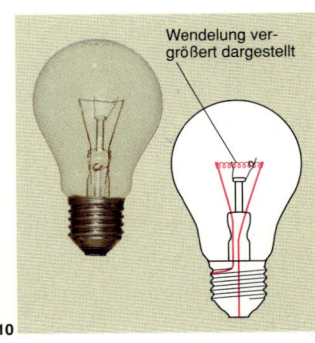

Aus Alltag und Technik: Glühlampen und Energiesparlampen

Glühlampen senden fast weißes Licht aus. Ihr Glühdraht aus dem Metall Wolfram ist 1- oder 2-mal gewendelt (Bild 1). Er wird bis zu 2600 °C heiß. Trotzdem verbrennt der Draht nicht, weil sich im Glaskolben ein Gas befindet, das die Verbrennung verhindert.

Nachteile der Glühlampen: Sie erzeugen ihr Licht mit Hilfe von Wärme; diese ist hier aber unerwünscht. Glühlampen sind also eigentlich „Energieverschwender".

Die „Lebensdauer" einer Glühlampe beträgt nur gut 1000 Stunden. Das liegt an der großen Wärmeentwicklung beim Leuchten.

Energiesparlampen funktionieren ähnlich wie die Leuchtstoffröhren die du wahrscheinlich vom Klassenraum her kennst.

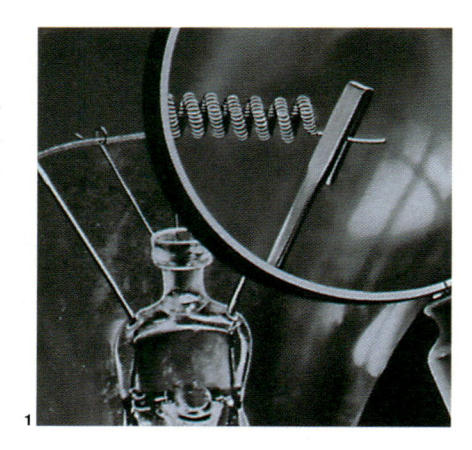

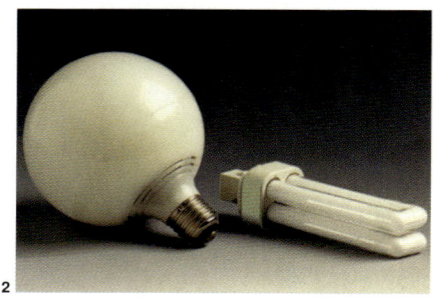

Sie haben unterschiedliche Bauformen (Bild 2).

Zum Zünden benötigen Energiesparlampen einen besonderen Zusatz. Deshalb sind sie beim Kauf teurer als normale Glühlampen. Dafür ist aber ihre „Lebensdauer" größer. (Sie beträgt etwa 8000 Stunden.)

Vorteilhaft ist, dass diese Lampen sich längst nicht so stark wie Glühlampen erwärmen. Ihr Licht wird nämlich nicht auf dem Umweg über die Erwärmung eines Drahtes erzeugt. Vielmehr ist es eine *„direkte"* Wirkung des elektrischen Stroms (s. u.).

Nachteilig ist, dass Energiespar- und Leuchtstofflampen giftiges Quecksilber enthalten. Sie können also nicht über den Hausmüll entsorgt werden.

Aus Umwelt und Technik: Kaltes Licht auf Schritt und Tritt

Für Interessierte zum Weiterlesen

Kleine farbige Punkte – überall leuchten sie auf: an Computern, Druckern, Hi-Fi- und Videogeräten, an Armaturenbrettern … Sie leuchten immer dann, wenn die betreffenden Geräte eingeschaltet sind.

Bei diesen „Kontrolllampen" handelt es sich nicht um Glühlämpchen, sondern um **Leuchtdioden**. (Im Gegensatz zu „normalen" Glühlampen leuchten sie nur bei richtiger Polung auf.)

Es gibt Leuchtdioden in verschiedenen Formen und Farben (Bild 3). Ihr Licht ist von vornherein farbig; es wird nicht erst durch farbige Kunststoffüberzüge gefärbt (Bild 4).

Es ist sogar möglich, in einem Gehäuse mehrere Leuchtdioden unterzubringen, die rotes, grünes oder gelbes Licht aussenden.

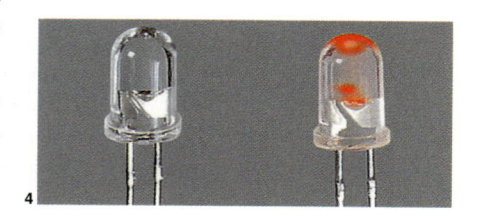

Die Leuchtdioden haben verschiedene *Vorteile*: den niedrigen Preis, die Stoßfestigkeit und auch die lange „Lebensdauer".

Vor allem aber erwärmen sich Leuchtdioden fast nicht, wenn sie eingeschaltet sind. **Der elektrische Strom kann also auch eine reine *Lichtwirkung* – ohne Wärmewirkung – haben.** Man spricht deshalb auch von einem *kalten Licht*.

Allerdings leuchten Leuchtdioden nicht besonders hell. In ihnen fließen nur kleine Ströme, wenn sie in Betrieb sind.

Techniker bauen bereits flache Fernsehbildschirme, die aus lauter Leuchtdioden bestehen. Solche Bildschirme wird man – wenn sie dann im Handel erhältlich sind – wie Bilder aufhängen.

Aus der Geschichte: Edison – der „Zauberer von Menlo Park"

Für Interessierte zum Weiterlesen

Die erste brauchbare Glühlampe leuchtete im Oktober 1879 im Laboratorium des amerikanischen Erfinders *Thomas Alva Edison*. Schon vorher hatten sich andere mit dem Bau eines „elektrischen Glühlichts" befasst – z. B. der aus Hannover stammende Deutsch-Amerikaner *Heinrich Göbel*.

Das Hauptproblem war: Man musste das Material für einen Glühdraht finden, der nicht so schnell durchbrannte.

Monatelang experimentierte Edison mit verschiedenen Metallfäden, aber ohne rechten Erfolg. Ermutigend waren seine Versuche mit Nähgarn, das verkohlt wurde und einen dünnen Kohlefaden ergab.

Nach mehr als einjähriger Arbeit – nach vielen Fehlschlägen und Enttäuschungen – war es endlich so weit (Bild 5). Ein Mitarbeiter berichtete darüber:

„Am 19. Oktober, einem Sonntag, hatte man mal wieder in Menlo Park eine Lampe mit einem verkohlten Faden aus Nähgarn an die Pumpe angeschlossen. Die Luft sollte jetzt aus dem Glaskolben abgesaugt werden. Nach etwa fünf Stunden war die Luft in der Lampe schon so dünn geworden, dass wir es wagten, die Lampe an die Batterie anzuschließen: Der Kohlefaden erstrahlte in hellem Licht. Dennoch wurde – bei eingeschalteter Lampe – noch weitere fünf Stunden lang gepumpt; dann erst wurde das Glasrohr zur Pumpe zugeschmolzen. Nun galt es abzuwarten, bis der Faden durchbrennen würde. Er wurde genau beobachtet und jede Unregelmäßigkeit musste aufgeschrieben werden. Doch nichts geschah. Als wir am Montagmorgen abgelöst wurden, leuchtete die Lampe noch immer so hell wie in der ersten Stunde. Sie leuchtete auch noch den Tag ohne Störung. Ja, die Dauer von 24 Stunden wurde sogar überschritten.

Unsere Begeisterung steigerte sich von Stunde zu Stunde. Als dann die Lampe auch noch die folgende Nacht hindurch hell und ruhig leuchtete, war Edison überzeugt. Er wusste, dass er jetzt eine solide Grundlage für die elektrische Beleuchtung geschaffen hatte.

Ununterbrochen leuchtete die Lampe auch noch am 21. Oktober. Sie hatte nun mit 45 Stunden eine Brenndauer erreicht, die man nie zuvor bei einer Glühlampe beobachtet hatte.

Erst als Edison den Strom erhöhte, brannte sie durch."

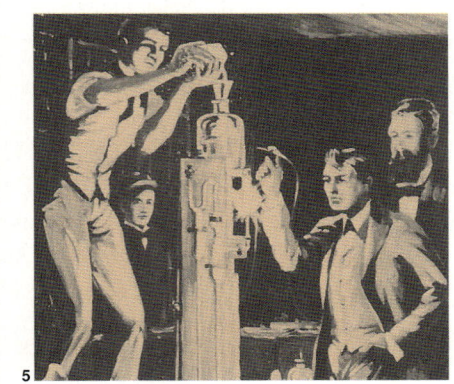

5

A1 Wenn du Styropor® mit einem Messer schneidest, wird die Schnittkante unsauber.
Warum geht es mit einem Styroporschneider besser? Welche Rolle spielt dabei der elektrische Strom?

A2 Welche der folgenden Aussagen sind richtig?
„Draht wird vom Strom besonders erwärmt, wenn …
a) … er nicht isoliert ist, b) … er dick ist, c) … er dünn ist, d) … er aus Kupfer besteht, e) … er aus Konstantan besteht, f) … ein großer elektrischer Strom fließt, g) … ein geringer Strom fließt."
Schreibe die richtigen Aussagen auf.

A3 Sieh dir den Glühdraht einer Glühlampe (mit Klarglaskolben) genau an. Nimm eine Lupe zu Hilfe.
a) Wenn die Lampe eingeschaltet ist, leuchtet der Glühdraht nicht überall. Erkläre!
b) Dass normale Glühlampen nicht nur hell, sondern auch heiß werden, ist ein Nachteil – nicht nur, wenn man sie anfassen will. Begründe!

A4 Stimmt es wirklich, dass die Energiesparlampen billiger als normale Glühlampen sind?
Erkundige dich nach den Preisen für eine 75-Watt-Glühlampe und eine 15-Watt-Energiesparlampe. (Beide sind etwa gleich hell.) Stelle dann die Kosten in einer Tabelle einander gegenüber (→ Mustertabelle).

	Glühlampe	Energiesparlampe
Preis	1 Stück: ? 8 Stück: ?	1 Stück: ?
Energiekosten gesamt	1000 Std.: ca. 20 DM 8000 Std.: ? ?	1000 Std.: ca. 4 DM 8000 Std.: ? ?

Wärmewirkung des elektrischen Stroms

Die Sicherung

Mist! Wer hat denn jetzt das Licht ausgeschaltet?

Nanu! Wer hat denn jetzt den Strom abgeschaltet?

Das sieht eher nach einem *Kurzschluss* aus ...

Praktikumsversuche

V1 *Eine Versuchsreihe zum Kurzschluss.*
a) *Wir untersuchen zunächst, wodurch ein Kurzschluss entstehen kann.*
Versuchsmaterialien: *Trafo, 1 Lampe in Fassung, 2 Isolatoren, 5 Kabel, 1 Lamettafaden, 1 Schraubendreher.*
Versuchsaufbau u. -durchführung: *Siehe Bild 2.*

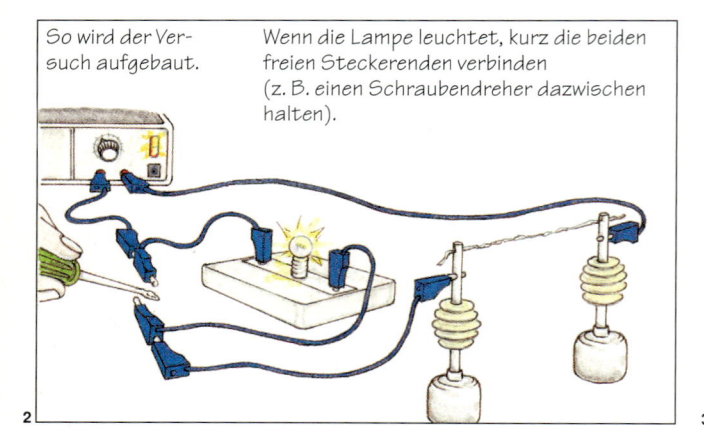

b) *Warum brennt dabei die Sicherung durch?*
Versuchsmaterialien: *Wie in Teil a, aber statt des Lamettas Kupferdraht (20 cm lang, 0,2 mm dick), „Papierfahne" (Seidenpapier) und Strommesser.*
Versuchsaufbau u. -durchführung: *Siehe Bild 3. (Achte auf die Anzeige des Strommessers vor und nach dem Kurzschluss.)*

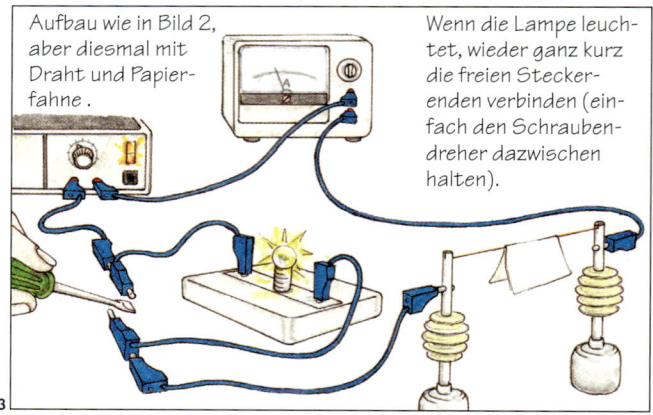

So wird der Versuch aufgebaut. Wenn die Lampe leuchtet, kurz die beiden freien Steckerenden verbinden (z. B. einen Schraubendreher dazwischen halten).

Aufbau wie in Bild 2, aber diesmal mit Draht und Papierfahne. Wenn die Lampe leuchtet, wieder ganz kurz die freien Steckerenden verbinden (einfach den Schraubendreher dazwischen halten).

V2 *Bei dem Wort „Kurzschluss" könnte man an den „kurzen Weg" denken, den der Strom zurücklegen musste. Bei diesem Versuchsaufbau (Bild 4) ist der Weg aber länger ...*
Baue den Versuch nach Bild 4 auf. Schließe ein langes Kabel an.
Warum schmilzt der Lamettafaden? Woran liegt es offensichtlich nicht, dass er beim Kurzschluss schmilzt?

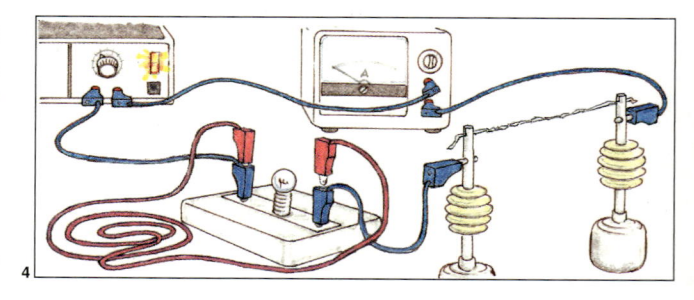

Offenbar kein Kurzschluss. 5   Und dennoch Brandgefahr!

V3 *Die in Bild 5 gezeigte Schaltung kannst du vereinfacht nachbauen (Bild 6).*
a) *Schließe nacheinander mehrere Lämpchen in Parallelschaltung an das Netzgerät an. Achte dabei auf die Anzeige des Strommessers.*
b) *Schalte zusätzlich ein Stück Eisendraht (Länge: 7 cm, Durchmesser: 0,5 mm) zu den Lampen parallel. Es stellt den Heizdraht* eines Heizlüfters dar. Achte wieder auf das Messgerät.
c) *Jetzt werden die Lampen in ihren Fassungen gelockert. Der Draht wird abgeklemmt. Das Messgerät ersetzen wir durch einen 7 cm langen Lamettafaden als Sicherung. (Vorsicht, heiß!) Was geschieht, wenn die Lampen nacheinander festgedreht werden und schließlich auch noch der Eisendraht angeschlossen wird?*

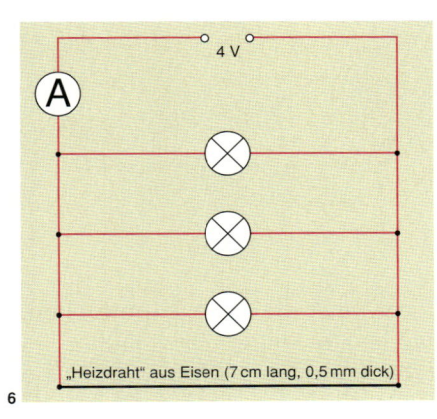

4 V
„Heizdraht" aus Eisen (7 cm lang, 0,5 mm dick) 6

Info: So schützt die Sicherung vor Brandgefahr

In einer Wohnung oder einem Haus sind *mehrere Sicherungen* eingebaut. Oft hat sogar jedes Zimmer eine Sicherung für sich (Bild 7).

Sieh dir das Wohnzimmer in dieser Zeichnung genauer an. Über *eine* Leitung sind alle Elektrogeräte und Steckdosen mit dem Stromnetz verbunden: Lampe, Fernseher, Stereoanlage und Staubsauger. Wenn sämtliche Geräte eingeschaltet sind, fließt ein großer Strom durch die Leitung und die Sicherung.

Wenn *zu viele* Geräte angeschlossen werden, ist diese Leitung überlastet. Der Draht in der Sicherung wird dann so heiß, dass er wegen **Überlastung** durchschmilzt.

Die Sicherung wirkt also wie ein automatischer Schalter. Sie unterbricht den Stromkreis, bevor die Leitungen so heiß werden, dass ein Brand entstehen kann.

Bei einem **Kurzschluss** sind gut leitende Teile eines Stromkreises direkt miteinander verbunden.

Er kann z. B. dann auftreten, wenn ein Elektrogerät defekt ist oder wenn jemand beim Bohren auf ein Kabel trifft. Auch beim Kurzschluss fließt ein so großer Strom, dass die Sicherung „durchbrennt". Dadurch wird der Stromkreis unterbrochen, bevor der Strom so groß wird, dass Brandgefahr besteht.

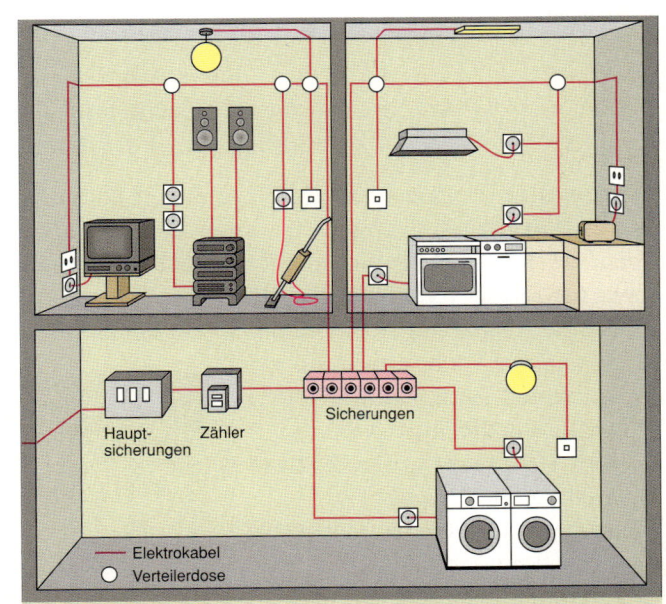

Hauptsicherungen — Zähler — Sicherungen
— Elektrokabel
○ Verteilerdose
Für die Hin- und Rückleitung wurde hier immer nur *eine* Linie gezeichnet. 7

Wärmewirkung des elektrischen Stroms

Aus dem Alltag: Sicherungen

Die Bilder 1–5 zeigen verschiedene Arten von Sicherungen.

Haushaltssicherungen sind in den Sicherungskästen aller Wohnungen eingebaut. Früher waren das fast ausschließlich *Schmelzsicherungen* (Bilder 1 u. 2). Heute aber sind zahlreiche Wohnungen mit *Sicherungsautomaten* (Bild 3) ausgestattet. Sie müssen nicht so oft ausgewechselt werden.

Wertvolle Elektrogeräte sind mit *Gerätesicherungen* (Bild 4) abgesichert. Sie sollen verhindern, dass teure Bauteile kaputtgehen, wenn ein elektrischer Fehler im Gerät auftritt.

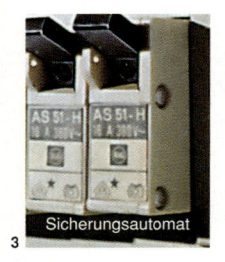

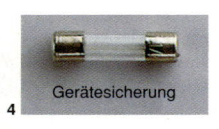

Autosicherungen (Bild 5) sorgen dafür, dass es bei einem Kurzschluss im Auto nicht brennt.

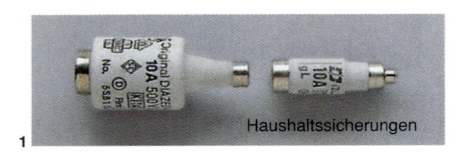

1 Haushaltssicherungen

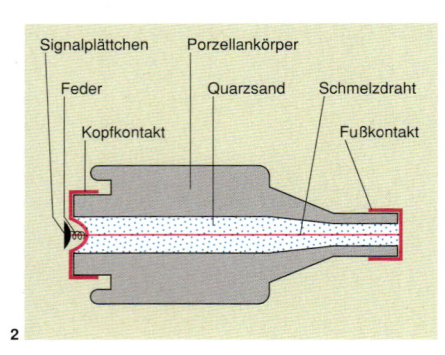

2 Signalplättchen, Porzellankörper, Feder, Quarzsand, Schmelzdraht, Kopfkontakt, Fußkontakt

3 Sicherungsautomat

4 Gerätesicherung

5 Autosicherung

A1 Warum nennt man die abgebildeten Sicherungen „Schmelzsicherungen" (außer Bild 3)?

A2 Hier geht es um die Haushaltssicherung (Bilder 1 u. 2):
a) „Das Gehäuse besteht aus …"
b) Warum ist sie innen mit Sand gefüllt?
c) Woran erkennt man, ob eine Sicherung durchgeschmolzen ist?
d) Wie könntest du im Versuch überprüfen, ob eine Sicherung in Ordnung ist (Schaltskizze!)?

A3 Jemand könnte versuchen eine Sicherung zu „flicken" (den Schmelzdraht durch einen Leitungsdraht zu ersetzen).
„Wer das tut, macht sich strafbar. Er ist ein Brandstifter."
Begründe diese Aussage.

Zusammenfassung

Der elektrische Strom erzeugt Wärme und Licht

Elektrischen Strom kann man nicht sehen.
Nur an bestimmten Wirkungen kann man erkennen, ob er fließt oder nicht:
Ein Bügeleisen wird heiß, eine Glühlampe leuchtet …

Heizgeräte: Es gibt Elektrogeräte, deren Aufgabe es ist, *Wärme* zu erzeugen. In ihnen befinden sich *Heizdrähte*. Wie stark sich ein Draht bei Stromfluss erwärmt (Bild 6), hängt von verschiedenen Dingen ab:
○ von dem Material, aus dem der Draht besteht,
○ von seiner Dicke (in Reihe geschaltete dünne Drähte werden heißer als dicke),
○ vom Strom (bei großem Strom wird der Draht heißer).
Heizdrähte sind dünn. Sie bestehen aus „Metallmischungen" *(Legierungen)*, die hohen Temperaturen standhalten.

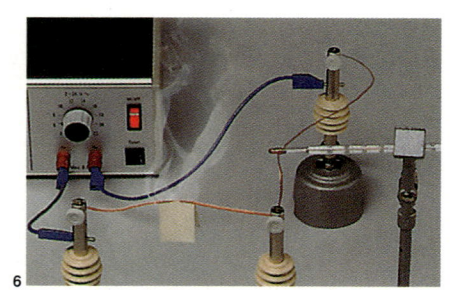

Glühlampen: Wenn elektrischer Strom durch einen Draht fließt, erwärmt er diesen. Doch nicht nur das: Ein Draht kann dadurch so hell aufglühen, dass er *Licht* aussendet. In unseren Glühlampen wird auf diese Weise Licht erzeugt.

Um diese Lichtwirkung zu verbessern wird der Draht in Glühlampen gewendelt.

Der Glühdraht wird sehr heiß (ca. 2600 °C). Er besteht deshalb aus Wolfram, das erst bei 3380 °C schmilzt. Der Lampenkolben enthält ein Gas, das die Verbrennung des Glühdrahtes verhindert.

Kurzschluss – Überlastung – Sicherung

Wenn eine Sicherung „durchbrennt", kann das zwei Gründe haben:

Kurzschluss: Beim Kurzschluss (Bild 7) sind beide Anschlüsse der Energiequelle (Batterie, Trafo, Steckdose) direkt verbunden. Die elektrischen Ströme, die dabei fließen, sind groß. Die Leiter werden heiß.

Überlastung: Wenn zu viele parallel geschaltete Elektrogeräte gleichzeitig eingeschaltet sind (Bild 8), sagt man: „Der Stromkreis ist überlastet." Dann ist der Strom in den Zuleitungen sehr groß.

Die Rolle der Sicherung: Um Brandgefahr durch Kurzschluss oder Überlastung abzuwenden, muss der Stromkreis rechtzeitig durch eine *Schmelzsicherung* oder einen *Sicherungsautomaten* unterbrochen werden.

Bei einer Schmelzsicherung stellt der Schmelzdraht die „schwächste Stelle" des Stromkreises dar. Bei Gefahr schmilzt er und verhindert so, dass sich die Drähte zu sehr erhitzen.

Alles klar?

Lösungen → Anhang

1. Den elektrischen Strom kann man nicht sehen.
Woran kann man trotzdem (ohne Messgerät) erkennen, ob Strom fließt? (Nenne Beispiele.)

2. Wenn ein Diaprojektor eingeschaltet ist, hört man einen Ventilator. Welche Aufgabe hat er?

3. Glühdrähte von Lampen bestehen aus Wolfram, obwohl Eisen billiger wäre.
Welche Eigenschaft muss das verwendete Metall haben? (Tipp: Sieh dir die Tabelle der Schmelztemperaturen im Anhang an.)

4. Ein Drahtstück ist Teil eines Stromkreises. Wovon hängt es ab, wie stark es sich erwärmt wird?

5. Hast du schon einmal eine durchgebrannte Glühlampe untersucht? Wenn du in sie hineinschaust (möglichst mit einer Lupe), kannst du erkennen, dass ihr Glühdraht durchgeschmolzen ist.
a) Warum ist dadurch das Licht der Lampe ausgegangen?
b) Wie kommt es eigentlich, dass immer der Glühdraht, nicht aber die Haltedrähte durchschmelzen? (Der Strom in Glühdraht und Haltedrähten ist doch gleich groß.)

6. Wie kommt ein Kurzschluss zustande? Was bewirkt er?

7. Welche Aufgabe hat die Sicherung in einem Stromkreis?
Was ist zu tun, wenn eine Sicherung durchgeschmolzen ist?

8. Von einem Kurzschluss ist oft nicht der gesamte Haushalt betroffen: In manchen Räumen fällt die Beleuchtung aus, in anderen Räumen leuchten aber die Lampen weiter.
Welche Erklärung hast du dafür?

9. Die Sicherungen sprechen bei Kurzschluss und Überlastung an. Nenne die gemeinsame Ursache.

10. Bei diesen beiden Schaltungen (Bilder 9 u. 10) gingen die Lampen aus.

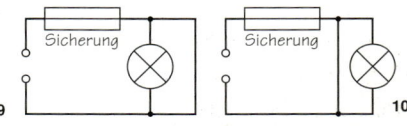

Erkläre, wie es dazu kam, dass die Glühlampen ausgingen.

Temperaturen und Temperaturmessung

Wärmequellen

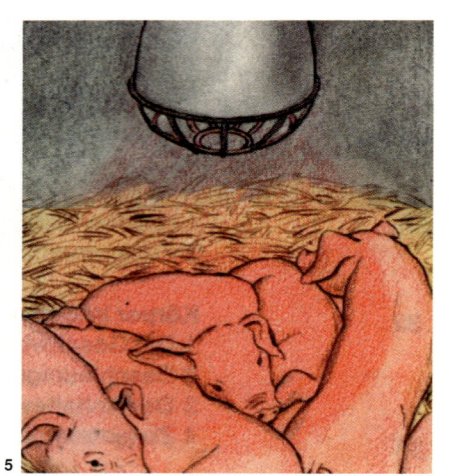

Wärmequellen für verschiedene Zwecke

Vorbereitende Aufträge

1. In den Bildern 1–6 spielen verschiedene Wärmequellen eine Rolle.
Nenne die jeweilige Wärmequelle. Welche Aufgabe erfüllt sie?

2. Zähle einige der Wärmequellen auf, die ihr im Haushalt verwendet.
Welchem Zweck dienen sie jeweils? (Lege eine Tabelle nach nebenstehendem Muster an.)

Bezeichnung der Wärmequelle	Zweck der Wärmequelle
Kaffeemaschine	Wasser erhitzen
...	...

3. Manchmal werden Körper erwärmt, ohne dass die „Wärmequelle" gleich erkennbar ist. Das siehst du z. B. an dem folgenden Versuch:

Biege ein Stückchen Draht (z. B. eine Büroklammer) einige Male schnell hin und her.
Berühre dann die Biegestelle mit den Lippen.
Suche nach ähnlichen Vorgängen, bei denen ein Körper zur Wärmequelle wird.

4. Unsere wichtigste Wärmequelle ist die Sonne! Begründe diese Behauptung.

Info: Zum Umgang mit Wärmequellen im Unterricht

Brenner zum Experimentieren

Zu Brennern allgemein:
Achtung, beim Umgang mit Brennern besteht immer Brandgefahr für Kleidung und Haare. Lange Haare zusammenbinden!

Bei Brennern zum Experimentieren (Bild 7) kann man zweierlei Flammen einstellen:
1. eine *Leuchtflamme,* indem man das Luftloch am Brennerrohr schließt; 2. eine *Heizflamme,* indem man das Luftloch am Brenner völlig öffnet. Dann strömt Luft in das Brennerrohr und vermischt sich mit dem Gas. Dadurch entsteht eine sehr heiße (bläuliche, nicht rußende) Flamme.

Sobald das Gasventil geöffnet ist, musst du die Brennerflamme anzünden: Halte das Streichholz seitlich an die Öffnung des Brennerrohrs. Bis die Gasflamme brennt, soll das Luftloch geschlossen bleiben.

Gasbrenner mit Schlauchanschluss:
○ Das Gas darf nicht unverbrannt in den Raum strömen (Explosionsgefahr!). Deshalb den Gasstrom mit dem Hahn so einstellen, dass die Flamme nicht ausgeht. Bei Gasgeruch: Gashahn schließen und Fenster öffnen!
○ Der Schlauch des Brenners darf weder porös noch brüchig noch geknickt sein.
○ Sämtliche Schlauchverbindungen müssen fest auf den Anschlüssen sitzen.
○ Zum Löschen der Flamme muss das Ventil der Gasleitung zugedreht werden.

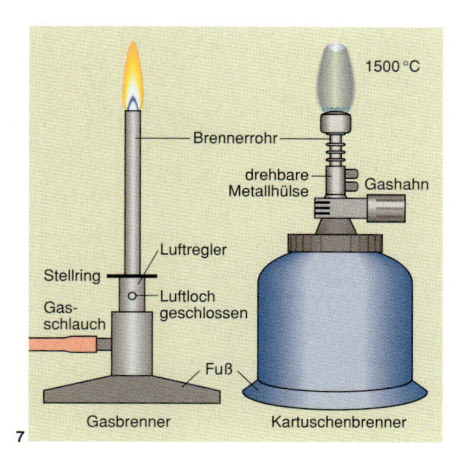

Kartuschenbrenner:
○ Der Kartuschenbrenner muss stets aufrecht und fest stehen.
Er darf beim Experimentieren nicht gekippt, geschüttelt oder schräg gehalten werden – sonst könnte Flüssiggas austreten und sich entzünden.
○ Die Befestigungsklammern der Kartusche müssen fest sitzen. Sie dürfen nur bei leerer Kartusche geöffnet werden (und das nur durch die Lehrerin bzw. den Lehrer!).

Der Tauchsieder

Tauchsiedern (Bild 8) sieht man nicht an, ob sie heiß sind. Deshalb grundsätzlich nur am Kunststoffgriff anfassen!

Tauchsieder sind allein zum Erwärmen von Wasser geeignet. In den spiralförmigen Tauchsiederrohren werden Drähte elektrisch erhitzt.

Die entstehende Wärme muss sofort an das Wasser weitergegeben werden; sonst besteht die Gefahr, dass die Drähte durchglühen. Folgendes ist zu beachten:
○ Bevor der Tauchsieder angeschlossen wird, muss er in Wasser eintauchen. Die Tauchsiederspirale muss reichlich mit Wasser bedeckt sein.
○ Beim Abschalten zuerst den Stecker aus der Steckdose ziehen. Dann erst den Tauchsieder aus dem Wasser nehmen.

A1 *Die Flamme eines Brenners darf man nicht wie eine Kerzenflamme ausblasen. Erkläre, warum.*

A2 *Beim Anzünden eines Brenners kommt es vor, dass der Gasstrom die Streichholzflamme ausbläst. Warum ist es gut, vor dem Anzünden das Luftloch zu schließen, sodass eine Leuchtflamme entsteht?*

A3 *Weshalb darfst du einen Kartuschenbrenner auf keinen Fall kippen oder schütteln, während seine Flamme brennt?*

A4 *Worauf musst du besonders achten, wenn du Wasser mit dem Tauchsieder erwärmen willst? (Denke an die Reihenfolge.)*

Warm oder kalt?

Andreas hat heiß geduscht, Bert erst heiß und dann kalt. Ob sie deshalb unterschiedlicher Meinung über die Wassertemperatur sind?

Diese Mutter prüft die Körpertemperatur ihres Kindes. Sie ist sich sicher: Das Kind hat Fieber.

Ob das Wasser die richtige Temperatur hat? Viele Menschen verlassen sich lieber auf ihren Temperatursinn als auf ein Thermometer.

Pech gehabt: Sein Tee ist so heiß, dass er sich die Zunge verbrüht. Und ihre Suppe ist nur lauwarm. Welche Temperaturen könnten Tee und Suppe haben?

Wie gut, dass wir unseren Temperatursinn haben – auch wenn er nicht immer ausreicht …

Vorbereitende Aufträge

1. Bereite etwas heißes Wasser und lass es allmählich abkühlen.
a) Prüfe immer wieder vorsichtig mit dem Finger, ob die Wassertemperatur schon erträglich oder immer noch zu hoch ist. Miss mit einem Badethermometer die Wassertemperatur, die du mit der Hand gerade noch aushalten kannst.
b) Miss die Temperatur, bei der dir ein Getränk „heiß", „lauwarm" oder „kalt" vorkommt. (Mische dazu kaltes und heißes Wasser, bis der entsprechende Sinneseindruck entsteht.)

2. Hast du gerade vor ein heißes Bad zu nehmen? Dann prüfe die Temperatur des Badewassers zunächst mit der Hand oder mit dem Ellbogen. Nimm anschließend ein Thermometer dafür.
a) Welche Temperatur ist für dich gerade richtig?
b) Ab welcher Temperatur ist dir das Wasser zu heiß, ab welcher ist es zu kalt?
c) Überprüfe mit einem Fieberthermometer, wie genau du die richtige Temperatur des Badewassers erfühlen kannst.

3. Miss mit einem Zimmerthermometer die Temperaturen in allen Räumen der Wohnung – auch im Badezimmer und im Keller. Ab welcher Temperatur wäre es dir für den normalen Aufenthalt zu kühl, ab welcher zu warm?

4. Führe den Versuch aus Bild 5 durch: Eine Hand hältst du zwei Minuten lang in kaltes Wasser, die andere gleichzeitig in warmes. Dann tauchst du beide Hände in das lauwarme Wasser. Was empfindest du? Erkläre!

Info: Vom Temperaturempfinden zum Thermometer

Wir können Temperaturen über unsere Haut wahrnehmen: Unser **Temperaturempfinden** („Temperatursinn") ermöglicht es uns nämlich, Temperaturen ungefähr zwischen 15 °C und 45 °C recht gut voneinander zu unterscheiden.

Im Bereich der Körpertemperatur (37 °C) ist dieser Temperatursinn besonders empfindlich. So stellen z. B. Eltern bei ihren Kindern allein schon durch Berühren der Stirn ein leichtes Fieber fest.

Hohe und niedrige Temperaturen dagegen nehmen wir nur als „heiß" oder „kalt" wahr. Eventuell empfinden wir zusätzlich dabei auch noch Schmerz.

Wenn wir einen Gegenstand berühren, vergleichen wir seine Temperatur mit der Temperatur, die wir zuvor wahrgenommen haben: Ein Gegenstand erscheint uns wärmer, wenn wir vorher etwas Kaltes angefasst haben. Und beim Baden in einem See empfinden wir das Wasser oft als kalt, weil wir aus der wärmeren Luft kommen. Nach einer Weile kommt uns das Wasser aber wärmer vor.

Der Temperatursinn „sagt uns", was wir tun müssen, damit unser Körper seine Temperatur beibehält. Das hängt aber nicht nur von der Außentemperatur ab; auch die Temperatur der Hautoberfläche spielt dabei eine Rolle. Der Temperatursinn ist demnach kein „Messgerät".

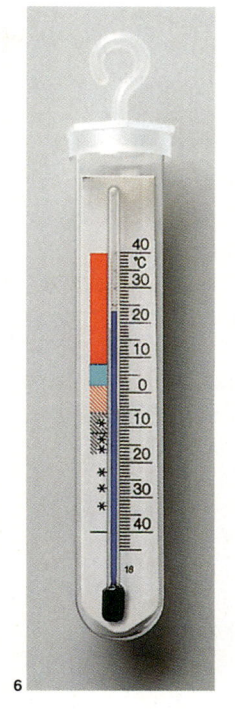

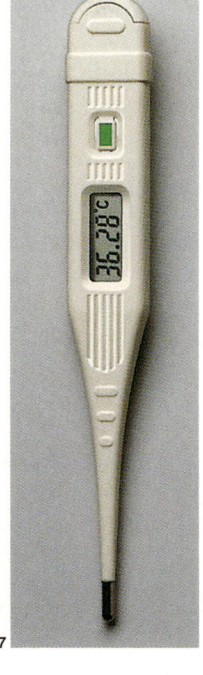

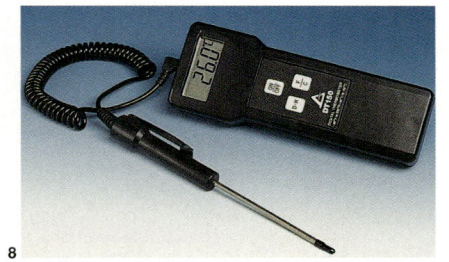

Um Temperaturen genau und zuverlässig (und auch schmerzfrei) bestimmen zu können, setzen wir **Thermometer** ein.

An vielen Stellen des Haushalts sind *Flüssigkeitsthermometer* im Einsatz – z. B. im Kühlschrank (Bild 6). Hier dienen Alkohol oder Quecksilber als Thermometerflüssigkeit.

Es gibt auch noch *Thermometer mit Quecksilberfüllung*. Sie sind besonders vorsichtig zu behandeln. Wenn sie zerbrechen, wird nämlich Quecksilber frei – und Quecksilberdampf ist giftig. Wenn Thermometer mit Quecksilberfüllung zerbrechen, muss das Quecksilber mit dafür vorgesehenen Bindemitteln vollständig entfernt werden.

Weit verbreitet sind heutzutage *elektronische Fieberthermometer* mit Digitalanzeige (Bild 7).

Überhaupt werden elektronische Thermometer recht häufig verwendet (Bild 8). Manchmal sind sie mit zwei Temperaturfühlern ausgestattet – mit einem eingebauten für die Innentemperaturen und einem für die Außentemperaturen.

A1 *Geh eine Woche lang morgens gleich nach dem Aufstehen ans offene Fenster oder auf den Balkon. Schätze die Temperatur. Überprüfe die Schätzwerte mit einem Außenthermometer. (Hinweis: Das Außenthermometer soll nicht von der Sonne beschienen oder von einer Wand erwärmt sein.)*

A2 *Einige Temperaturen: Wolke: –50 °C, Sonne: 5500 °C, Mond (beleuchtet): 150 °C, Mond (unbeleuchtet): –170 °C, glühende Holzkohle: 1100 °C, Glühfaden einer Lampe: 2500 °C. Bei solchen Temperaturen würde unser Temperatursinn nicht funktionieren. Wir würden – wenn wir mit solchen Körpern in Berührung kämen – nur Schmerzen empfinden. Warum ist das gut so?*

A3 *In der Sauna kann die Lufttemperatur z. B. 70 °C betragen. Im Winter liegt sie im Freien meist unter 10 °C. In welchem der beiden Fälle ist der menschliche Körper eine Wärmequelle?*

Wir messen Temperaturen

V1 Die Temperatur steigt oder sinkt – du kannst beobachten, was dabei im Thermometer geschieht:
a) Nimm ein Flüssigkeitsthermometer und lies die Temperatur ab. (Berühre dabei aber nicht die Thermometerkugel.)
b) Umschließe die Thermometerkugel mit der Hand. Beobachte dabei die Flüssigkeit im Steigrohr (Bild 1). Lies die Temperatur ab, wenn sich die Thermometerflüssigkeit nicht mehr bewegt.

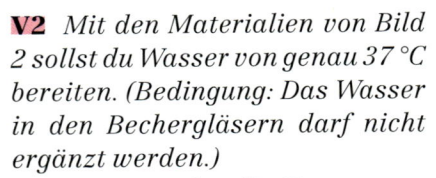

V2 Mit den Materialien von Bild 2 sollst du Wasser von genau 37 °C bereiten. (Bedingung: Das Wasser in den Bechergläsern darf nicht ergänzt werden.)
a) Miss zunächst die Temperatur des heißen Wassers, dann auch die des kalten Wassers.
b) Plane dann selbst, wie du am besten weitermachst …

V3 Willst du niedrigere Temperaturen messen als bisher? Dann musst du Eis zerstampfen und mit Kochsalz vermischen; so erhältst du eine „Kältemischung" (Bild 3).
a) Was zeigt dein Thermometer an, wenn du es hineinsteckst?
b) Stülpe ein leeres Becherglas um und tropfe ein wenig Wasser darauf. Stelle für ein bis zwei Minuten deine Kältemischung auf diese Wassertropfen.
Was geschieht, wenn du das Glas mit der Kältemischung nach einiger Zeit vorsichtig anhebst?

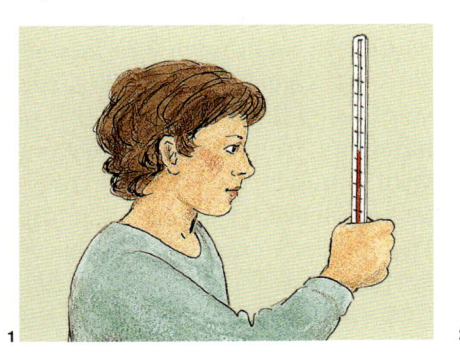

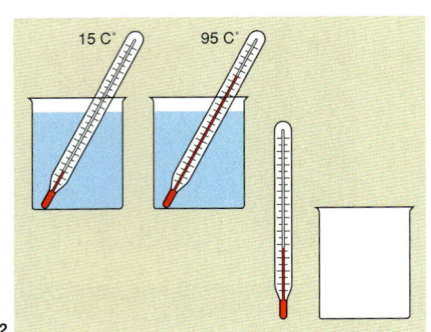

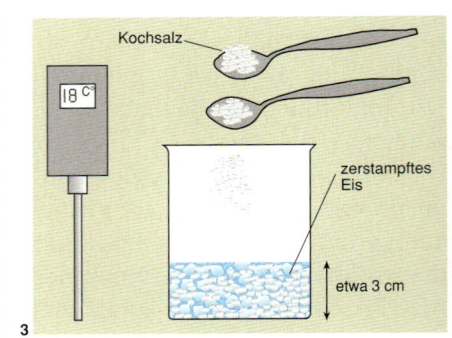

Praktikumsversuch

V4 Wir untersuchen, wie schnell die Temperatur von Wasser beim Erwärmen ansteigt.
Versuchsmaterialien: Wärmequelle (z. B. Tauchsieder), Thermometer, Becherglas, Stab zum Umrühren, Wasser, Uhr mit Sekundenanzeige (Stoppuhr).
Versuchsaufbau: Siehe Bild 4 (Teil 1).
Versuchsdurchführung: Siehe Bild 4 (Teile 1–3).
Mustertabelle zum Eintragen der Messergebnisse:

Messung Nr.	Zeit nach dem Einschalten	Temperatur des Wassers
1	0 s	? °C
2	30 s	? °C
3	60 s	? °C
…	…	…

Stellt die Messergebnisse grafisch dar (→ Bild 6).

1. Messt die Temperatur des Wassers zu Beginn des Versuchs.
Tragt den Messwert in eure Tabelle ein.

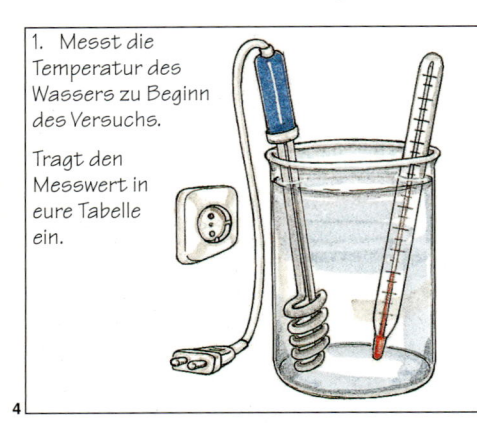

2. Steckt jetzt den Stecker des Tauchsieders in die Steckdose.
Lest dann alle 30 Sekunden die Temperatur des Wassers ab.

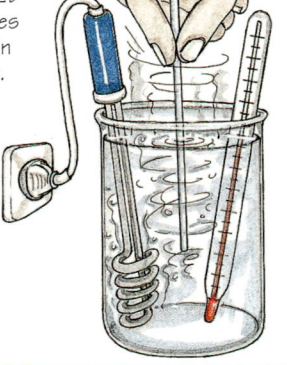

3. Das Wasser im Becherglas siedet schließlich.
Lest weiterhin alle 30 Sekunden die Temperatur ab (2 bis 3 Minuten lang).

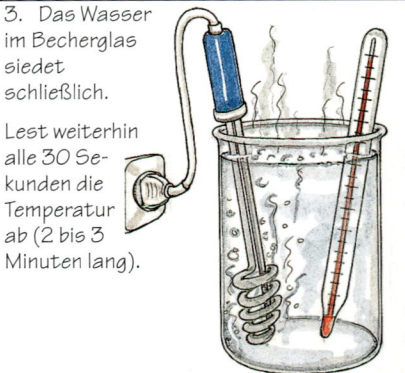

Info: Wie man ein Diagramm anfertigt

Eine Schülergruppe hat in einem Versuch Wasser erhitzt (wie in Versuch 4). Dabei ergaben sich die folgenden Messwerte:

Messung Nr.	Zeit nach dem Einschalten	Wassertemperatur
1	0 s	16 °C
2	30 s	24 °C
3	60 s	37 °C
4	*90 s*	*49 °C*
5	120 s	58 °C
6	150 s	68 °C
7	180 s	75 °C
8	210 s	83 °C
9	240 s	91 °C
10	270 s	95 °C
...	...	...

Bild 5 zeigt, wie die Messwerte *grafisch* – in einem **Diagramm** – dargestellt werden können.

Du siehst links eine Achse, die mit der Pfeilspitze nach oben zeigt; sie ist mit einer *Temperaturskala* versehen worden. Die gemessenen Temperaturen wurden jeweils daneben eingezeichnet – als rote „Säulen" (wie die Flüssigkeitssäulen eines Thermometers).

Für die *Zeit* wurde unten eine nach rechts zeigende Achse gezeichnet und beschriftet.

Eigentlich interessiert uns doch nur, *wie hoch* die Temperatur nach 30 s, 60 s, 90 s ... war. Es reicht also, wenn man die *Endpunkte* der Säulen einzeichnet – so wie in Bild 6. (Für die 4. Messung aus der Tabelle steht z. B. senkrecht über der Markierung „90 s" ein Kreuz bei „49 °C".)

Man könnte nun alle Kreuze miteinander verbinden. Man erhält dann die in Bild 6 schwarz gezeichnete „Zickzackkurve". Sicher ist aber die Temperaturänderung gleichmäßiger gewesen, als es diese Zickzackkurve erscheinen lässt. (Der unregelmäßige Verlauf der Kurve liegt z. B. daran, dass nicht genügend umgerührt oder nicht genau abgelesen wurde.)

Wenn man alle Fehler vermeiden könnte, wäre der Temperaturverlauf so, wie es die *rot* gezeichnete Kurve zeigt (ohne Ecken und Knicke). In Diagrammen zeichnet man solche Kurven, keine Zickzackkurven.

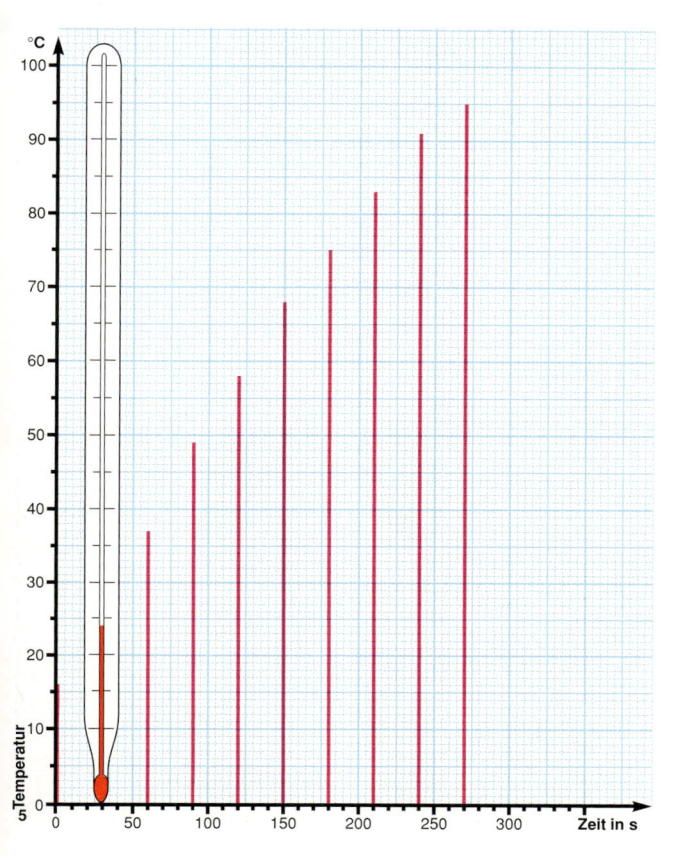

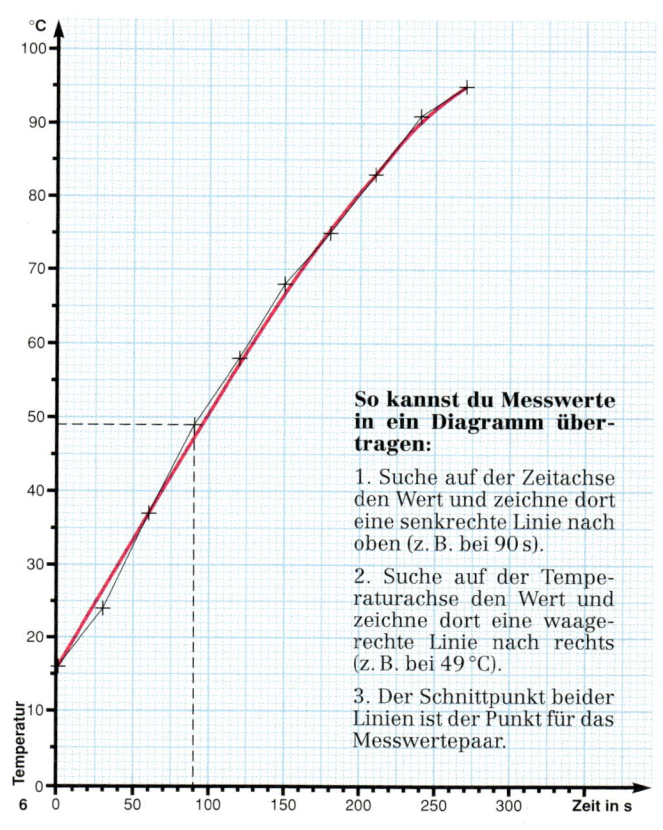

So kannst du Messwerte in ein Diagramm übertragen:

1. Suche auf der Zeitachse den Wert und zeichne dort eine senkrechte Linie nach oben (z. B. bei 90 s).

2. Suche auf der Temperaturachse den Wert und zeichne dort eine waagerechte Linie nach rechts (z. B. bei 49 °C).

3. Der Schnittpunkt beider Linien ist der Punkt für das Messwertepaar.

A4 Stelle die Messwerte, die du in Versuch 5 erhalten hast, in einem Diagramm dar.
Richte dich dabei nach den Bildern 5 u. 6 der Vorseite. Zeichne keine Zickzackkurve.

A5 Im Diagramm kannst du auch Zwischenwerte ablesen. Das sind Werte, die im Versuch gar nicht gemessen wurden.
a) Lies in Bild 6 der Vorseite ab, wie hoch die Temperatur nach 105 Sekunden war.
b) Bestimme aus deinem eigenen Diagramm die Temperatur nach 105 Sekunden.

A6 Verwende die Tabelle der vorhergehenden Seite: Die Temperatur wurde alle 30 Sekunden gemessen. Berechne, um wie viel Grad Celsius sie jeweils gestiegen ist. Was fällt dir auf?

A7 In Versuch 5 wurde das Wasser selbst dann noch erwärmt, als es schon siedete.
Was konntest du dabei an deinem Thermometer beobachten?

A8 Welche Vorteile hat ein Diagramm gegenüber einer Tabelle mit Messwerten?

Aus der Technik: Farben als Temperaturanzeiger

Es gibt Spielzeugautos, die ihre Farbe ändern können! Das Auto von Bild 1 z. B. sieht braun aus, wenn man es zwischen Eiswürfel legt oder in den Kühlschrank stellt. Aus der Braunfärbung dieses Autos wird Orangerot, wenn man das Auto in der Hand hält (Bild 2). In heißem Wasser schlägt der Farbton schließlich in ein Gelborange um (Bild 3).

Wenn man dieses Auto dann erneut in den Kühlschrank legt, stellt sich das ursprüngliche Dunkelbraun wieder ein.

Wie ist das möglich?
Der Lack des Spielzeugautos enthält einen *temperaturempfindlichen Farbstoff*. Solche Stoffe wechseln – wenn sich die Temperatur ändert – ihre Farbe.

Farbstoffe, die bei einer bestimmten Temperatur nur einmal ihre Farbe wechseln, gibt es als Farbstifte (*Thermochromstifte*, Bild 4).

Mit solchen Thermochromstiften kann man z. B. herausfinden, wie heiß in einem Rennwagen bestimmte Stellen des Motors werden. Man bestreicht die Stellen mit verschiedenen Thermochromfarben. Je nach Farbumschlag kann man dann erkennen, wie heiß die Stelle während des Rennens geworden ist.

Wenn Gegenstände so heiß sind, dass sie glühen, kann man ihre Temperatur aufgrund der Glühfarbe abschätzen:

Dunkelrot zeigt etwa 700 °C an, Kirschrot 850 °C, Orange 1000 °C, Gelb 1100 °C und Weiß 1500 °C (Bilder 5 u. 6).

Zusammenfassung

Wärmequellen – Temperaturen – Temperatursinn

Alles Leben auf der Erde ist auf Wärme angewiesen (Bild 7).

Die wichtigste **Wärmequelle**, die wir kennen, ist die *Sonne*. Im Alltag nutzen wir viele verschiedene Wärmequellen. Sie erhöhen die **Temperatur** von Körpern.

Wir Menschen sind mit einem **Temperatursinn** ausgestattet. Mit ihm können wir Temperaturen zwischen 15 °C und 45 °C gut unterscheiden. Der Temperatursinn dient dazu, den Körper vor einer Auskühlung oder Überhitzung zu schützen. Wenn unser Körper zu schnell abkühlt, frieren wir. Dann schützen wir uns durch Kleidung.

Die Temperaturen der Wärmequellen sind oft sehr hoch (Sonne: 5500 °C). Auch niedrige Temperaturen kommen auf der Erde vor (im Polargebiet: tiefer als –40 °C).

Luft: 30 °C   Sonne: 5500 °C
Wasser: 20 °C
Körper: 37 °C
Sand: 35 °C

7

Die Temperaturmessung

Um Temperaturen zuverlässig und auch gefahrlos messen zu können werden Thermometer verwendet.

Unsere Thermometer geben die Temperatur in der Einheit **Grad Celsius** an.

Flüssigkeitsthermometer bestehen aus der *Thermometerkugel* und einem dünnen *Steigrohr*.

In der Thermometerkugel befindet sich fast die gesamte *Thermometerflüssigkeit*. Sie besteht z. B. aus Alkohol oder Quecksilber.

Außerdem ist das Thermometer mit einer *Skala* zum Ablesen der Temperaturen versehen.

Beim Temperaturmessen musst du **Messfehler** nach Möglichkeit vermeiden: Beim Messen einer Wassertemperatur muss die *ganze* Thermometerkugel Kontakt mit dem Wasser haben. Abgelesen wird erst, wenn sich die Höhe der Thermometerflüssigkeit im Steigrohr *nicht mehr ändert*; dabei muss sich die Flüssigkeitssäule *in Augenhöhe* befinden. Die Lufttemperatur draußen wird im Schatten gemessen.

Alles klar?

Lösungen → Anhang

1. Wir sind mit einem Temperatursinn ausgestattet. Trotzdem ist es gut, dass wir Thermometer besitzen.
Gib einige Gründe dafür an.

2. Nenne verschiedene Thermometertypen.
Gib auch an, wofür sie verwendet werden.

3. Beim Ablesen der Temperatur an einem Thermometer kann man Fehler machen.
Worauf muss man achten?

4. „Gestern hatten wir eine Temperatur von –12 °C", sagt Frank.

„Nein, wir hatten 12 Grad unter null", meint Tina. Wer hat Recht?

5. Warum stehen Kühe bei kaltem Wetter dicht zusammen?

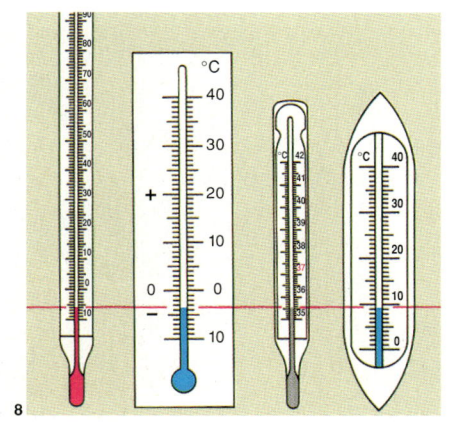

8

6. Auf der Skala eines Fieberthermometers ist eine Temperatur deutlich hervorgehoben.
Welcher Temperaturwert ist das und warum ist dieser Wert so gekennzeichnet?

7. Was ist die wichtigste Wärmequelle für uns?
Begründe deine Antwort. (Nenne auch Beispiele.)

8. Bei den Thermometern von Bild 8 steht die Thermometerflüssigkeit gleich hoch.
Bedeutet das, dass sie die gleiche Temperatur anzeigen? Begründe deine Antwort.

Temperaturänderungen von Flüssigkeiten

Warum Sprinkler plötzlich platzen

Sprinkler – wie den von Bild 1 – kannst du in großer Zahl in Kaufhäusern an der Decke sehen.

In den Sprinklern enden Wasserrohre. Durch diese strömt bei einem Brand das Löschwasser.

Die Sprinkler sind durch bauchige Röhrchen verschlossen (in Bild 1 rot eingefärbt). In diesen Röhrchen ist eine spezielle Flüssigkeit eingeschlossen. Diese Flüssigkeit sorgt dafür, dass die Röhrchen platzen, wenn es unter ihnen brennt. Dadurch wird der Weg für ein Versprühen des Löschwassers freigemacht (Bilder 2–5).

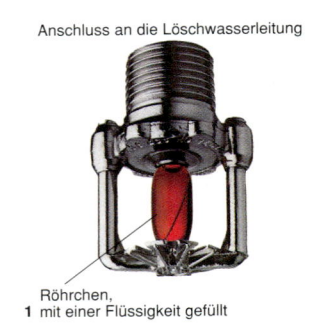

Wie ist das möglich? Wie verhält sich die Flüssigkeit, wenn sie erwärmt wird?

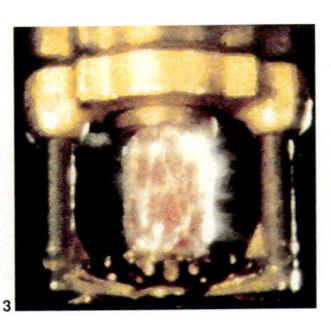

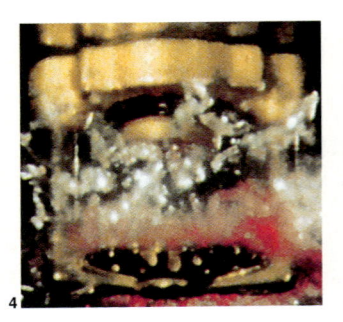

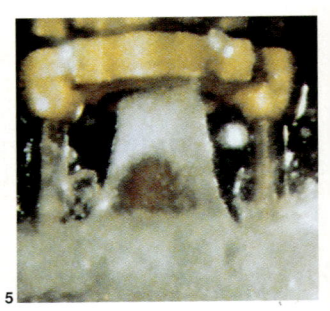

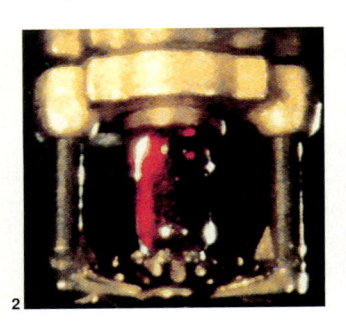

1 Anschluss an die Löschwasserleitung – Röhrchen, mit einer Flüssigkeit gefüllt

Vorbereitende Aufträge

1. Kennst du in deiner Nähe ein Kaufhaus, ein Theater oder ein Hotel? Sie sind meistens durch Sprinkleranlagen gesichert. Suche dort nach den Sprinklern an der Decke. Lass dir wenn möglich zeigen, dass sie mit Wasserrohren verbunden sind.

2. Fülle eine Getränkeflasche randvoll mit heißem Wasser. Verschließe sie mit Hilfe eines Stopfens – und zwar so, dass sich keine Luftblase im Flaschenhals befindet. Prüfe nach ein oder zwei Stunden die Füllhöhe in der Getränkeflasche. Falls Wasser fehlt, überlege, wie du die alte Füllhöhe erreichen kannst ohne nachzufüllen.

3. Nimm eine Getränkedose und fülle sie mit Wasser. Das Wasser soll gerade bis an das Trinkloch reichen. Trockne den Deckel der Dose mit einem Tuch ab. Stelle die Dose in einen Topf mit heißem Wasser (Bild 6). Was geschieht, wenn sich das Wasser in der Dose allmählich erwärmt?

4. Suche Getränkeflaschen, die bis zum Rand gefüllt sind. Überlege dir eine Erklärung für das Ergebnis deiner Suche.

5. Ein Temperaturanzeiger: Stich mit einem Nagel ein Loch in den Deckel eines Gläschens. Es soll so groß sein, dass ein durchsichtiger Trinkhalm gerade hindurchpasst (Bild 7). Dichte das Loch mit dem Trinkhalm mit Klebstoff ab. Fülle das Glas randvoll mit Spiritus F und setze den Deckel darauf. Markiere den Stand des Spiritus am Halm oberhalb des Deckels. Was geschieht, wenn das Gerät in warmem Wasser und dann im Kühlschrank steht?

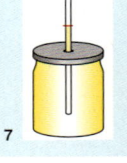

V1 Wir untersuchen, wie sich Wasser beim Erwärmen verhält.
Die Bilder 8–10 zeigen den Versuch.
a) Beschreibe, wie der Versuch den Bildern zufolge ablaufen soll. Führe ihn durch.
Was kannst du beobachten?
b) Man müsste den Versuchsaufbau von Bild 10 verbessern um ein deutlicheres Ergebnis zu erzielen. Wie könnte deiner Meinung nach dieser veränderte Versuchsaufbau aussehen?
(Dazu ein Tipp: Denke an die Form eines Flüssigkeitsthermometers.)

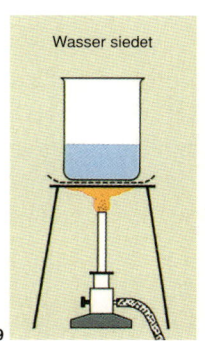

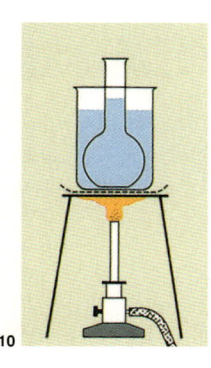

V2 Den Versuchsaufbau siehst du in Bild 11.
a) Was soll mit dieser Versuchsanordnung untersucht werden?
b) Beschreibe die Versuchsdurchführung. Begründe, weshalb die Flüssigkeiten nicht einzeln, sondern gemeinsam in einem Wasserbad erhitzt werden.

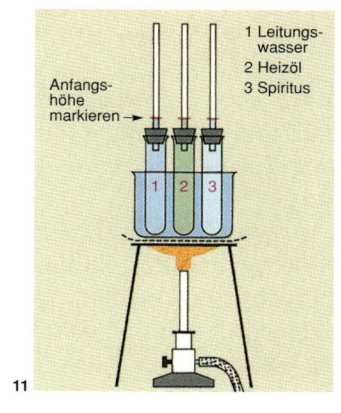

V3 Ob eine Flüssigkeit mehr wiegt, wenn sie sich ausgedehnt hat? Fülle einen Glaskolben mit Spiritus F und setze ein Steigrohr darauf. Wiege den Kolben mit der darin befindlichen kalten Flüssigkeit ab (Bild 12).
Erwärme den Spiritus dann im Wasserbad und wiege noch einmal – so genau wie möglich.

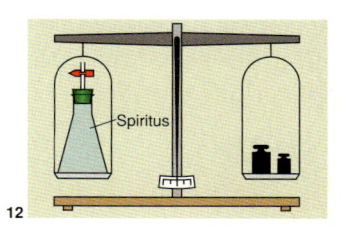

A1 Wie verhält sich eine Flüssigkeit, die erwärmt wird? Wie verhält sie sich beim Abkühlen?

A2 Als in V1 das Wasser erhitzt wurde (Bild 10), war kaum ein Wasseranstieg zu sehen. Das Wasser stieg aber deutlich, als man einen Stopfen mit einem Glasrohr auf den Kolben setzte. Warum?

A3 Die Tabelle unten gibt an, wie stark sich verschiedene Flüssigkeiten bei Erwärmung um 1 °C ausdehnen. (Im Anhang findest du eine Erklärung zur Einheit „Milliliter".)
In Bild 13 ist die Ausdehnung von Glycerin als Säule eingetragen. Übertrage das Achsenkreuz und die Säule in dein Heft.
Zeichne dann als Säulen ein, wie sich die anderen Flüssigkeiten der Tabelle ausdehnen.
Ordne die Flüssigkeiten so an, dass links die Flüssigkeit mit der kleinsten und rechts die mit der größten Ausdehnung steht.

A4 Bestimmt hast du festgestellt, dass Getränkeflaschen nie bis zum Deckel gefüllt sind.
Was würde geschehen, wenn zwischen dem Deckel und der Flüssigkeit kein Platz wäre?

A5 Formel-1-Rennwagen tanken im Rennen einen Treibstoff, der eine Temperatur von –20 °C hat. Dass dadurch etwas gekühlt werden soll, ist nicht der Grund. Welcher andere Grund fällt dir dafür ein?

Flüssigkeit	Ausdehnung (Erwärmung: von 20 °C auf 21 °C)
1 Liter Wasser	0,2 Milliliter (ml), also ungefähr 4 Tropfen
1 Liter Quecksilber	0,2 ml, also ungefähr 4 Tropfen
1 Liter Glycerin	0,5 ml, also ungefähr 10 Tropfen
1 Liter Heizöl	0,9 ml, also ungefähr 18 Tropfen
1 Liter Alkohol	1,1 ml, also ungefähr 22 Tropfen
1 Liter Benzin	1,1 ml, also ungefähr 22 Tropfen

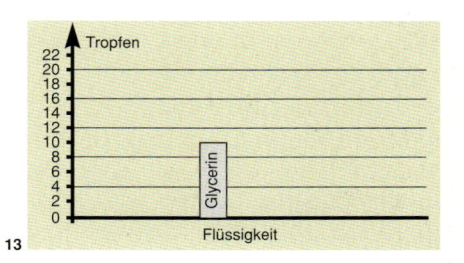

Aus der Technik: So funktionieren Sprinkleranlagen

Zahlreiche Lagerräume, Theatersäle und Kaufhäuser sind mit *automatischen Löschanlagen* ausgestattet.

Oberhalb der Decke solcher Räume verlaufen Löschwasserleitungen, die mit dem Wassernetz verbunden sind; sie sind also mit Wasser gefüllt. Diese Leitungen enden in den Sprüheinrichtungen, die wir an den Decken sehen können, den *Sprinklern* (Bild 1).

In den Sprinklern sind die Wasserleitungen durch bauchige *Glasröhrchen* verschlossen. Die Röhrchen sind mit einer Flüssigkeit gefüllt, die sich (wie andere Flüssigkeiten auch) bei Erwärmung ausdehnt.

Bei einem Brand steigt die Lufttemperatur im Raum an – vor allem über dem Brandherd.

Aber dort befinden sich ja die Sprinkler: Die Flüssigkeit im Glasröhrchen erwärmt sich. Sie dehnt sich dadurch aus, sodass sie nun mehr Platz als vorher benötigt. Sie „sprengt" das Glasröhrchen und gibt schließlich den Weg für das Löschwasser frei.

Ein dicker Wasserstrahl trifft nun auf die sternförmige Metallplatte am Boden des Sprinklers. Dadurch verwandelt sich der Wasserstrahl in einen sprühenden Regen. Und dieser dämmt das Feuer ein oder er löscht es sogar (Bilder 2–5 der vorherigen Doppelseite).

Aus der Technik: Wenn gefährliche Flüssigkeiten transportiert werden …

Täglich fahren auf den Straßen Tankwagen, die gefährliche Güter transportieren – z. B. Heizöl und Benzin. Ein Gefahrensymbol am Fahrzeug mahnt die anderen Verkehrsteilnehmer zu ganz besonderer Vorsicht (Bild 2). Auch weiß so die Feuerwehr „im Falle eines Falles" Bescheid, welche Flüssigkeit geladen wurde.

Die Behälter der Tankwagen dürfen nicht bis zum Rand gefüllt werden. Das ist wichtig, denn sie können mit Flüssigkeiten gefüllt werden, die z. B. in Erdtanks bei 10 °C gelagert waren. Bei sommerlicher Hitze erwärmt sich nämlich die Flüssigkeit und dehnt sich aus – dafür muss genügend Raum zur Verfügung stehen.

Der Transportbehälter eines Tankwagens ist in mehrere Kammern unterteilt (Bild 3). In jeder Kammer befindet sich ein so genannter *Grenzwertgeber* (in Bild 3 rot); er gibt ein Signal, wenn der Behälter zu neun Zehnteln gefüllt ist. Dann wird die Befüllung gestoppt. Dadurch wird erreicht, dass mindestens ein Zehntel des Behälters immer frei bleibt.

Was geschehen kann, wenn diese Maßnahmen nicht genau eingehalten werden, hat einmal ein schreckliches Unglück in Spanien gezeigt:

Ein Tanklastwagen war (entgegen den Vorschriften) bis zum Rand mit Benzin gefüllt worden.

In der Julihitze dehnte sich das Benzin aus und benötigte dadurch mehr Platz. Die großen Kräfte, die dabei auftraten, sprengten den Tank – und zwar gerade in dem Augenblick, als der Wagen an einem Campingplatz vorbeifuhr. Die Flüssigkeit spritzte heraus und entzündete sich durch einen Funken (vielleicht von einem Steinchen, das gegen den Kotflügel schlug).

Im Nu war die ganze Umgebung in ein Flammenmeer getaucht. Und auf dem Campingplatz verloren 210 Urlauber ihr Leben.

Thermometerskala und Fixpunkte

Wichtige Teile eines Thermometers sind in Bild 4 benannt.

*Doch ein Teil fehlt noch: die **Skala** ...*

(Bild 4: Steigrohr, Thermometerflüssigkeit, Thermometerkugel)

Überlege:
○ Weshalb steigt die Thermometerflüssigkeit, wenn die Temperatur ansteigt?
○ Warum sinkt sie bei abnehmender Temperatur?
○ Kann man eine Thermometerskala einfach in Millimeter einteilen?
(Miss nach, ob die Abstände von Grad zu Grad auf Thermometerskalen gleich groß sind.)

Praktikumsversuch

V1 *Wasser siedet bei einer bestimmten Temperatur. Und Eis schmilzt bei einer bestimmten Temperatur.*

a) *Die **Siedetemperatur von Wasser** nutzt man als ersten „Fixpunkt" für eine Thermometerskala:*
Versuchsmaterialien: *Becherglas, Wärmequelle (z. B. Brenner mit Dreifuß und Drahtnetz), Thermometer ohne Skala, Stab, Wasser.*
Versuchsaufbau u. -durchführung: *Siehe Bild 5.*

1. Das Thermometer ohne Skala steht im Wasser.
2. Das Wasser wird bis zum Sieden erhitzt. (Beobachtet die Thermometerflüssigkeit!)
3. Das Wasser siedet schon eine Zeit lang. Markiert, wo die Thermometerflüssigkeit jetzt steht. — Strich anbringen

b) *Die **Schmelztemperatur von Eis** dient als zweiter „Fixpunkt" für eine Thermometerskala:*
Versuchsmaterialien: *Wie in Versuchsteil a, aber mit zerkleinerten Eiswürfeln statt des Wassers.*
Versuchsdurchführung: *Siehe Bild 6.*

1. Das Thermometer ohne Skala steht im zerkleinerten Eis.
2. Das Schmelzwasser wird erwärmt. (Beobachtet die Thermometerflüssigkeit!)
3. Noch ist nicht das ganze Eis geschmolzen. Markiert, wo die Thermometerflüssigkeit steht. — Strich anbringen

c) *Die Siedetemperatur von Wasser wird mit 100 °C bezeichnet, die Schmelztemperatur von Eis mit 0 °C.*
Wie könnt ihr die Skala weiter unterteilen?

d) *Überprüft, ob eure Skala stimmt. (Am besten stellt ihr „euer" Thermometer gemeinsam mit einem anderen in ein Glas Wasser.)*

A1 *Auf der Thermometerskala spielen zwei Temperaturen eine besondere Rolle. Welche Temperaturen sind das?*

A2 *In der Überschrift dieser Seite steht das Wort „Fixpunkt" (von lat. „fixus": fest).*
a) *Was versteht man darunter? Erkläre!*

b) *Warum ist es günstig, die Schmelztemperatur von Eis und die Siedetemperatur von Wasser als Fixpunkte zu wählen?*

A3 *Spiritus siedet bei 78 °C.*
*Plane einen **Versuch**, mit dem man das ohne offene Flamme überprüfen könnte.*

Aus der Geschichte: Wie die Thermometerskala entstand

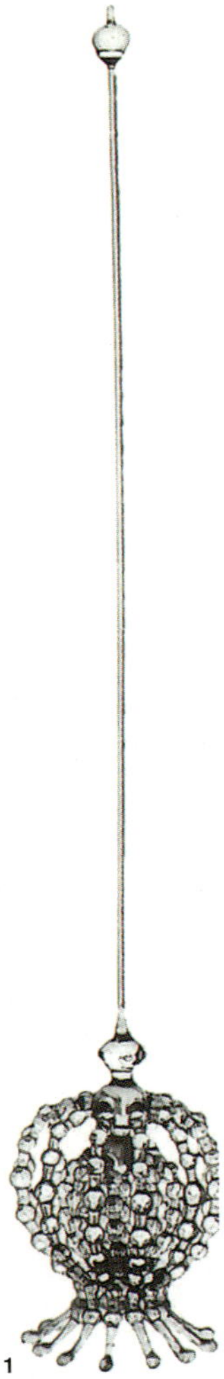

Bild 1 zeigt ein ungewöhnliches Thermometer. Es wurde vor 300 Jahren in der italienischen Stadt Florenz hergestellt. Die kunstvolle Glaskugel unten entspricht der Thermometerkugel. Sie ist mit Alkohol gefüllt. Das dünne Steigrohr ist fast einen Meter lang. 420 kleine, aufgeschmolzene Glasperlen stellen die Skala dar.

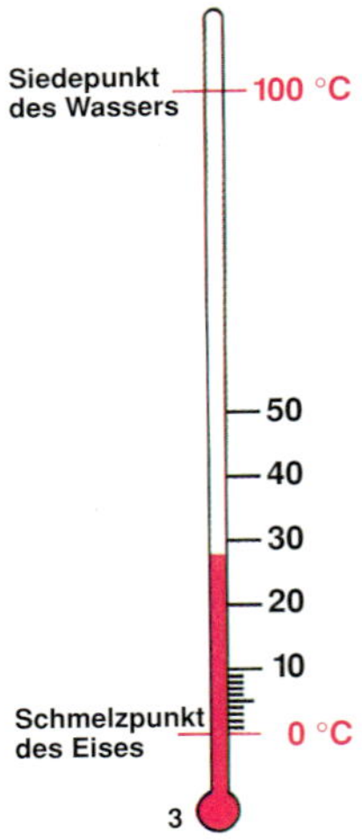

Natürlich waren solche Thermometer unhandlich und zerbrechlich. Man wickelte deshalb das Steigrohr zu einer Spirale auf (Bild 2).

Aber nie hatten zwei Thermometer genau die gleiche „Perlen-Skala"; die Durchmesser der Steigröhrchen waren stets unterschiedlich. Temperaturen konnte man also nur dann vergleichen, wenn man ein und dasselbe Thermometer benutzte.

Eine Änderung bahnte sich erst durch den deutschen Glasbläser *Daniel Fahrenheit* (1686–1736) an: Im Jahr 1724 machte er den Vorschlag die Skala immer bei einer bestimmten Temperatur beginnen zu lassen. Dieser untere **Fixpunkt** (lat. *fixus*: fest) sollte der Nullpunkt der Skala sein. Um diesen Fixpunkt zu erhalten mischte er Eis, Wasser und Seesalz. Dann stellte er sein Thermometer hinein. Die Quecksilbersäule des Thermometers sank. Als sie schließlich stehen blieb, schrieb er „0 Grad" an ihren Rand.

Den oberen Fixpunkt lieferte die Körpertemperatur eines gesunden Menschen. Er nannte diese Temperatur „96 Grad".

Fahrenheits Idee wurde später durch den Schweden *Anders Celsius* (1701–1744) entscheidend verbessert. Der verwendete nämlich neue Fixpunkte für seine Skala : „0 Grad" nannte er die **Schmelztemperatur von Eis** und „100 Grad" die **Siedetemperatur von Wasser**. Diese Fixpunkte konnte man genauer ermitteln als die von Fahrenheit.

Den Abstand zwischen diesen Fixpunkten teilte er in **100 gleiche Teile** ein (Bild 3). Mit gleichen Schrittweiten konnte er die Skala nach unten (z. B. bis −10 Grad) oder nach oben (z. B. bis 120 Grad) fortsetzen.

Seit jener Zeit erinnert auf den meisten Thermometern ein **C** an Celsius. Und Temperaturen werden in „Grad Celsius" (°C) angegeben.

A4 Den Auftrag, für ein Thermometer eine Skala zu entwickeln, erledigt Alex so: Er nimmt irgendein Thermometer mit Skala und überträgt dann die Skalenstriche und -ziffern auf das Thermometer ohne Skala (Bild 4).
a) Hältst du das für eine gute Möglichkeit? Begründe!
b) Anja hat eine andere Idee: Sie stellt das Thermometer zunächst in Schmelzwasser und markiert den Stand der Flüssigkeitssäule; dazu schreibt sie den Wert „0 °C". Dann trägt sie jeweils 1 cm darüber die Werte „10 °C", „20 °C" usw. ein. Was hältst du davon?

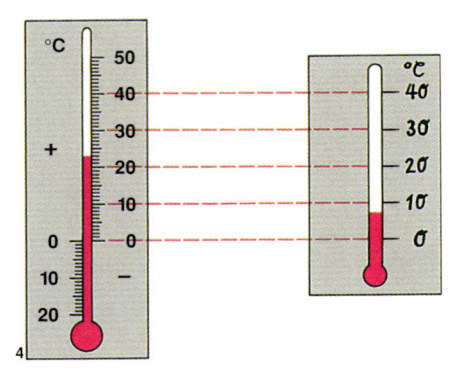

A5 Fahrenheits Idee mit den Fixpunkten war gut – weniger aber, wie er die Fixpunkte ermittelte. Warum eignet sich die Körpertemperatur des Menschen nicht gut zur Bestimmung eines Fixpunkts?

A6 Erkundige dich, in welchem Land Temperaturen in Grad Fahrenheit gemessen werden.

A7 Das Thermometer von Bild 1 könnte man nachträglich mit einer Celsiusskala versehen. Wie?

Zusammenfassung

Was geschieht beim Erwärmen und Abkühlen einer Flüssigkeit?

Wenn die Temperatur einer Flüssigkeit (z. B. Öl, Alkohol, Wasser) steigt, dehnt sich die Flüssigkeit aus. Sie nimmt nun einen größeren Raum ein als vor dem Erwärmen.

Unterschiedliche Flüssigkeiten dehnen sich unterschiedlich stark aus (Bild 5) – verglichen bei gleicher Erwärmung und gleichem Flüssigkeitsvolumen.

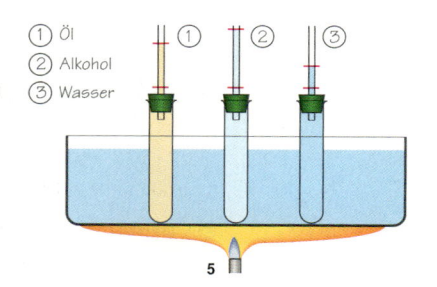

Sinkt die Temperatur einer Flüssigkeit, zieht sich die Flüssigkeit zusammen. Sie benötigt nun einen geringeren Raum als vor dem Abkühlen.

① Öl
② Alkohol
③ Wasser

5

Wie funktioniert ein Flüssigkeitsthermometer?

Die wichtigsten Teile eines Thermometers sind das Steigrohr, die Thermometerkugel und die Skala. Die Thermometerkugel ist mit (flüssigem) Quecksilber oder mit Alkohol gefüllt.

Die Flüssigkeit in der Thermometerkugel dehnt sich beim Erwärmen aus. Dadurch wird Flüssigkeit in das Steigrohr gedrängt; die Flüssigkeitssäule im Rohr verlängert sich also.

Beim Abkühlen zieht sich die Flüssigkeit in der Thermometerkugel zusammen.

Die Folge ist, dass Flüssigkeit aus dem Steigrohr in die Thermometerkugel zurückfließt; die Flüssigkeitssäule im Steigrohr wird dadurch kürzer.

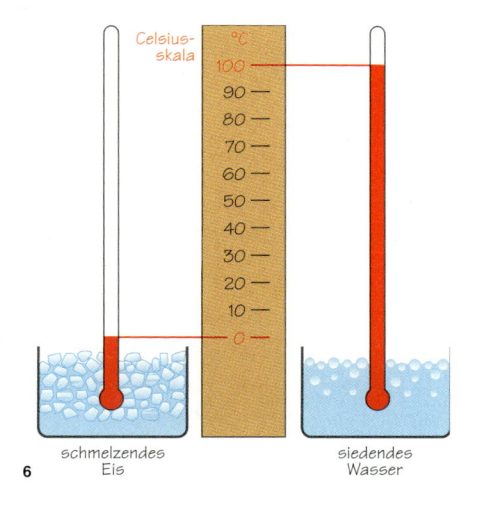

6 schmelzendes Eis — siedendes Wasser — Celsiusskala

Die meisten Ländern haben sich auf Thermometer mit **Celsiusskala** geeinigt.

Diese Skala entsteht mit Hilfe zweier *Fixpunkte*: dem Siedepunkt von Wasser (100 °C) und dem Schmelzpunkt von Eis (0 °C). Diese Punkte trägt man neben den Enden der Flüssigkeitssäule als Skalenstriche auf (Bild 6).

Dann teilt man den Abstand dazwischen in 100 gleiche Teile auf. Jedes dieser Teile entspricht einem Grad Celsius (°C).

Alles klar?

Lösungen → Anhang

1. Wie verhalten sich Flüssigkeiten, die erwärmt und dann abgekühlt werden?

2. Wenn die Flüssigkeit in einem Gefäß erwärmt wird, nimmt sie ein größeres Volumen ein. Vergrößert sich dabei auch ihr Gewicht? Denke dir dazu einen passenden Versuch aus.

3. Die Skala eines Fieberthermometers geht von 35 °C bis 42 °C. Warum ist der Messbereich dieses Thermometers kleiner als der eines Zimmerthermometers?

4. Daniel Fahrenheit machte den folgenden Vorschlag für den Nullpunkt seiner Thermometerskala: „Man stellt eine Mischung aus Eis, Wasser und Salz her. Dort, wo die Quecksilbersäule in dieser Mischung stehen bleibt, soll der Nullpunkt der Thermometerskala liegen."
Welchen Nachteil hat das von ihm vorgeschlagene Verfahren?

5. Eine Aufgabe für Könner:
Bei einem Quecksilberthermometer beträgt der Abstand zwischen 0 °C und 100 °C z. B. 10 cm.
Man will ein Alkoholthermometer herstellen, bei dem dieser Abstand genauso groß ist. Außerdem sollen die Gradmarken genauso weit auseinander liegen wie bei dem Quecksilberthermometer. Quecksilber dehnt sich aber bei Erwärmung weniger stark aus als Alkohol!
Was muss man tun?

Die Anomalie des Wassers

Wasser verhält sich nicht normal

Das kann passieren, wenn plötzlich der Winter hereinbricht und Flaschen draußen liegen blieben …

Warum ragen eigentlich Eisberge aus dem Wasser heraus? Sie bestehen doch auch aus Wasser …

Vorbereitende Aufträge

1. Nimm den leeren Aluminiumbecher eines Teelichts und fülle ihn randvoll mit Wasser. Stelle ihn auf einem Untersetzer in das Gefrierfach eines Kühlschranks (oder in die Kühltruhe). Nach etwa zwei Stunden ist das Wasser gefroren.
Was fällt dir auf?

2. Nimm ein neues Teelicht und stelle es in seinem Aluminiumbecher auf einen Dosendeckel. Das Ganze kommt auf eine Kochstelle (schwächste Einstellung!). Ziehe den Docht aus dem Wachs heraus, sobald dieses geschmolzen ist (Pinzette!). Mit dem Wachs von Kerzenstummeln füllst du den Becher bis zum Rand auf. Lass anschließend das Wachs im Becher wieder abkühlen.
Was fällt dir auf?

3. Das Gefrieren und Schmelzen von Wasser ist für das Verwittern von Gestein von großer Bedeutung. Das kannst du selber mit einem kleinen Brocken eines Ziegelsteins ausprobieren:
a) Prüfe zunächst die Härte des Steins durch leichtes Klopfen.
b) Lege den Stein dann in ein Glas mit Wasser (Bild 3). Er saugt sich über Nacht mit Wasser voll.

Am nächsten Tag nimmst du den Stein aus dem restlichen Wasser und packst ihn in eine Plastiktüte. Stein und Tüte legst du für mehrere Stunden in das Tiefkühlfach des Kühlschranks.
Nimm ihn dann heraus und warte, bis er wieder die Umgebungstemperatur angenommen hat. Prüfe wieder seine Härte.

4. Fülle eine leere Filmdose bis zum Rand mit kaltem Wasser. Setze den Deckel wieder drauf – am besten unter Wasser, damit beim Verschließen keine Luft eindringt.
Jetzt steckst du die verschlossene Dose in einen Gefrierbeutel. Lege sie ins Gefrierfach. Nach etwa zwei Stunden ist das Wasser in der Dose gefroren. Was stellst du außerdem fest?

Die Anomalie des Wassers

V1 *(Lehrerversuch) Wer ist stärker – eine hohle Eisenkugel wie die von Bild 4 oder das Wasser, das in ihr „eingesperrt" ist? (Bei diesem Versuch wird das Wasser unter 0 °C abgekühlt, sodass es in der Kugel gefriert.)*

V2 *Wie stark ändert sich das Volumen einer Wassermenge, wenn das Wasser gefriert? Durch einen Versuch kann man das herausbekommen.*
Plane, wie du vorgehen musst. Bild 5 hilft dir dabei.

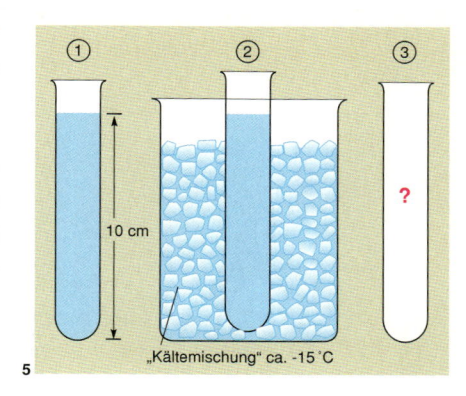

4 Hohle Eisenkugel, die bis zum Rand mit Wasser gefüllt ist und dann zugeschraubt wird

5 „Kältemischung" ca. -15 °C

Info: Das Verhalten von Wasser beim Gefrieren

Wenn *Flüssigkeiten* fest werden, ziehen sie sich normalerweise zusammen. *Ihr Volumen (Rauminhalt) wird beim Erstarren geringer.*

Anders aber *Wasser*, wenn es so weit abgekühlt wird, dass es erstarrt: *Es dehnt sich stark aus.* Aus einem Liter Wasser werden 1,1 Liter Eis (Bilder 6 u. 7). **Beim Erstarren von Wasser zu Eis wird das Volumen größer.**

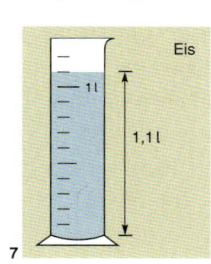

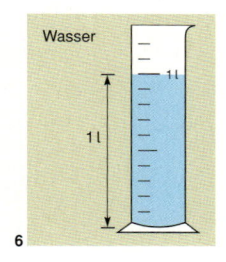

Diese Vergrößerung des Volumens beim Gefrieren erfolgt mit großer Gewalt. Sogar eine Hohlkugel aus Eisen kann dabei gesprengt werden.

Während das Wasser erstarrt und sich ausdehnt, bleibt seine Temperatur bei 0 °C stehen. Erst wenn alles Wasser zu Eis erstarrt ist, kann die Temperatur weiter sinken. (Dabei verringert sich das Volumen des Eises wieder.)

6 Wasser 1 l

7 Eis 1,1 l

A1 *Viele Stoffe in unserer Umgebung kommen in fester und auch in flüssiger Form vor. Beispiele dafür sind das Kerzenwachs und das Wasser.*
Beim Erstarren wird das Volumen bei den meisten Stoffen geringer. Das Wasser verhält sich jedoch anders.
Inwiefern kann man sagen, dass sich Wasser beim Gefrieren nicht normal verhält?

A2 *Bei Frostgefahr werden Wasserleitungen im Garten abgestellt. Außerdem werden die Leitungen entleert.*
Warum ist das sinnvoll? (Lies dir dazu den oben stehenden Text auf der Nachbarseite durch.)

A3 *Sämtliche Häuser in unseren Städten und Gemeinden sind an die öffentliche Wasserversorgung angeschlossen. Dennoch sind nirgends Wasserleitungen im Freien zu sehen.*
Ob das nur aus Schönheitsgründen so ist?
Suche nach einer anderen Begründung.

A4 *Die Berge der Hochgebirge werden mit der Zeit niedriger.*
a) *Durch welche Vorgänge wird das bewirkt?*
b) *In einem Wüstengebirge (z.B. auf der Insel Sinai in Ägypten) gehen die Verwitterungen langsamer vor sich als in den Alpen. Wie erklärst du dir das?*

A5 *Wie kommt es, dass Frostaufbrüche nicht im Winter, sondern erst bei Tauwetter im Frühjahr auftreten?*
(Sieh dir dazu die Bilder 4–7 auf der folgenden Seite an.)

A6 *Ob ihr diese Aufgabe herausbekommt? …*
Du weißt sicher, wann ein Körper auf Wasser schwimmt – z. B. wenn er aus einem Stoff besteht, der leichter als das Wasser ist. (So schwimmt z. B. Holz, weil 1 cm³ Holz leichter ist als 1 cm³ Wasser.)
a) *Würde der Meerwasserspiegel steigen, wenn alle Eisberge schmelzen würden?*
b) *Plant einen Versuch, mit dem ihr die Antwort überprüfen könnt.*

Aus dem Alltag: Schäden durch gefrierendes Wasser

Dass bei uns die **Wasserrohre** mindestens 1 m tief im Erdboden verlegt werden, hat einen ganz bestimmten Grund: So tief gefriert in Deutschland der Boden fast nie. Und damit gefriert auch nicht das Wasser, das sich in den Rohren befindet.

Wasserrohre ragen aber manchmal ein Stück aus dem Erdboden heraus (z. B. bei einem Wasseranschluss im Garten). Bei diesen Rohren muss man – wenn Frost erwartet wird – das Wasser abstellen.

Es genügt aber nicht, einfach nur den Zuleitungshahn zu schließen. Man muss auch das Wasser aus den Rohren abfließen lassen. Dazu öffnet man nicht nur den Wasserhahn im Garten, sondern auch noch ein Ablassventil (neben dem Zuleitungsventil; Bild 1). Wenn das versäumt wird, können die Rohre durch das gefrierende Wasser gesprengt werden (Bild 2).

Gewaltig ist die Wirkung von gefrierendem Wasser im Gebirge. Das zeigen die dortigen **Schotter-** und **Geröllfelder**: Jeder Fels hat winzige Spalten oder Risse, in die Regenwasser eindringt. Wenn es bei Frost gefriert, werden die Risse erweitert. Schließlich wird Gestein abgesprengt.

Der Fels wird so allmählich in immer kleinere Brocken zerlegt. Es entstehen die typischen *Geröllfelder* (Bild 3).

Aus dem Alltag: Frostaufbrüche

Das hast du bestimmt auch schon gesehen: tiefe Schlaglöcher oder Risse auf der Straße (Bild 4) – zum Leidwesen aller Autofahrer!

Man nennt diese Straßenschäden **Frostaufbrüche**.

Allein dieser Name sagt schon, dass das Entstehen der Schlaglöcher etwas mit dem Frost (genauer: mit gefrierendem Wasser) zu tun hat:

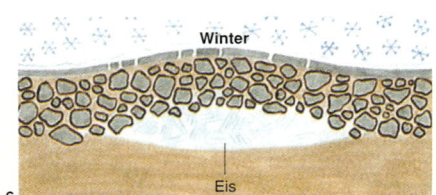

Das unnormale (anomale) Verhalten von Wasser beim Gefrieren und Schmelzen trägt tatsächlich zu dem schlechten Zustand der Straßen bei.

Die Bilder 5–7 zeigen dir, wie es zu Schlaglöchern kommt.

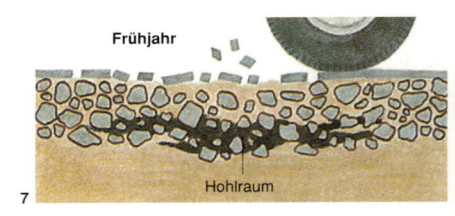

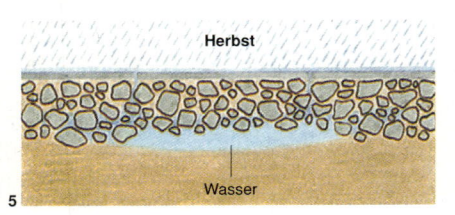

Warum frieren Seen nicht bis auf den Boden zu?

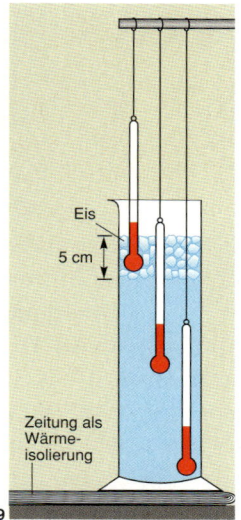

Geduldig wartet der Angler auf dem Eis. Fraglich, ob sich seine Geduld auszahlen wird (Bild 8) …

Kann er überhaupt erwarten in dem zugefrorenen See Fische zu fangen?

V1 *Wo wird man in dem Versuch nach Bild 9 die niedrigste Wassertemperatur messen können?
Und wo dürfte das Wasser im Standzylinder am wärmsten sein?*

Aus der Umwelt: Die Wassertemperaturen in einem See

Vielleicht hast du diese Erfahrung auch schon im **Sommer** gemacht: Beim Baden und Tauchen in einem See wird das Wasser immer kälter, je tiefer du dich unter der Oberfläche befindest (Bild 10).

Wenn dann im **Herbst** und im **Winter** die Lufttemperatur sinkt, kühlt das Wasser an der Oberfläche ab. Es wird dadurch schwerer und sinkt nach unten. Schließlich hat das ganze Wasser im See eine Temperatur von 4 °C.

Wenn das Wasser an der Oberfläche noch weiter abkühlt (auf +3 °C oder +2 °C), sinkt dieses kühlere Wasser nicht mehr weiter ab. Es „schwimmt" auf dem Wasser von 4 °C. Also nimmt die Wassertemperatur nur noch an der Oberfläche ab. Bald erreicht das Wasser dort 0 °C; es gefriert. Der See wird nun mit Eis bedeckt.

Bild 11 zeigt die Temperaturverteilung, die der See jetzt hat.

Wenn der Frost anhält, kühlt auch das unmittelbar darunter liegende Wasser weiter ab – die Eisschicht auf dem See wird also immer dicker.

Wenn aber der See tief genug ist, friert er nicht ganz bis zum Boden zu. Das ist von großer Bedeutung: Dadurch können nämlich die Wassertiere und -pflanzen im Winter überleben.

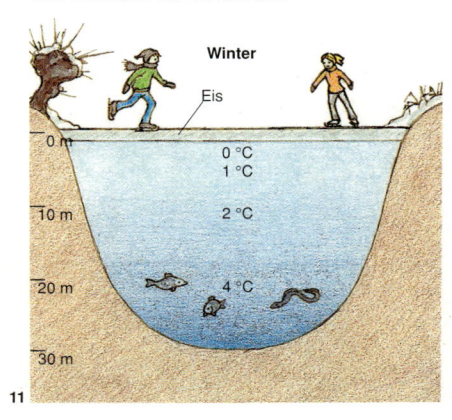

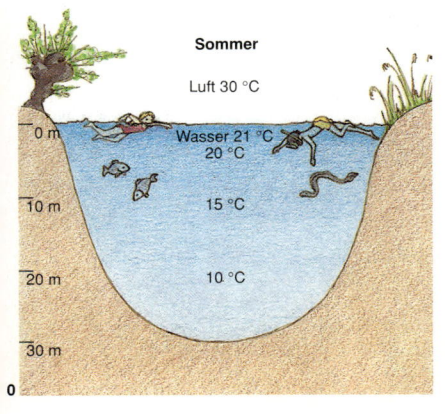

Info: Das Verhalten des Wassers – genauer betrachtet

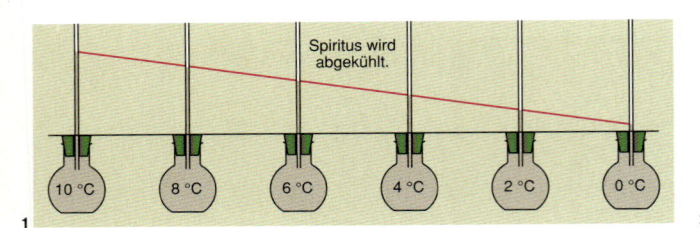

Wenn man z. B. Spiritus abkühlt, zieht er sich zusammen. Sein Volumen nimmt dabei gleichmäßig ab. (Bild 1). In ein 1-Liter-Gefäß passt also mehr Spiritus von 4 °C als Spiritus von 10 °C. Ein Liter kalter Spiritus ist somit schwerer als ein Liter warmer Spiritus. Das ist das *normale* Verhalten von Flüssigkeiten.

Wasser verhält sich aber nicht normal (anomal). Das siehst du an der Kurve von Bild 2: Während die Temperatur unterhalb von 10 °C sinkt, zieht sich das Wasser nämlich nicht mehr gleichmäßig zusammen. Zwischen 10 °C und 8 °C nimmt sein Volumen stärker ab als zwischen 6 °C und 4 °C. Bei 4 °C hat die Kurve sogar einen Tiefpunkt. Wasser, das weiter abgekühlt wird, dehnt sich dann sogar wieder aus.

Bei 4 °C hat eine bestimmte Wassermenge ihr kleinstes Volumen. (Weil das im Vergleich zu anderen Flüssigkeiten nicht normal ist, spricht man von der **Anomalie** des Wassers.)

Stell dir Folgendes vor: Ein Gefäß ist randvoll mit Wasser von 4 °C gefüllt. Diese Wassermenge wird abgekühlt oder erhitzt – immer läuft etwas von ihr über. Von dem 4 °C kalten Wasser passt also *mehr* in das Gefäß als von dem wärmeren oder kälteren Wasser. Das heißt: **Wasser von 4 °C ist demnach schwerer als Wasser von jeder anderen Temperatur.**

Wenn Eiswürfel in einem hohen Gefäß mit Wasser schwimmen, kühlt das Wasser zwischen den Würfeln ab. Am Boden des Gefäßes misst man aber immer noch 4 °C, denn das Wasser dort ist schwerer als das Wasser oben; es ist deshalb nach unten gesunken.

Man kann sagen: *Wasser, das wärmer oder kälter als 4 °C ist, „schwimmt" immer auf Wasser von 4 °C.*

Aus der Umwelt: Druckluft gegen Eis?

Für Interessierte zum Weiterlesen

Schweden ist ein nordisches Land mit vielen Seen. Um Umwege zu vermeiden führen vielfach Fähren über die Seen. Das geht aber nur während der recht kurzen warmen Jahreszeit.

In den langen Wintern Schwedens sind die Seen längere Zeit lang zugefroren. Dann können die Fähren nicht mehr fahren. Deshalb bemüht man sich, die Fahrrinnen von reichlich befahrenen Seen eisfrei zu halten – z. B. mit Hilfe von Druckluft (Bild 3). Das macht man so:

Entlang der Fahrrinne werden auf dem Boden des Sees Schläuche mit kleinen Löchern verlegt – natürlich noch während der Sommermonate, in denen der See eisfrei ist.

Wenn der Winter kommt und damit der Frost beginnt, pumpt eine Motor-Luftpumpe (ein Kompressor) Druckluft in die Schläuche. Die Folge davon ist: Luft entweicht aus den Löchern und steigt nach oben (Bild 3).

Dabei reißt die aufsteigende Luft Wasser vom Grund des Sees mit nach oben – und dieses aufsteigende Wasser hat eine Temperatur von 4 °C.

Das wärmere Wasser, das so durch Druckluft nach oben befördert wird, verhindert also ein Zufrieren der Fahrrinne des Sees.

Zusammenfassung

Wasser verhält sich nicht normal

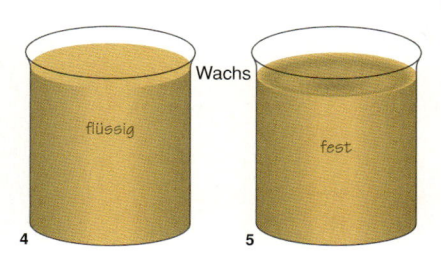

Normalerweise ziehen sich Flüssigkeiten beim Abkühlen und beim Erstarren zusammen.
Ihr Volumen verringert sich (Bilder 4 u. 5).

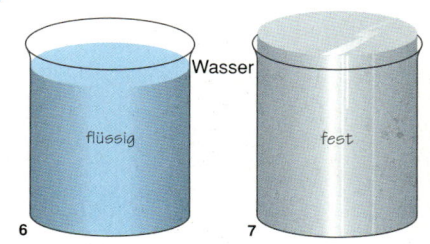

Das *Wasser* aber macht hierbei zwei Ausnahmen:
1. Auch beim Gefrieren dehnt es sich aus.
2. Es dehnt sich beim Abkühlen unter 4 °C aus.

Die Volumenvergrößerung beim Gefrieren beträgt etwa ein Zehntel.

Das Verhalten von *Flüssigkeiten*, die abgekühlt werden, ist für den Spiritus in Bild 8 dargestellt (rote Säulen). *Sie ziehen sich während des Abkühlens zusammen.*

Auch das anomale Verhalten des *Wassers* ist in Bild 8 zu sehen (blaue Säulen): Es *dehnt sich aus, wenn 4 °C unterschritten werden.* Man spricht von einer *Anomalie*.
Bei 4 °C nimmt eine Portion Wasser den kleinsten Raum ein. Das Wasser ist dann schwerer als bei jeder anderen Temperatur.

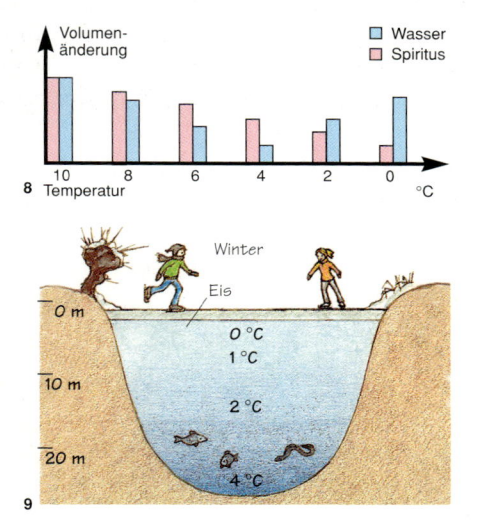

Das außergewöhnliche Verhalten des Wassers ist für die Natur von großer Bedeutung:

Gewässer frieren immer von oben her zu. Da das Wasser bei 4 °C am schwersten ist, sind die Seen im Winter am Boden wärmer als an der Oberfläche. Dadurch gerät das Leben in der Tiefe nicht in Gefahr (Bild 9).

Da sich Wasser auch ausdehnt, während es gefriert, sprengt es Gestein und lockert feste Böden. Es trägt so zur Verwitterung der Böden bei.

Alles klar?

Lösungen → Anhang

1. *Das Verhalten des Wassers beim Gefrieren ist nicht normal (anomal). Begründe das.*

2. *In den Gefäßen von Bild 10 sind zwei unterschiedliche Flüssigkeiten erstarrt. Eine davon ist Wasser, das zu Eis geworden ist. Woran erkennst du das (außer an der Farbe)?*

3. *Im Winter sollte man keine Gefäße, in denen sich Wasser befindet, auf dem Balkon oder im Garten stehen lassen (z.B. Saftflaschen). Warum?*

4. *Wenn der Garten schon im Herbst umgegraben wird, ist der Boden im folgenden Frühjahr besonders locker.*
Warum ist das so?

5. *Wasser eignet sich nicht als Thermometerflüssigkeit. Begründe das.*

6. *Im Winter befindet sich am Grund eines tiefen Gewässers 4 °C warmes Wasser.*
a) *Gib dafür eine Erklärung.*
b) *Von welcher Bedeutung ist es für die Tier- und Pflanzenwelt, dass die Temperatur des Wassers hier nicht weiter absinkt?*

Feste Körper und Gase werden erwärmt

Eine Brücke für alle Jahreszeiten …

Das linke Ende der Brücke (ein so genannter „fester Körper") ist fest verankert. Du siehst das genauer in der Vergrößerung von Bild 2.

Warum ist die Brücke aber rechts *beweglich auf Rollen* gelagert? (Siehe dazu auch Bild 3.)

Vorbereitende Aufträge

1. Du kannst dir eine ganz einfache „Brücke auf Rollen" bauen (Bild 4): Die Stricknadel stellt dabei die „Brücke" dar und die Nähnadel die „Rolle".
Erhitze die Stricknadel mit einer Kerzenflamme.
Beobachte den Trinkhalm während des Erhitzens.
Achte auch darauf, was passiert, wenn sich die Stricknadel wieder abkühlt.

2. Auf einfache Weise kannst du zeigen, wie sich ein fester Körper bei Erwärmung verändert.
Du musst dir nur ein Stückchen Draht (z. B. eine aufgebogene Büroklammer) verschaffen.

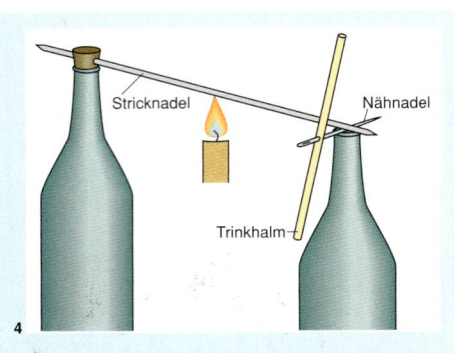

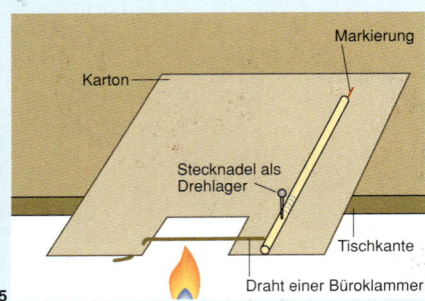

Baue dann die Vorrichtung von Bild 5. Mit ihr kannst du die Längenänderung vergrößert sehen.
Nimm zuerst einen Karton und schneide ihn so zurecht, wie Bild 5 es dir zeigt.
Biege dann eine Büroklammer auf; dadurch erhältst du ein Stückchen Draht.
Befestige diesen Draht so am Karton, dass er den Trinkhalm berührt.
Zeichne am Karton an, wie der Trinkhalm steht, bevor der Draht erwärmt wird.
Erwärme dann den Draht mit Hilfe einer Kerze.
Beobachte dabei die Bewegung des Halms.

V1 Mit dem Versuchsgerät von Bild 6 kann man feste Körper bei Erwärmung und Abkühlung beobachten. In den Trichter wird 1 Liter Wasser von 50 °C gegossen. Es fließt durch das Eisenrohr und erwärmt es dabei. (Oder es wird heißer Dampf durchgeleitet.)
a) Erkläre, warum sich der Zeiger bewegt.
b) In welcher Richtung muss sich der Zeiger bewegen, wenn das Rohr wieder kälter wird?
c) Jetzt spannen wir ein Eisenrohr von nur halber Länge ein. Es soll gleich stark erwärmt werden wie vorher. Wird der Zeigerausschlag größer oder kleiner sein als bei dem langen Rohr?
d) Wir untersuchen, ob sich ein Rohr aus Aluminium oder Kupfer stärker/schwächer ausdehnt als das Eisenrohr.
Worauf musst du bei der Auswahl der Rohre achten? Was zeigt der Versuch?

V2 Wenn man Kaugummi in die Länge zieht, wird er dünner. Ob das bei einem Eisenstab, der durch Erwärmung länger wird, genauso ist?
a) Für Getriebe gibt es Räder und Achsen, die ineinander passen (Bild 7). Erhitze die Achse.
b) Probiere aus, ob sich das Zahnrad nach dem Erhitzen noch auf die Achse aufschieben lässt.

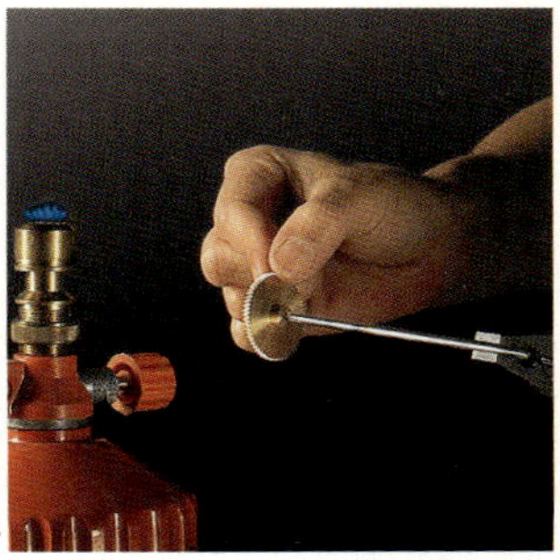

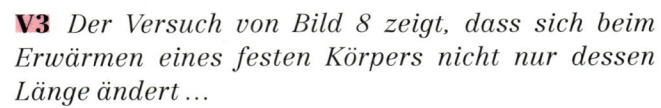

V3 Der Versuch von Bild 8 zeigt, dass sich beim Erwärmen eines festen Körpers nicht nur dessen Länge ändert ...
Ob die Kugel auch schwerer wird? Prüfe es nach.

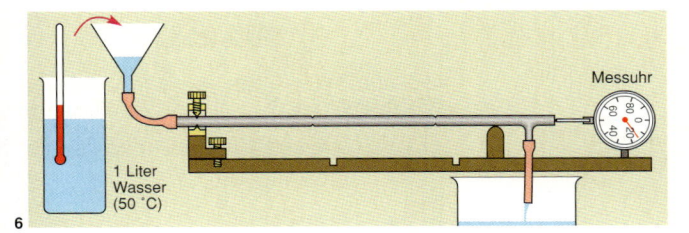

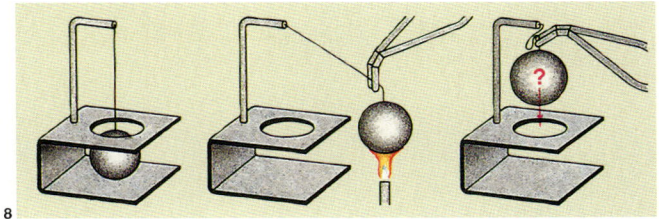

Aus dem Alltag: Kleine Ursachen – große Wirkungen

Heißes Wasser läuft in eine Schüssel aus dickem **Glas** – und schon zerspringt sie. Zwischen der Innenseite und der Außenseite des Glases war nämlich der Temperaturunterschied auf einmal zu groß geworden. (Wärme dringt nur langsam durch dickes Glas hindurch.) Schon winzige Unterschiede in der Ausdehnung können das Zerspringen bewirkt haben.

Dass Glas zerspringt, ist für dich nicht überraschend. Doch sogar **Eisenbahnschienen** können durch Hitze Schaden nehmen (Bild 9). Deshalb gab es im Juli 1988 ein Zugunglück in Italien:

Die dortigen Eisenbahnschienen waren (wie üblich) fugenlos verschweißt. In der Sommerhitze hätten sie sich ausdehnen müssen, was aber die Schwellen, mit denen sie verbunden waren, verhindern sollten. Doch die Temperatur stieg und stieg. Dadurch traten so große Kräfte auf, dass die Schienenbefestigung nicht mehr standhielt. Die Schienen verbogen sich und der Zug entgleiste.

Der **Versuch** von Bild 10 zeigt, wie groß die Kräfte sind, die bei Temperaturänderungen auftreten:

Während das Messingrohr erhitzt wird, kann man den Keil immer tiefer in den Spalt schieben. Dann wird kaltes Wasser auf das Rohr gegossen – und der Bolzen zerspringt. Warum? ...

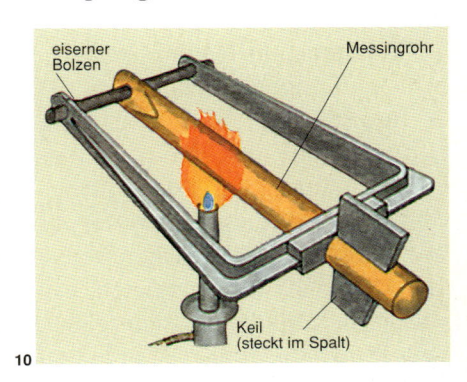

A1 Ergänze die folgenden Sätze:
„Je stärker ein Stab erhitzt wird, desto …"
„Je mehr ein Stab abgekühlt wird, desto …"

A2 Die Brücke in Bild 1 der vorherigen Doppelseite ist auf Rollen gelagert.
Warum ist sie deshalb „eine Brücke für alle Jahreszeiten"?

A3 Fahrdrähte der Bahn werden durch schwere Betonscheiben gespannt (Bild 1).
Die Scheiben hängen mal höher, mal tiefer. Woran liegt das?

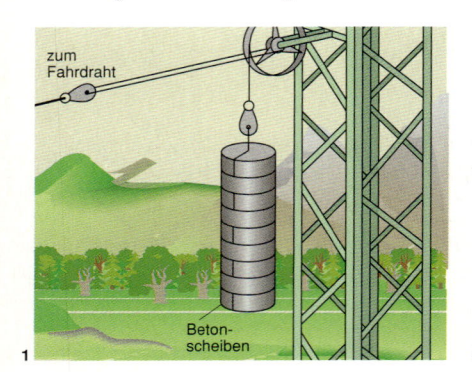

A4 Ulrike möchte kleine Längenänderungen deutlicher machen: Auf ein Dreibein legt sie einen Spiegel und beleuchtet ihn (Bild 2). Man sieht nun an der Decke einen Lichtfleck. Dann erhitzt sie eines der Beine mit einem Brenner.
a) Was sieht man an der Decke?
b) Erkläre die Beobachtung.

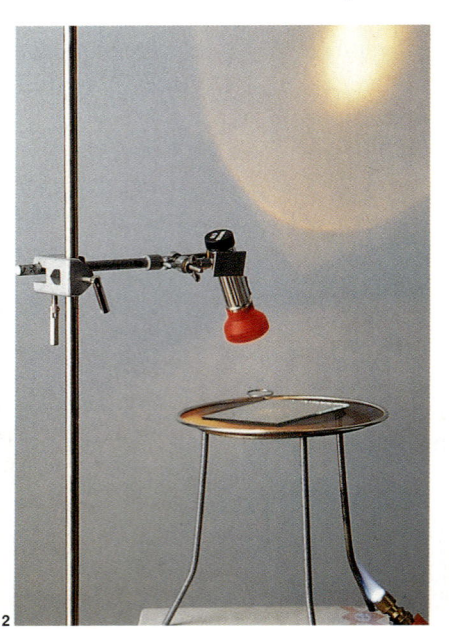

A5 Kochtöpfe aus Eisen sind oft mit Emaille beschichtet. (Dann spricht man von einem „Verbundmaterial", denn Eisen und Emaille sind eng verbunden.)
a) Worauf muss man bei der Auswahl von Stoffen achten, die zu Verbundmaterial zusammengefügt werden sollen?
b) Nenne Stoffpaare, die für die Herstellung von Verbundmaterial geeignet sein könnten (→ die entsprechende Tabelle im Anhang).

A6 Rohrleitungen, durch die heiße Flüssigkeiten fließen, haben oft große Schleifen (Bild 3). Weshalb?

Info: Wenn feste Körper erwärmt werden …

Beim Erwärmen und Abkühlen verhalten sich feste Körper ähnlich wie Flüssigkeiten: Sie dehnen sich beim Erwärmen nach allen Seiten aus. Beim Abkühlen ziehen sie sich zusammen. Dabei gilt:
○ Je stärker ein fester Körper erwärmt wird, desto stärker dehnt sich der Körper aus.
○ Je länger ein fester Körper ist, desto größer ist seine Längenänderung.
○ Je nachdem aus welchen Stoffen die Körper bestehen, ist ihre Ausdehnung unterschiedlich.

Diese Ausdehnung fester Körper ist meistens kaum zu erkennen.
Bild 4 zeigt an Beispielen, um wie viele Millimeter sich gleich lange Stäbe aus unterschiedlichen Materialien verlängern (bei jeweils gleicher Erwärmung). Weitere Beispiele findest du im Anhang.

Wie sich die Verlängerung bei großen Bauwerken auswirkt, zeigt das Beispiel des Eiffelturms in Paris: Er ist vollständig aus Eisen gebaut und hat eine Höhe von 300,51 m (ohne die Antennen). Wenn die Temperatur des Turms im Sommer um 30 °C höher ist als im Winter, wird der Turm um 108 mm höher (30 · 3,6 mm).

Mit der Ausdehnung von festen Körpern sind große Kräfte verbunden. Würde man z.B. eine Brücke auf beiden Seiten fest verankern, so würde sie sich in der Sommerhitze verbiegen oder im Winter Risse bekommen.

Material	Ausdehnung bei Erwärmung um	
Eisenstab (10 m)	1,2 mm	10 °C
Eisenstab (10 m)	3,6 mm	30 °C
Aluminiumstab (10 m)	2,4 mm	10 °C
Kupferstab	1,6 mm	10 °C
Betonstab (10 m)	1,2 mm	10 °C

Aus der Technik: Beim Hausbau

Wer ein Haus baut, muss über die Baustoffe Bescheid wissen – z. B. darüber, wie sie sich beim Erwärmen verhalten.

Die Außenmauern und Decken vieler Häuser werden aus Beton hergestellt. Das ist ein Gemisch aus Kies, Zement und Wasser, das schließlich ganz hart wird.

Doch reine Betonmauern oder -decken sind meist nicht stabil genug. Deshalb verstärkt man den Beton dadurch, dass man Stahlmatten oder Stahlgeflechte einfügt; erst darauf wird dann der noch flüssige Beton gegossen (Bild 5). Den so entstehenden „kombinierten" Baustoff bezeichnet man als *Stahlbeton*.

Wenn zwei Baustoffe so eng miteinander verbunden werden, besteht *normalerweise* ein Problem:

Bei Temperaturschwankungen könnten sich die Baustoffe unterschiedlich stark zusammenziehen oder ausdehnen. Und das würde zu Rissen und Schäden am Bauwerk führen.

Bei **Stahlbeton** besteht diese Gefahr aber *nicht*: Beton und Stahl (gehärtetes Eisen) dehnen sich nämlich bei Erwärmung – z. B. im Sommer – gerade gleich stark aus.

Und bei Abkühlung – z. B. im Winter – ziehen sich die beiden Materialien gleich stark zusammen (→ Tabelle „Wärmeausdehnung fester Körper" im Anhang dieses Buches).

A7 *Beschreibe, was man unter dem Begriff Stahlbeton versteht.*

A8 *Warum kann man Stahl (Eisen) und Beton zusammen verarbeiten?*

A9 *Was würde passieren, wenn man Aluminiumstäbe in den Beton eingießen würde?*

Aus der Geschichte: Feuer zermürbt Gestein

Für Interessierte zum Weiterlesen

Vor über 450 Jahren lebte im Erzgebirge der berühmte Arzt *Georg Agricola*. Er beschrieb die Bergbautechnik jener Zeit:

Schwer hatten es damals die Bergleute. Sie mussten das erzhaltige Gestein mit ihrem Schlägel (Hammer), mit dem Eisen (Meißel) und mit der Brechstange herausschlagen.

Manchmal war aber der Fels zu hart. Dann half ihnen das *Feuersetzen* (Bild 6, untere Bildhälfte). Und das ging so: Zunächst wurden Holzscheite so angeschnitzt, dass sie „Bärte" aus Spänen bekamen. Diese benötigte man dann unter Tage im Stollen. Agricola schilderte das so:

Geschichtete Haufen trockenen Holzes werden abgebrannt. Die Flammen werden vom Windzug im Stollen gegen das Gestein getrieben; sie erhitzen dieses so stark, dass – nach dem Erkalten – selbst sehr hartes Gestein leicht gebrochen werden kann.

Solange aber die durch das Feuer gerösteten Erze und Steinmassen unangenehm riechende Dämpfe von sich geben und Stollen und Schächte Rauch ausstoßen, fahren die Bergleute nicht ein, damit das Gift ihre Gesundheit nicht zerstört.

A10 *Inwiefern hatte das Feuersetzen etwas mit der Wärmeausdehnung zu tun?*

A11 *Die Holzscheite wurden zunächst eingeschnitten. Kannst du dir denken, weshalb? Erkläre!*

Feste Körper und Gase werden erwärmt

Bimetallthermometer und Bimetallstreifen

In Bild 1 siehst du ein Bimetallthermometer.
Der Zeiger ist am Ende einer Spirale angebracht (Bild 2).
Das andere Ende der Spirale ist fest mit der Mitte des Thermometers verbunden.

Wie kommt es, dass sich der Zeiger des Bimetallthermometers bei Temperaturänderungen bewegt?

Vorbereitende Aufträge

1. Schneide z. B. vom „Silberpapier" eines Kaugummis einen langen, schmalen Streifen ab. Ziehe dann die Metallseite des Streifens über den Rücken einer Messerklinge. Der Streifen rollt sich zu einer Spirale auf.
Halte die Spirale mit einer Pinzette über eine Streichholzflamme (Bild 3). Suche nach einer Erklärung für deine Beobachtung.

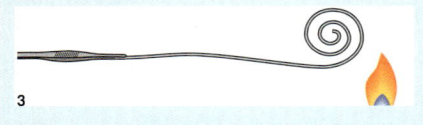

2. Wie wird beim Bügeleisen die Temperatur geregelt? Nimm ein Bügeleisen und stelle es zur Sicherheit z. B. auf eine kalte Herdplatte.
a) Schalte das Bügeleisen auf die niedrigste Temperaturstufe (z. B. auf die für Seide). Beobachte 5 Minuten lang die Kontrolllampe.
b) Was ändert sich, wenn du dann eine höhere Temperaturstufe (z. B. für Leinen) wählst?

3. Schalter zur Temperaturregelung sind aus zwei Streifen verschiedener Metalle aufgebaut; sie sind fest miteinander verbunden (Bimetalle).
Ein **Modellversuch** soll dir helfen herauszubekommen, wie die Bimetallschalter funktionieren:

Schneide dir zunächst zwei gleich lange Streifen von einem Karton ab (z. B. 25–30 cm lang). Verkürze dann einen der Streifen um ca. 4 mm. Hefte beide Streifen mit Wäscheklammern an den Enden zusammen – und zwar so, dass die Enden genau übereinander liegen. Der längere Streifen wölbt sich dadurch vom kürzeren Streifen weg (Bild 4).

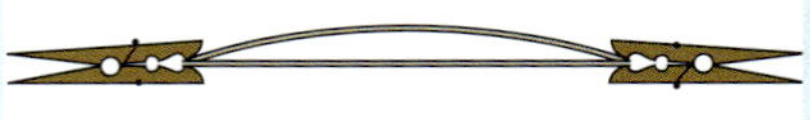

In welche Richtung musst du beide Streifen biegen, damit sie wieder aufeinander liegen?

V1 Ein Bimetallstreifen besteht aus zwei Schichten unterschiedlicher Metalle. Sie sind fest miteinander verbunden (Bild 5).
a) Wir befestigen einen Bimetallstreifen und erwärmen ihn wie in Bild 6.
b) Nachdem sich der Streifen abgekühlt hat, wird er umgedreht; jetzt zeigt die andere Schicht des Streifens in Richtung Flamme ...

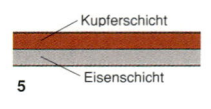

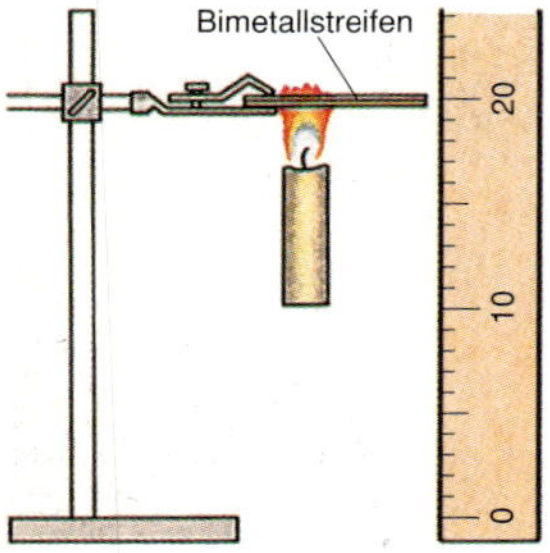

V2 Einen Bimetallstreifen kann man als automatischen Schalter einsetzen (wie im Bügeleisen). Bild 7 zeigt dazu einen Versuchsaufbau.
a) Der Bimetallstreifen wird zunächst erwärmt und dann abgekühlt. Was geschieht?
b) Welche der Bimetallschichten muss hierbei oben sein?
Was passiert sonst? Begründe deine Antwort.

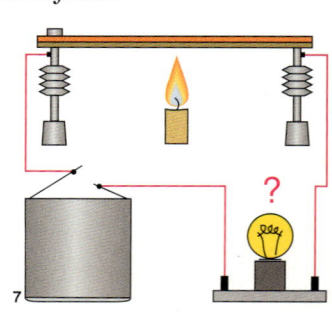

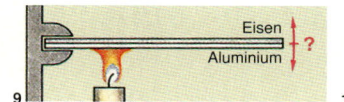

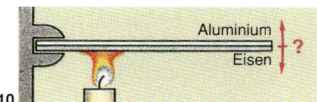

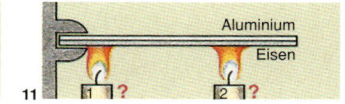

A1 Suche dir für die Aufgaben a bis d die passende Tabelle im Anhang heraus. Sie gibt Auskunft über die Wärmeausdehnung fester Körper.

a) In Bild 8 wurde ein Bimetallstreifen aus Kupfer und Eisen gezeichnet. Welches ist dabei die Kupferschicht und welches die Eisenschicht? Begründe deine Antwort.

b) Welche Paare von Metallen eignen sich besser zur Herstellung von Bimetallstreifen: Kupfer/Messing oder Eisen/Zink?

c) In welche Richtung wird sich hier jeweils der Bimetallstreifen biegen (Bilder 9 u. 10)?

d) Bei Bild 11 soll die Krümmung des Bimetallstreifens möglichst stark sein. An welcher Stelle muss man den Streifen dazu erwärmen?

A2 Wieso verbiegt sich eigentlich ein Bimetallstreifen, wenn man ihn erwärmt?
Der Versuchsaufbau von Bild 7 zeigt einen „automatischen Schalter". Begründe das.

Aus der Technik: Schalter aus Bimetall

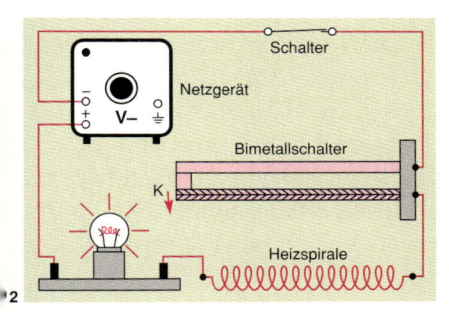

Bimetallschalter sind *Thermostate*. Von denen hast du sicher schon gehört. Sie dienen z. B. dazu, Temperaturen von Elektrogeräten zu regeln.

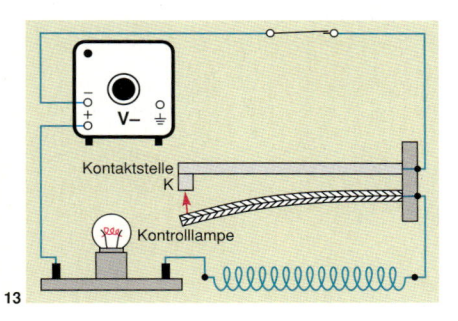

Wie solche Bimetallschalter oder Thermostate funktionieren, zeigen die Bilder 12 u. 13.

In das **Bügeleisen** von Bild 14 kannst du hineinsehen; sein Gehäuse wurde abgenommen. Bild 15 zeigt dir, wie bei ihm die Temperaturregelung vor sich geht:

Durch die in Bild 15 rot gezeichneten Teile fließt ein elektrischer Strom. Er heizt die Sohle des Bügeleisens auf. Das Bimetall biegt sich daraufhin nach oben auf. Dadurch unterbricht es schließlich den Stromkreis am Kontakt K.

Mit einer Stellschraube kann man den Abstand zwischen Kontaktblech und Bimetall verändern:

Bei größerem Abstand muss sich der Bimetallstreifen stärker verbiegen, damit der Stromkreis unterbrochen wird. Der Stromkreis wird dann erst unterbrochen, wenn das Bügeleisen eine höhere Temperatur erreicht hat.

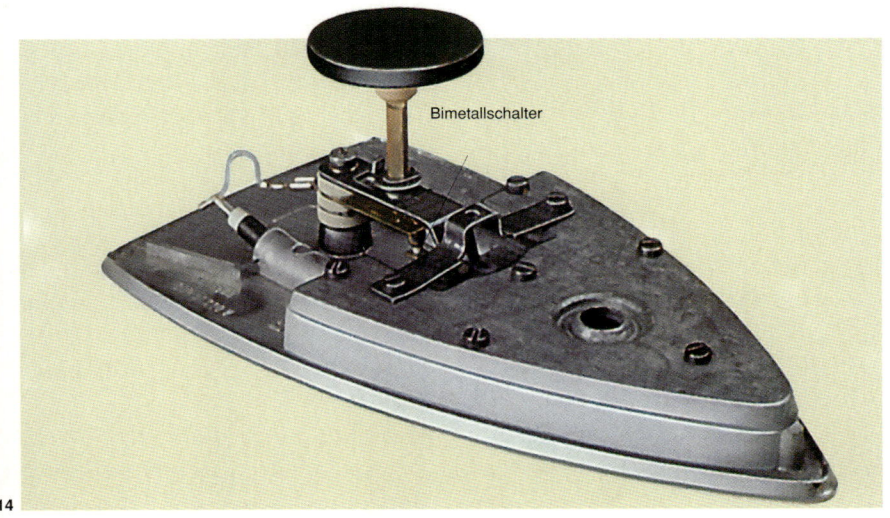

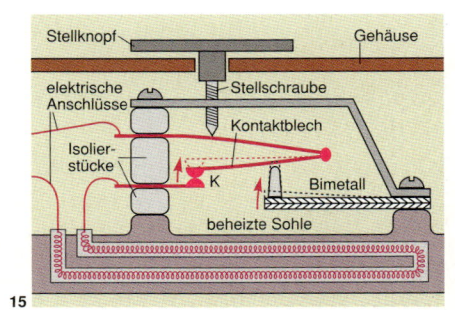

Feste Körper und Gase werden erwärmt

Ein geheimnisvoller Flaschengeist?

„Achtung", ruft Uli, „gleich wird sich der Flaschengeist bemerkbar machen." Er murmelt etwas und umschließt die Flasche mit beiden Händen (Bild 1) …

Auch Bild 2 zeigt einen lustigen Zaubertrick …

Hinweise zu den „Zaubertricks":
○ Die Flaschen kommen vorher in den Kühlschrank.
○ Bei Bild 1 muss die Münze angefeuchtet werden.
○ Der Trick von Bild 2 geht auch mit Knetmasse und Strohhalm als Flaschenverschluss.

Vorbereitende Aufträge

1. Oben sind zwei prima Tricks beschrieben (Bilder 1 u. 2). Wäre das nicht etwas für dich?

2. Tauche die Öffnung einer gekühlten, leeren Sprudelflasche in Spülmittelwasser oder Pustefix®. Die Flasche ist danach mit einer Seifenblase verschlossen.

a) Erwärme die Flasche mit beiden Händen.
b) Nimm die erwärmte Flasche. Verschließe sie – wenn nötig – mit einer neuen Seifenblase. Kühle sie mit kaltem Wasser ab.

3. Ziehe einen Luftballon über die Flaschenöffnung. Lege diese dann

ca. 30 Minuten lang in den Kühlschrank.
a) Stelle die Flasche in einen Topf mit Wasser und erwärme das Wasser.
b) Nimm die Flasche samt Luftballon aus dem heißen Wasser heraus. Stelle sie stattdessen in kaltes Wasser.

V1 Der Versuchsaufbau (mit unterschiedlich großen Gefäßen) ist in Bild 3 dargestellt.
a) Erwärme den Glaskolben mit deinen Händen (den Kolben dabei fest umschließen!).
Zähle die Luftblasen, die in einer Minute nach oben steigen.

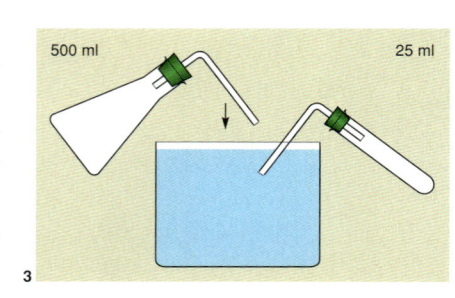

b) Erwärme auch das Reagenzglas mit der Hand. Wieder steigen Luftblasen nach oben.
Wie viele sind es innerhalb einer Minute?
c) Suche nach einer Erklärung für die recht unterschiedlichen Ergebnisse.

A1 Hier geht es um die Erklärung der „Zaubertricks" auf den Bildern 1 u. 2.
a) Die Münze klickte, während Uli die Flasche hielt. Warum?
b) Weshalb stieg das Wasser im Glasrohr nach oben?
c) Uli hatte vorher die Gefäße in den Kühlschrank gelegt. Warum hat er das gemacht?
d) Die Flasche und den Glaskolben hatte er auf einem Handtuch herbeigetragen. Weshalb wohl? War das von ihm nur „Schau"?

A2 Ein Luftballon wird mit Atemluft (ca. 30 °C) aufgeblasen. Nun wird der Ballon in den Kühlschrank gelegt; dort herrscht eine Temperatur von 4 °C.
Überlege: Was wird man wohl nach einer halben Stunde sehen können?

A3 In Bild 4 wurde ein Reagenzglas an ein U-Rohr angeschlossen – über einen Gummischlauch. Das U-Rohr ist zur Hälfte mit Wasser angefüllt; das Reagenzglas enthält Luft.
a) Stell dir vor, das Reagenzglas wird mit der Hand erwärmt. Was passiert?

b) Jetzt hält eine andere Person das Reagenzglas. Was beobachtest du? Erkläre!
c) Das Reagenzglas wurde nun auch noch mit anderen Gasen gefüllt (Bild 5).
Welche Erkenntnis kannst du aus Bild 5 ableiten?

A4 Ergänze:
a) „Je stärker man ein Gas erwärmt, desto …"
b) „Je größer die erwärmte Gasmenge ist, desto …"
c) „Im Gegensatz zum Verhalten fester und flüssiger Körper ist die Wärmeausdehnung von gasförmigen Körpern unabhängig von …"

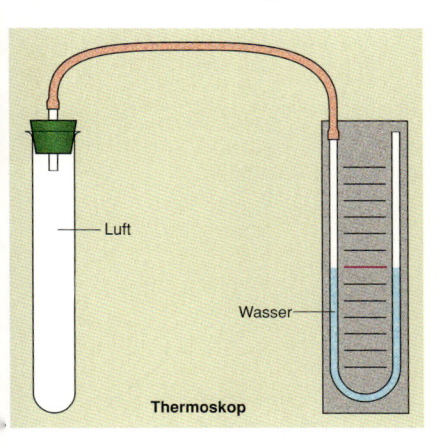

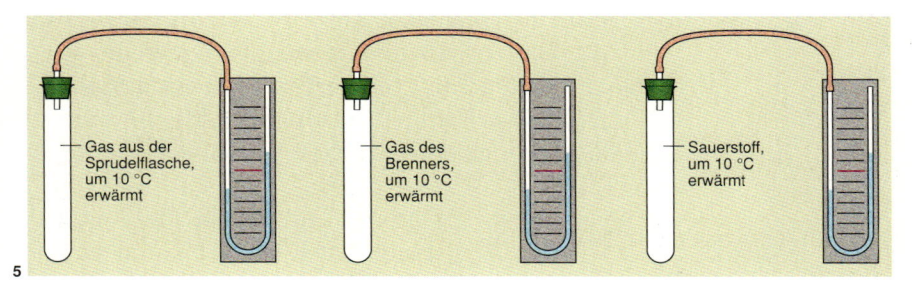

Aus der Geschichte: Das erste Fieberthermometer

Für Interessierte zum Weiterlesen

Vor fast 400 Jahren wurde in der italienischen Stadt Padua das Fieberthermometer erfunden. *Sanctorius* (ein Arzt) war dessen Erfinder.

Dieses erste Fieberthermometer sah anders aus als heutige Fieberthermometer (Bild 6). Es bestand aus einer Glaskugel, die in ein dünnes, schlangenförmig gebogenes Glasrohr überging. Die Kugel des Fieberthermometers war mit Luft gefüllt. Sie war gerade so groß, dass man sie in den Mund stecken konnte. Das Rohr war etwa zur Hälfte mit gefärbtem Wasser gefüllt.

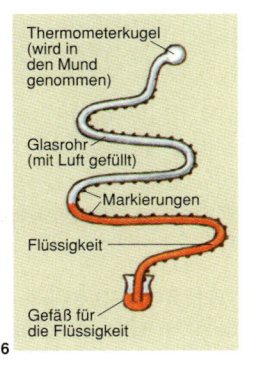

Wenn der Arzt bei einem Kranken Fieber messen wollte, ging er so vor: Er nahm zunächst einmal selber die Kugel in den Mund. Die Folge war, dass sich die Flüssigkeit im Rohr verschob. Sowie die Flüssigkeit zum Stillstand kam, steckte er die Kugel dem Kranken in den Mund (Bild 7). Wenn sich dann die Flüssigkeit weiter verschob, wusste der Arzt, dass der Kranke Fieber hat … Kannst du das erklären?

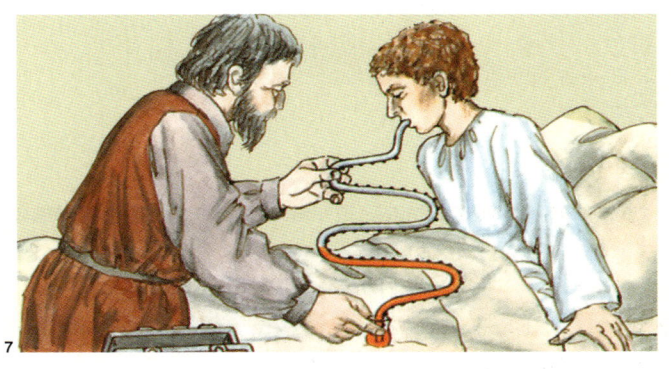

Zusammenfassung

Was geschieht, wenn feste Körper erwärmt und abgekühlt werden?

Die Versuchsreihe der Bilder 1–5 zeigt:

**Eine Eisenkugel dehnt sich nach allen Seiten hin aus,
wenn sie erwärmt wird.
Beim Abkühlen zieht sie sich zusammen.
Das gilt auch für andere feste Körper,
die man erwärmt oder abkühlt.**

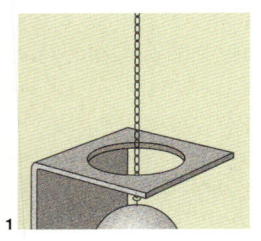

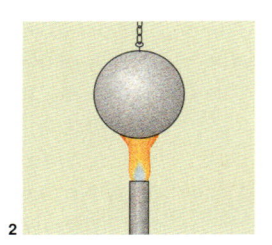

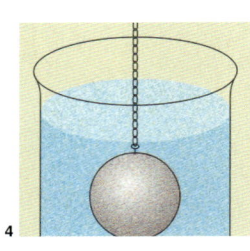

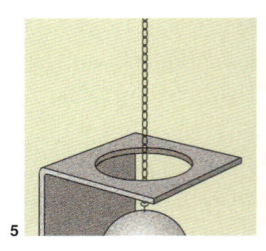

Wie stark sich ein fester Körper ausdehnt (bzw. zusammenzieht), wenn er erwärmt (bzw. abgekühlt) wird, hängt davon ab,
○ aus welchem Material der feste Körper besteht;
○ wie groß die Temperaturänderung ist, der er ausgesetzt wird;
○ welche Länge oder welchen Durchmesser der feste Körper hat.

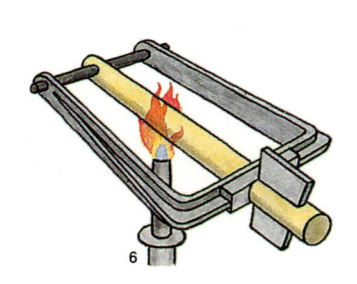

Ohne Hilfsmittel ist die Ausdehnung fester Körper kaum zu sehen: Zum Beispiel wird ein Eisenstab von 1 m Länge, der um 100 °C erwärmt wird, nur um 1,2 mm länger.

Dennoch treten sehr große Kräfte auf, wenn ein Körper erwärmt oder abgekühlt wird (Bilder 6 u. 7).

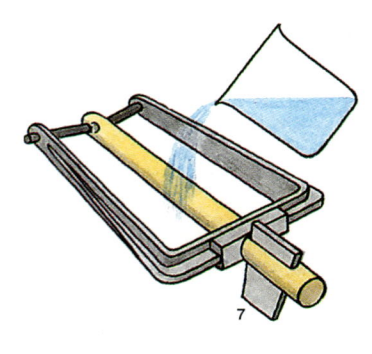

So funktioniert ein Bimetall

starke Ausdehnung beim Erwärmen (z. B. Kupfer)
geringere Ausdehnung beim Erwärmen (z. B. Eisen)

**Ein Bimetallstreifen (Bild 8) verbiegt sich beim Erwärmen
nach der Seite hin, die sich weniger stark ausdehnt (Bild 9).
Beim Abkühlen verbiegt er sich nach der Seite, die sich stärker ausdehnt.**

Das geschieht, weil in einem Bimetallstreifen zwei unterschiedliche Metallschichten fest miteinander verbunden sind.
Die beiden Metalle dehnen sich unterschiedlich stark aus, wenn sie erwärmt werden. Und sie ziehen sich unterschiedlich stark zusammen, wenn sie sich wieder abkühlen.

Was geschieht, wenn Gase erwärmt und abgekühlt werden?

**Auch eine Gasmenge dehnt sich aus,
wenn sie erwärmt wird.
Wenn gasförmige Körper abgekühlt werden,
ziehen sie sich zusammen.**

Die Ausdehnung eines Gases hängt davon ab, *wie stark* das Gas erwärmt wird. Das heißt, je größer die Temperaturänderung ist, desto größer ist auch die Ausdehnung des Gases (Bilder 10 u. 11).

Diese Ausdehnung ist auch vom *Volumen des Gases* abhängig: Wenn z. B. 1 Liter eines Gases erwärmt wird, ist die Ausdehnung stärker als bei einem 1/2 Liter.

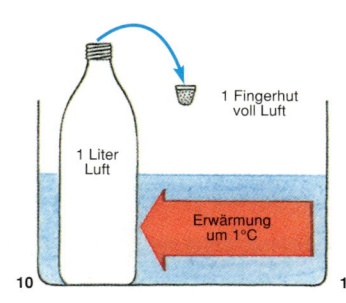

Die Ausdehnung der Gase hängt aber (im Gegensatz zur Ausdehnung der festen und flüssigen Stoffe) *nicht von der Art des jeweiligen Gases* ab:

Das heißt: Ein Liter Gas aus der Sprudelflasche – als Kohlenstoffdioxid bezeichnet – dehnt sich genauso stark aus wie ein Liter Sauerstoff. (Voraussetzung: Die beiden Gase werden gleich stark erwärmt.)

Alles klar?

Lösungen → Anhang

1. Die Spalten in der Fahrbahn einer Brücke bezeichnet man als „Dehnungsfugen".
a) Erkläre den Namen.
b) Die Bilder 12 u. 13 zeigen die Abdeckung einer Dehnungsfuge. Eine dieser Aufnahmen wurde im Sommer gemacht und eine im Winter.
Welches ist die „Sommer-Aufnahme"? Begründe!

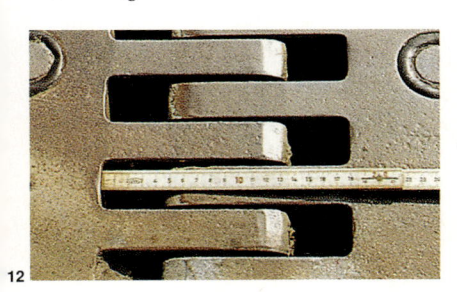

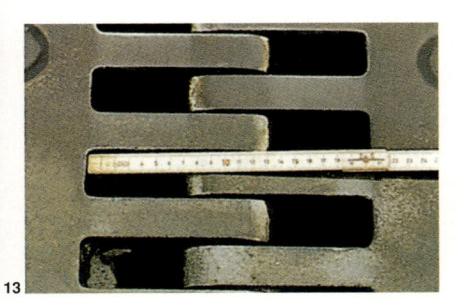

2. Es gibt Stahlkochtöpfe mit einer Emailleschicht. Diese müsste doch beim Erhitzen abspringen ...

3. Ein Bimetallstreifen wird erhitzt (Bild 14).
Die untere Seite des Streifens – in Bild 14 rot gezeichnet – dehnt sich beim Erwärmen stärker aus als die obere.
a) Wohin biegt sich der Streifen?
b) Nachdem sich der Bimetallstreifen abgekühlt hat, wird er in den Kühlschrank gelegt. Verbiegt er sich weiter? Erkläre!

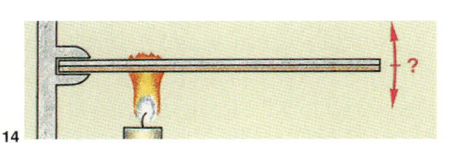

4. Natürlich ist das Bild 15 nicht ganz ernst gemeint.
a) Was könnten die Krieger tun um ihre Kugeln trotz allem einsetzen zu können?
b) Was wäre wohl, wenn die Sonne auch die Kanone erhitzt hätte?

5. Beim Tischtennisspielen wurde ein Ball leicht eingedrückt.
Wie könnte man ihn „retten"?

6. Eine nicht ganz einfache Aufgabe! Ob du sie lösen kannst?
Eine leere, kalte Flasche wird mit ihrer Öffnung nach unten ganz in kaltes Wasser gesteckt. Das Wasser wird allmählich erwärmt ...
Was erwartest du?

Die Aggregatzustände

Wasser muss nicht immer flüssig sein

Fünfmal Wasser, das seinen Zustand ändert ... ... oder in Kürze ändern wird (Bilder 1–5).

Vorbereitende Aufträge

1. Stelle eine mit Wasser gefüllte Schale in das Gefrierfach eures Kühlschranks. Kontrolliere sie alle 30 Minuten. (Öffne dazu die Kühlschranktür jeweils nur kurz!)

2. Nimm ein Stückchen Eis (einen Eiswürfel) in die Hand und beobachte es.
a) Was geschieht dabei mit deiner Hand?
b) Wie lange dauert es, bis der Eiswürfel in deiner Hand aufgetaut ist?

3. Vielleicht darfst du zu Hause einmal die Kartoffeln kochen.
a) Miss das Volumen des Wassers, das du zum Kochen nehmen willst. (Versuche so genau wie möglich zu messen – am besten mit einem Messbecher.) Notiere den Wert.
b) Warum wird der Deckel angehoben, wenn die Kartoffeln kochen?
c) Halte nun einen kühlen Spiegel oder Deckel über den Topf.
d) Gieße das Wasser in einen anderen Topf ab (Bild 6), wenn die Kartoffeln gar sind. Sei dabei aber vorsichtig, denn das Wasser ist heiß! Miss das Volumen dieses Wassers, wenn es ein wenig abgekühlt ist. Notiere den Wert.
e) Vergleiche das Volumen des Wassers von Versuchsteil a mit dem von Versuchsteil d.
Suche nach einer Erklärung für den Unterschied.

3. Gib einen Esslöffel voll Wasser auf eine Untertasse. Stelle das Ganze an einen ruhigen, warmen Platz.
Wie lange dauert es, bis alles Wasser verschwunden ist? Erkläre den Vorgang.

Info: Zustandsformen und Zustandsänderungen

Zahlreiche Stoffe können in allen drei Zustandsformen vorkommen: entweder **fest** oder **flüssig** oder **gasförmig**. Diese *Zustandsformen* bezeichnet man auch als **Aggregatzustände**.

Welchen Aggregatzustand ein Stoff annimmt, ist von der Temperatur abhängig: So ist z. B. Wasser bei einer Temperatur von −5 °C fest (Eis), bei 10 °C ist es flüssig und bei 110 °C gasförmig (Wasserdampf).

Die Temperaturen, bei denen Stoffe ihren Aggregatzustand ändern, haben besondere Namen:
○ Bei der **Schmelztemperatur** (beim „Schmelzpunkt") wird ein fester Körper flüssig.
○ Bei der **Siedetemperatur** (beim „Siedepunkt") wird ein flüssiger Körper gasförmig.

Diese Temperaturen sind für jeden Stoff verschieden. Mit ihrer Hilfe kann man daher Stoffe unterscheiden.

Bild 7 zeigt die Zustandsänderungen beim Stoff Wasser.

Flüssigkeiten können auch unterhalb ihrer Siedetemperatur gasförmig werden – sie **verdunsten** (z. B. Regenwasser auf der Straße).

Gasförmige Stoffe, die man *abkühlt*, werden flüssig und schließlich fest. Beim Übergang vom gasförmigen in den flüssigen Zustand sagt man, dass der Stoff **kondensiert** (Beispiel: Wasserdampf wird zu Wasser). Beim Übergang in den festen Zustand sagt man: Der Stoff **erstarrt** (Beispiel: Wasser wird zu Eis).

Manche festen Stoffe (z. B. Iod) „überspringen" beim Erwärmen den flüssigen Zustand.

Einige Gase kann man zwar verflüssigen, sie werden aber nicht fest.

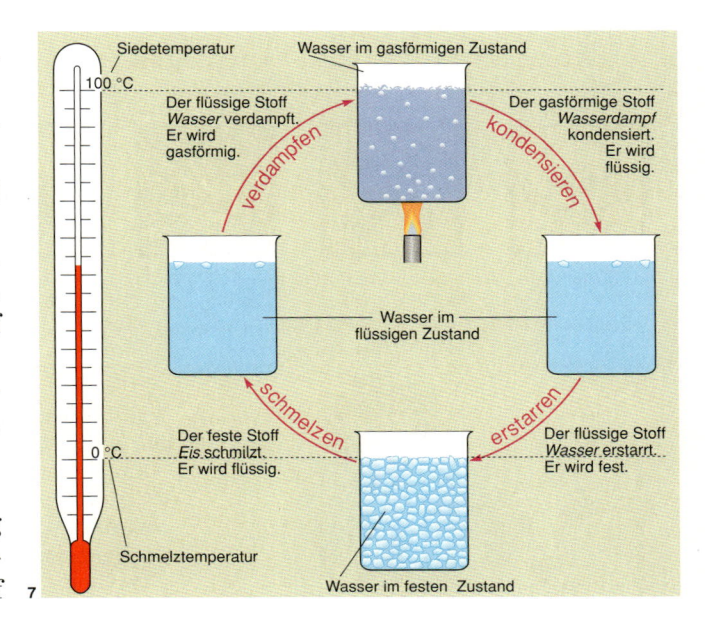

7

V1 Wir erhitzen zerkleinertes Eis so lange, bis das entstandene Wasser siedet.
a) Wie verändert sich der Inhalt des Gefäßes beim Erwärmen?
b) Was geschieht, wenn wir eine brennende Kerze über das siedende Wasser halten (Bild 8)? Suche nach einer Erklärung.

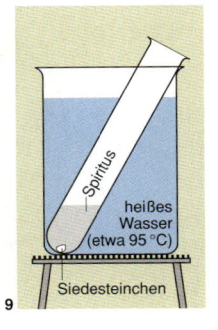

V2 Ob sich Brennspiritus F (oder Alkohol) beim Erwärmen genauso verhält wie Wasser? Der Versuch wird nach Bild 9 aufgebaut.
a) Warum wird jetzt im Wasserbad und nicht über einer offenen Flamme erhitzt?
b) Vergleiche Brennspiritus und Wasser während des Erwärmens.

A1 Unter den Bildern 1–5 ist von Zustandsänderungen die Rede. Was ist damit gemeint? Beschreibe es anhand der fünf Bilder.

A2 Hier brauchst du das Schaubild „Aggregatzustände von Stoffen" aus dem Anhang.

a) Gib an, bei welchen Temperaturen die angegebenen Stoffe fest, flüssig bzw. gasförmig sind.
b) Welche Zustandsformen haben diese Stoffe bei Zimmertemperatur (20 °C)?
c) Wasser hat eine Siedetemperatur von 100 °C. Welche anderen Stoffe sind bei dieser Temperatur fest? Welche sind flüssig?

A3 Vergleiche die Schmelztemperatur eines Stoffes mit seiner Erstarrungstemperatur (Bild 7).

A4 Wenn man als Brillenträger im Winter von draußen in einen warmen Raum tritt, beschlägt die Brille. Wie kommt das?

Anhang

Einige Grundregeln zum Experimentieren

○ Fachräume dürfen nur unter Aufsicht des Lehrers betreten werden.
○ Im Experimentierraum darf weder gegessen noch getrunken werden.
○ Den Anweisungen des Lehrers müsst ihr unbedingt Folge leisten, vor allem bei Schülerversuchen.
○ Versuche dürfen erst durchgeführt werden, wenn der Lehrer euch dazu aufgefordert hat.

○ An euerm Arbeitsplatz müsst ihr Ordnung halten.
○ Vom Lehrer werdet ihr wahrscheinlich eine persönliche Schutzausrüstung erhalten (z. B. Schutzbrille, Schutzhandschuhe). Dann müsst ihr diese Ausrüstung beim Experimentieren tragen.
○ Bei der Verwendung von Stoffen müssen die Gefahrensymbole auf den Gefäßen und in den Versuchsbeschreibungen beachtet werden.

Dies sind die Gefahrensymbole, die auf Gefäßen mit Chemikalien stehen können.

| T+: sehr giftig / T: giftig | Xn: gesundheitsschädlich / Xi: reizend | E: explosionsgefährlich | F+: hochentzündlich / F: leicht entzündlich | C: ätzend | O: brandfördernd | N: umweltgefährlich |

(Symbole nach DIN 58 126 Teil 2 und Gefahrstoffverordnung)

Nicht so, ... | **1.** Vor dem Experimentieren die Versuchsanleitung genau lesen oder besprechen. Die Code-Buchstaben, z. B. Xn, sowie Gefahrensymbole und Sicherheitsratschläge beachten! Den Versuchsaufbau immer vom Lehrer bzw. von der Lehrerin kontrollieren lassen! | **sondern so!**

Nicht so,  ... | **2.** Trage beim Experimentieren immer eine Schutzbrille! | **sondern so!**

Nicht so,  ... | **3.** Vorsicht beim Umgang mit dem Brenner! Wenn du lange Haare hast, müssen diese geschützt werden. Halte den Brenner nur so lange in Betrieb, wie er benötigt wird! | **sondern so!**

Anhang

Nicht so, …

4.
Wenn du eine kleine Flüssigkeitsmenge im Reagenzglas erhitzt, halte das Glas schräg und nur kurz über die Flamme! Schüttle den Inhalt vorsichtig hin und her! Die Glasöffnung nie auf Personen richten!

sondern so!

Nicht so, …

5.
Willst du eine Geruchsprobe durchführen? Dann fächle dir die aufsteigenden Dämpfe vorsichtig mit der Hand zu. Halte niemals deine Nase direkt über das Gefäß!

sondern so!

Nicht so, …

6.
Entferne verspritzte oder verstreute Chemikalien niemals selbst. Melde jede Panne sofort deiner Lehrerin bzw. deinem Lehrer! So bekommst du ganz sicher eine sachgerechte Hilfe.

sondern so!

Nicht so, …

7.
Arbeite stets nur mit kleinen Mengen! Gieße gebrauchte Stoffe nie in die Gefäße zurück! Fasse Chemikalien nicht mit den Fingern an; benutze dafür immer einen sauberen Spatel oder Löffel! Koste keine Chemikalien!

sondern so!

Nicht so, …

8.
Hast du vor mit einer Säure zu experimentieren? Dann gib beim Verdünnen immer die Säure in das Wasser – und niemals umgekehrt! („Erst das Wasser, dann die Säure – sonst geschieht das Ungeheure!")

sondern so!

Zum Nachschlagen

Tabellen

Ausdehnung flüssiger Körper bei Erwärmung

Körper (1 l = 1 dm³)	Ausdehnung bei Erwärmung um 1 °C
Wasser	0,2 cm³
Quecksilber	0,2 cm³
Heizöl	ca. 0,9 cm³
Alkohol	1,1 cm³
Benzol	1,2 cm³

Ausdehnung fester Körper bei Erwärmung um 1 °C

Körper (1-m-Stab)	Ausdehnung bei Erwärmung um 1 °C
Normalglas	0,009 mm
Beton	0,012 mm
Eisen	0,012 mm
Kupfer	0,016 mm
Messing	0,018 mm
Aluminium	0,024 mm
Zink	0,027 mm
Eis	0,037 mm

Ausdehnung fester Körper bei Erwärmung um 100 °C

Körper (1-m-Stab)	Ausdehnung bei Erwärmung von 0 °C auf 100 °C
Porzellan	0,3 mm
Granit	0,5 mm
Glas	0,9 mm
Platin	0,9 mm
Sandstein	1,0 mm
Marmor	1,1 mm
Beton	1,2 mm
Eisen (Stahl)	1,2 mm
Emaille	1,2 mm
Gold	1,4 mm
Kupfer	1,6 mm
Messing	1,8 mm
Silber	1,95 mm
Aluminium	2,4 mm
Zink	2,7 mm
Asphalt	20,0 mm

Ausdehnung gasförmiger Körper bei Erwärmung

Wird ein Gas um 1 °C erwärmt, so nimmt sein Volumen um $\frac{1}{273}$ seines Volumens bei 0 °C zu.

Schmelz- und Siedetemperaturen einiger Stoffe

Stoff	Schmelztemperatur	Siedetemperatur
Alkohol	–115 °C	78 °C
Aluminium	660 °C	2467 °C
Benzol	5,5 °C	80 °C
Blei	327 °C	1740 °C
Diamant	3550 °C	4827 °C
Eisen	1535 °C	3070 °C
Graphit	3650 °C	4827 °C
Gold	1063 °C	2807 °C
Iod	114 °C	184 °C
Kochsalz	801 °C	1413 °C
Paraffin ca.	50 °C	230 °C
Quecksilber	–39 °C	357 °C
Schwefel	119 °C	445 °C
Spiritus	–98 °C	65 °C
Wasser (dest.)	0 °C	100 °C
Wolfram	3410 °C	5700 °C

Einige Schaltzeichen (Schaltsymbole)

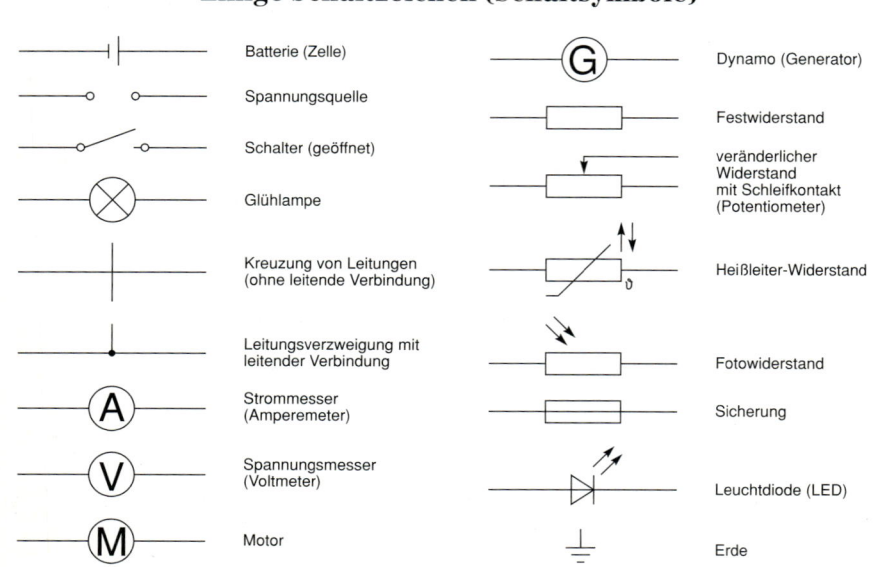

- Batterie (Zelle)
- Spannungsquelle
- Schalter (geöffnet)
- Glühlampe
- Kreuzung von Leitungen (ohne leitende Verbindung)
- Leitungsverzweigung mit leitender Verbindung
- Strommesser (Amperemeter)
- Spannungsmesser (Voltmeter)
- Motor
- Dynamo (Generator)
- Festwiderstand
- veränderlicher Widerstand mit Schleifkontakt (Potentiometer)
- Heißleiter-Widerstand
- Fotowiderstand
- Sicherung
- Leuchtdiode (LED)
- Erde

Hinweis

Zum Umgang mit Brenner und Tauchsieder → Kapitel „Temperaturen und Temperaturmessung".

Achtung!

Wenn du dieses Zeichen siehst (an Elektrogeräten oder an Leitungsmasten), musst du besonders vorsichtig sein. Es besteht Lebensgefahr.

Warnung vor hoher elektrischer Spannung

Zeichen nach DIN 4844 Teil 1

Aggregatzustände von Stoffen

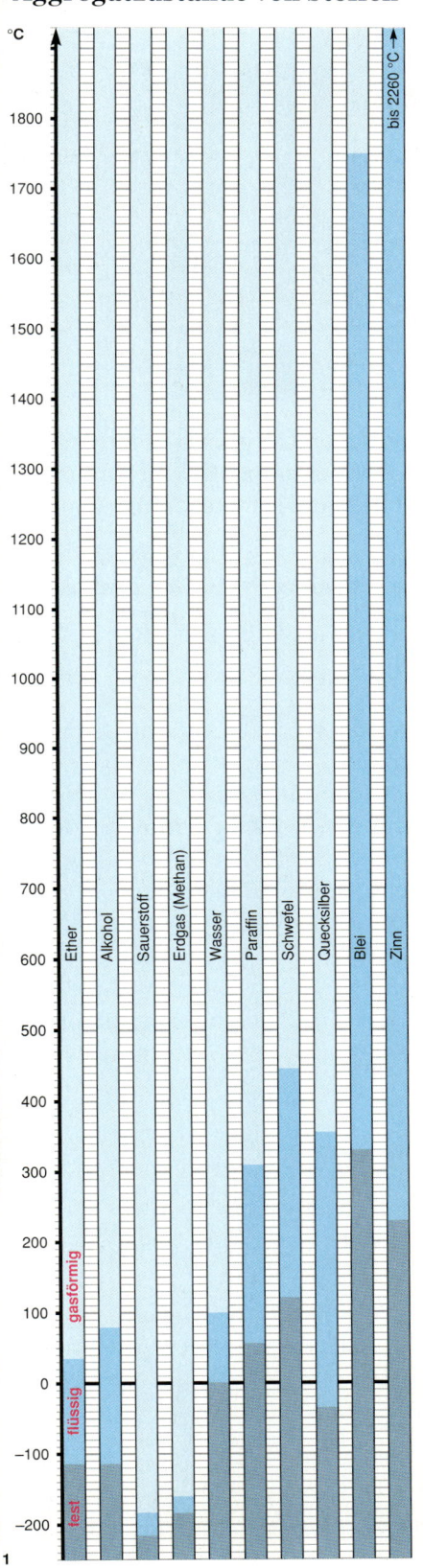

So kannst du dir einen *Milliliter* vorstellen

In Bild 2 siehst du einen großen, weißen Würfel. Er hat 10 cm lange Kanten. In einen solchen Würfel passt ein **Liter** Wasser hinein.

Der kleine, blaue Würfel in Bild 2 stellt einen **Milliliter** dar. Er hat 1 cm lange Kanten. *Tausend* solcher Milliliter-Würfel passen in den großen Liter-Würfel hinein.

Um allein die *Grundfläche* eines Liter-Würfels mit Milliliter-Würfeln zu füllen, benötigt man 10 Reihen von 10 Milliliter-Würfeln, also 10 · 10 = 100 Würfel.

Erst wenn man zehn solcher Schichten von jeweils 100 Milliliter-Würfeln übereinander legen würde, wäre der Liter-Würfel gefüllt.

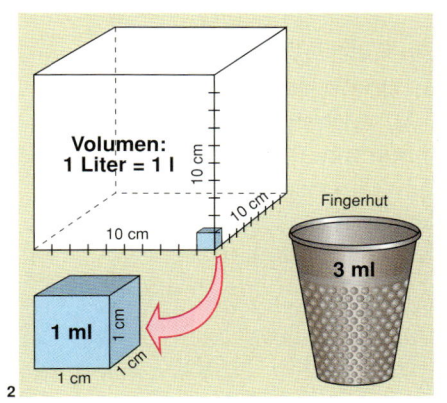

In den Fingerhut von Bild 2 passen ungefähr *drei* Milliliter Wasser hinein.

Bauanleitung: **Ein Styroporschneider – selbst gemacht**

Du benötigst:
1 Laubsägebügel,
1 zweiteilige Lüsterklemme,
1 Stück Konstantandraht (0,2 mm dick, ca. 16 cm lang),
2 Litzendrähte (0,5 mm dick, ca. 1 m lang),
2 Bananenstecker,
1 Flachbatterie (besser: 1 Trafo).

So wird's gemacht (Bild 3):
Schneide die Lüsterklemme auseinander. Entferne sauber die Verbindungsstege. Löse die Flügelmuttern am Laubsägebügel und setze die Teile der Lüsterklemme ein. Den Konstantandraht befestigst du in einer Lüsterklemme; durch die andere fädelst du ihn dann hindurch. So kannst du den Draht spannen, indem du ihn in der zweiten Lüsterklemme festschraubst. Schneide den überstehenden Drahtrest ab.

Verbinde jeden der Litzendrähte an einem Ende mit einer Lüsterklemme. Das andere Ende führt jeweils zu einer Batterie oder einem Netzgerät.

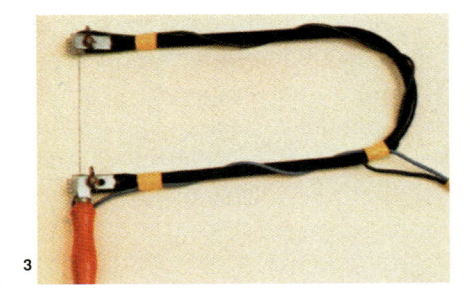

Morsealphabet und Morsezeichen

Morsealphabet							Morsezeichen			
A	·−	K	−·−	U	··−	0	−−−−−		·−·−·−	
B	−···	L	·−··	V	···−	1	·−−−−			
C	−·−·	M	−−	W	·−−	2	··−−−		+	·−·−·
D	−··	N	−·	X	−··−	3	···−−		?	··−−··
E	·	O	−−−	Y	−·−−	4	····−		=	−···−
F	··−·	P	·−−·	Z	−−··	5	·····		(	−·−−·
G	−−·	Q	−−·−	Ä	·−·−	6	−····		)	
H	····	R	·−·	Ö	−−−·	7	−−···	Anfangszeichen	−·−·−	
I	··	S	···	Ü	··−−	8	−−−··	Schlusszeichen	···−·−	
J	·−−−	T	−			9	−−−−·	bitte warten		

Bauanleitung: **Wir bauen einfache Feuermelder**

Du benötigst:
1 Bimetallstreifen oder Starter für Leuchtstofflampen,
1 Lämpchen mit Fassung,
1 Summer, 1 Batterie oder 1 Netzgerät,
1 Kerze oder 1 Teelicht,
Holzreste, Leim, Schrauben, Verbindungsleitungen mit Krokodilklemmen.

So wird's gemacht:
Für den Feuermelder von Bild 1 nimmst du einen Bimetallstreifen. Probiere aus (bevor du ihn verbaust), wie stark er sich in verschiedenen Abständen über einer Kerzenflamme verbiegt. Die Höhe des linken Klötzchens wählst du so, dass sich der Streifen zwar noch deutlich biegt, aber nicht direkt die Flamme berührt.

Das rechte Klötzchen machst du 2 cm niedriger. Als Kontakt dient eine Holzschraube. Mit ihr kannst du die Empfindlichkeit des Feuermelders einstellen.

Bimetallschalter bekommt man geschenkt!

Bimetallschalter (alte *Starter* für Leuchtstofflampen) bekommt ihr beim Elektriker oder Hausmeister.

Löst das Gehäuse des Starters von seiner Bodenplatte (Bild 2). Im Innern findet ihr einen Glaskolben und ein Bauteil, das ihr nicht benötigt, also abtrennen könnt. Die Drähte des Glaskolbens sollen aber mit der Bodenplatte verbunden bleiben.

Der Glaskolben wird in ein Papiertaschentuch gewickelt. Zerschlagt den oberen Teil des Glaskolbens vorsichtig mit einem Hammer. Faltet das Papier auseinander und nehmt die Bodenplatte mit dem Bimetallschalter heraus. Achtung! Die Bruchkanten müssen mit Klebstoff eingestrichen werden, damit sich niemand an den scharfen Glasrändern verletzt.

Bei Zimmertemperatur dürfen sich die Kontakte des Bimetallschalters nicht berühren. Wenn du den Kontakt über eine Flamme hältst, schließt sich der Schalter.

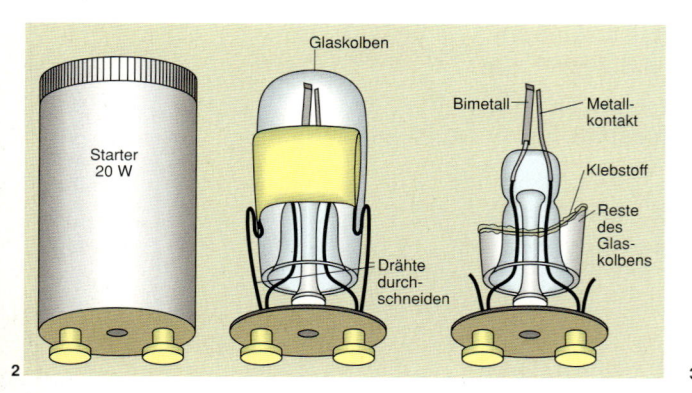

So könnt ihr diesen Bimetallschalter einbauen

Bild 3 zeigt, wie ihr einen Bimetallschalter aus der Leuchtstofflampe in den Feuermelder einbauen könnt.

Die offene Flamme darf nicht zu nahe an das Holzbrettchen herankommen.

In eine Wand müsst ihr mit der Laubsäge eine passende Aussparung für den Summer schneiden. In einer anderen Wand muss die passende Bohrung für den Bimetallschalter angebracht werden.

Die Batterie befestigt ihr am besten mit einem Streifen Klebeband.

Dann wird das Gehäuse verschlossen. Eine Seitenwand oder den Deckel müsst ihr aber aufklappbar machen, damit ihr gelegentlich die Batterie auswechseln könnt.

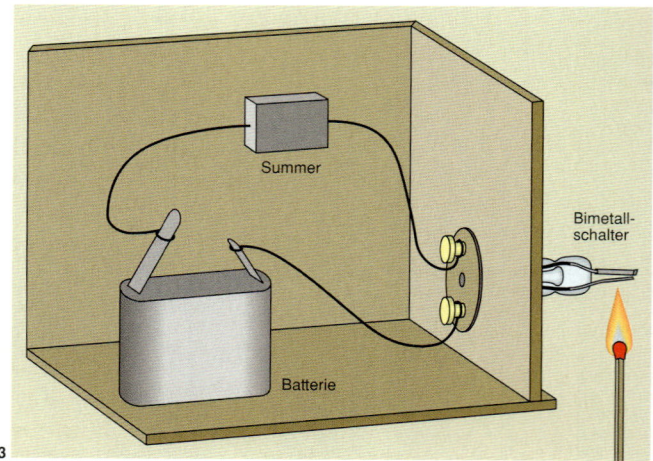

Anhang

Bauanleitung: Feuchtigkeitsanzeiger und Lügendetektor

Du benötigst:
1 Transistor, Typ BC 547 (Bild 4),

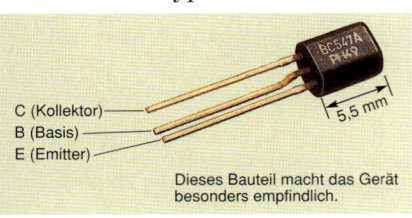

C (Kollektor)
B (Basis)
E (Emitter)
5,5 mm
Dieses Bauteil macht das Gerät besonders empfindlich.

1 Leuchtdiode (Bild 5),

Das Minus-Beinchen ist etwas kürzer.

1 Widerstand, 330 Ohm (Bild 6),

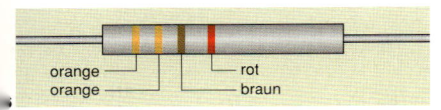

orange — rot
orange — braun

1 Widerstand, 1 Kiloohm (Bild 7),

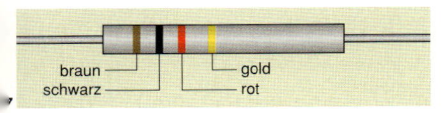

braun — gold
schwarz — rot

1 Lüsterklemmenleiste
    (12 Anschlüsse s. Bild 8),
2 Lüsterklemmen (einzeln),
1 9-Volt-Blockbatterie,
1 Anschlusskabel für die Batterie,
2 Stricknadeln oder 2 abisolierte
    Drähte,
isolierter Draht.

So wird's gemacht:
Baue die Schaltung nach Bild 8 auf und probiere sie so aus:
○ Fasse beide Elektroden mit je einer Hand an.
○ Nimm eine der Elektroden in eine Hand und halte die andere Elektrode an die Nase.
○ Die ganze Klasse bildet eine Menschenkette. Dabei fasst die erste Person die eine Stricknadel an und die letzte die andere.
○ Das Gerät eignet sich als *Leitfähigkeitsprüfer* für alle festen und flüssigen Stoffe. Vielleicht leiten ja Holz, Kunststoff, Öl ... doch ein bisschen?
○ Das Gerät taugt auch als *Feuchtigkeitsanzeiger*. Die Stricknadeln werden in einen Blumentopf gesteckt.
○ Wollt ihr das Gerät als *Lügendetektor* einsetzen? Dann muss eine Person beide Drähte fest anfassen und dabei Fragen beantworten. Leuchtet die Leuchtdiode bei einer Antwort hell auf, hat die Person gelogen; leuchtet sie schwach auf, war die Antwort ehrlich.

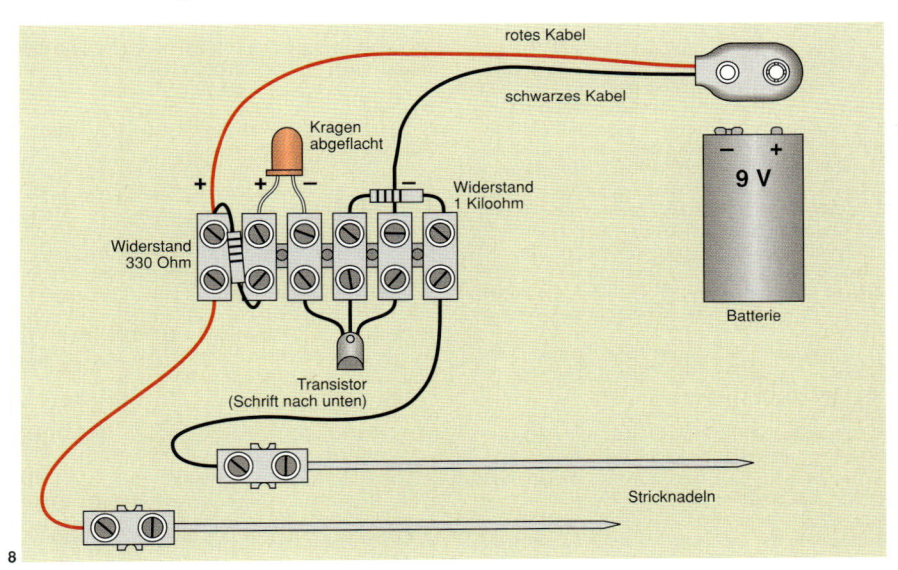

8

Lösungen der Alles-klar-Fragen

Zu Seite 15:
1. Beide Aussagen sind richtig: Die Büroklammer, die vom Magneten angezogen wird, besteht aus Metall, die andere aus Kunststoff. Es kommt auf den Stoff (Eisen) an, aus dem der Körper (Büroklammer) besteht.
2. Manche Geldstücke – außen Kupfer oder Messing – enthalten einen Kern aus Eisen.
3. Magnetisieren lassen sich diejenigen Körper, die von einem Magneten angezogen werden: also die Stahlstricknadel und das Eisenblech.
4. a) Lena wird die Schere gleichmäßig (in einer Richtung) mit einem Magneten bestrichen haben.
b) Lenas Mutter stellt fest, dass Nähnadeln und Stecknadeln an der Schere hängen bleiben.
5. Wenn man Magnete fallen lässt, können sie zerspringen oder (durch die Erschütterung) ihre magnetische Kraft verlieren.
6. Wenn man die magnetisierte Nadel in der Mitte durchkneift, erhält man zwei Magnete – jeder wiederum mit einem Nordpol und einem Südpol.
7. In dem magnetischen Feld des Magneten würden die jeweiligen Magnetschichten so ummagnetisiert werden, dass sie ihren Zweck nicht mehr erfüllen können.
8. Tinas Trick: Sie hält die Spitze der 1. Nadel auf die Mitte der zweiten; nur wenn die 1. Nadel angezogen wird, ist sie selbst die magnetisierte.

Zu Seite 23:
1. Pfeil 1: nach Norden, Pfeil 2: nach Nord-Westen, Pfeil 3: nach Westen, Pfeil 4: nach Süd-Westen, Pfeil 5: nach Süden, Pfeil 6: nach Süd-Osten, Pfeil 7: nach Osten, Pfeil 8: nach Nord-Osten.
2. Der obere Kartenrand muss in Richtung Norden liegen.
3. Die Erde kann mit einem Stabmagneten verglichen werden. Der Stabmagnet hat ein Magnetfeld, das, ähnlich wie das der Erde geformt ist: Am magnetischen Nordpol der Erde (in der Antarktis auf der Südhälfte der Erde gelegen) treten die Feldlinien senkrecht aus der Erde heraus und laufen in weitem Bogen durch den Raum um die Erde herum. Am magnetischen Südpol (in Nordkanada auf der Nordhälfte der Erde gelegen) treten die Feldlinien senkrecht in die Erde hinein.
4. Die blaue Spitze der Nadel (Nordpol) wird vom magnetischen Südpol der Erde (im Norden) angezogen. Deshalb zeigt die Nadel nach Norden.
5. Genau am magnetischen Südpol würde die Kompassnadel zum Erdinnern zeigen.
6. Ohne Missweisung findet man statt der Himmelsrichtungen nur die Richtung zum magnetischen Südpol der Erde.
7. Das Gehäuse der meisten Schiffe besteht aus Stahl oder Eisen; dieser Stoff schirmt die magnetische Wirkung der Erde ab.
8. Die Stelle, die Katja meint, ist die geographische Nordpol der Erde.

Anhang

Zu Seite 29:
1. Ohne Wasser kein Leben! Menschen, Tiere und Pflanzen bestehen zu einem großen Teil aus Wasser. Wenn der Körper Wasser verliert, muss es möglichst schnell ersetzt werden. Wasser ist auch ein gutes Lösemittel, z. B. für Salze und Gase. Damit ist das Wasser (der Körperflüssigkeiten) auch ein wichtiges Transportmittel für lebenswichtige Stoffe.
2. Wasser kann nur eine bestimmte Menge Salz lösen (das hängt z. B. von der Art des Salzes und von der Temperatur ab). Danach ist die Lösung gesättigt.
3. Auf der Sahne setzt sich eine Fettschicht ab, die manchmal am Deckel haften bleibt. Das liegt daran, dass die Milch (aus der Sahne gemacht wird) eine „nicht stabile" Emulsion ist; das heißt, ihre Bestandteile entmischen sich wieder.
4. Wenn eine heiße, gesättigte Lösung abkühlt, kristallisiert sie aus. Die Salzmenge, die bei niedrigerer Temperatur gelöst worden wäre, bildet einen Bodensatz in Form von Kristallen. So sind die Kristalle von Bild 6 entstanden.
5. Die Tinte hat sich im Wasser gelöst und wurde vom Wasser in die Tulpe transportiert. Weil Wasser gelöste Stoffe transportieren kann, wurde die Tulpe violett gefärbt.
6. Die Düngesalze lösen sich im Wasser (Regen oder Tau) und sickern mit diesem ins Erdreich. So gelangen sie zu den Wurzeln der Pflanzen.

Zu Seite 35:
1. a) Auch aus einigen Seen und Flüssen gewinnen wir Trinkwasser. Außerdem dienen sie uns zum Baden und für andere Freizeitbeschäftigungen. b) Wasser kann man mit Hilfe von Teststäbchen oder -streifen untersuchen. Deren Färbung liefert Hinweise auf die Wasserqualität.
2. a) Mit Hilfe von Teststäbchen lassen sich prüfen: der Säuregrad (pH-Wert), die Wasserhärte, der Gehalt an stickstoffartigen Mineralsalzen (Nitrat und Nitrit). b) Das geprüfte Wasser erweist sich als schwach sauer. c) Je stärker die Rotfärbung, desto stärker die Belastung des Wassers mit Säure.
3. Trinkwasser soll appetitlich, farblos, kühl, geruchlos, geschmacklich einwandfrei und frei von Krankheitserregern sein.
4. Aus den Motoren könnten Öl oder Treibstoffe ins Wasser gelangen. Schon kleine Ölmengen können große Wassermengen verderben.
5. Im Wasser sind stets einige salzartige Stoffe gelöst (z. B. Kalksalze). Wenn das Wasser verdunstet, bilden diese Salze einen Rückstand.
6. Je höher der Härtebereich einer Wasserprobe ist, desto mehr Kalksalze sind in ihr enthalten. Die Wasserhärte spielt beim Wäschewaschen, Haarewaschen, Zubereiten von Tee oder Kaffee usw. eine Rolle. Rohre, durch die längere Zeit stark kalkhaltiges Wasser fließt, können „verkalken": Ihr Durchmesser verengt sich, schließlich fließt kaum noch Wasser hindurch.

Zu Seite 45:
1. Wasser kann verdunsten, wird zu Wasserdampf und steigt nach oben. Beim Abkühlen wird es wieder flüssig; es bilden sich Wolken aus Wassertröpfchen. Das Wasser fällt dann wieder z. B. als Regen oder Schnee zur Erde zurück.
2. a) Die Poren eines Filters sind sehr klein; sie halten die größeren Bestandteile der Schwebstoffe zurück. Nur das gereinigte Wasser und die Bestandteile, die kleiner als die Poren sind, sammeln sich als Filtrat im Gefäß. b) Die Wirkungsweise eines Filters hängt von der Größe (vom Durchmesser) seiner Poren ab.
3. Schon geringe Mengen Öl können große Wassermengen unbrauchbar machen. b) Gewässer können z. B. durch Tankerunfälle oder Lecks in Tankschiffen mit Öl verschmutzt werden.
4. Wenn man Leitungswasser eindampft, erhält man einen Rückstand von salzartigen Stoffen; sie waren im Leitungswasser gelöst. Dampft man destilliertes Wasser ein, so erhält man keinen Rückstand; destilliertes Wasser ist ganz rein.
5. Die Bodenprobe wird aufgeschlämmt (Wasser zugießen, umrühren). Wenn sich Bestandteile abgesetzt haben, wird das Wasser abgegossen.
6. 1. Stufe: Feste Stoffe und ein Teil der Fette werden zurückgehalten (mechanische Reinigung durch Sieben, Absetzenlassen und Abscheiden). 2. Stufe: Verdauen von gelösten Nährstoffen durch Bakterien in Anwesenheit von Luft (biologische Reinigung). 3. Stufe: Chemische Umwandlung löslicher Stoffe in schwer lösliche; diese setzen sich ab und werden herausgenommen (chemische Reinigung).
7. Jeder Einzelne kann dafür sorgen, dass keine Abfälle (vor allem Öl) in Flüsse, Seen oder andere Gewässer gelangen.

Zu Seite 57:
1. a) Die Lampe ist nur an einen Pol der Batterie – statt an zweien – angeschlossen. b) Schaltplan:
2. Der Metallrahmen des Fahrrads ersetzt das zweite Kabel.
3. a) Schaltung wie in Bild 8. b) Wenn eine der beiden Lampen ausfällt, muss die andere weiterleuchten. Das ginge bei einer Schaltung wie der von Bild 7 nicht. c) Die Schaltungsarten heißen Reihenschaltung (Bild 7) und Parallelschaltung (Bild 8).
4. Das Armband in einen Stromkreis einbauen: Nur wenn die Lampe leuchtet, besteht es aus Silber, denn Silber leitet den elektrischen Strom, Plastik nicht.
5. 1. Tabellenspalte („Leiter"): Eisendraht, Aluminiumblech, Bleistiftmine, nasser Bindfaden, Badewasser sowie z. B. Gold, Silber und Kupfer; 2. Spalte („Nichtleiter"): Öl, Glasstab sowie z. B. trockenes Holz, Plastiklöffel und Gummiband.
6. Der Bindfaden könnte am Boden nass und dadurch zu einem Leiter geworden sein.

Zu Seite 63:
1. Sowohl Schalter als auch Taster öffnen und schließen Stromkreise.
2. Schalter: Stehlampe, Radio; Taster: elektrische Brotschneidemaschine, Papierschneidemaschine. Bei der Brotschneidemaschine soll die freie Hand den Taster bedienen, damit sie nicht versehentlich ans Schneideblatt gerät.
3. Es gehören zusammen: Klingelschaltung – Taster – Parallelschaltung – ODER-Schaltung bzw. Reihenschaltung – UND-Schaltung.
4. a) UND-Schaltung. b) Schaltplan:
c) Der Deckeltaster verhindert, dass die Kaffeemühle bei offenem Deckel läuft.
5. Neben dem Schalter, der die Maschine mit dem Stromnetz verbindet, gibt es zwei weitere Schalter:
1. den Türtaster; er verhindert, dass Wasser bei offener Tür in die Spülmaschine einläuft;
2. die Wasserzufuhr; wenn die Maschine ohne Wasser liefe, könnte es zu Schäden an der Maschine kommen.
b) Es handelt sich um eine UND-Schaltung.
6. a) S_1 geschlossen: Der Ventilator für Kaltluft läuft. b) S_1 und S_2 geschlossen: Der Ventilator läuft und gleichzeitig erhitzt sich der Heizdraht. c) Der Haartrockner würde nicht laufen, denn S_1, S_2 und der Heizdraht bilden gemeinsam eine UND-Schaltung. d) Nein, mit dem Schalter S_2 kann man nur den Heizdraht abschalten.

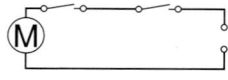

Zu Seite 71:
1. Dass elektrischer Strom fließt, erkennt man an seinen Wirkungen, z. B. an der Wärme- und Lichtwirkung (Toaster, Glühlampe).
2. Aufgabe des Ventilators ist es, den Apparat zu kühlen. Die Lampe wird nämlich sehr heiß.
3. Die Glühdrähte dürfen auch bei hohen Temperaturen nicht schmelzen. Die Schmelztemperatur von Wolfram liegt bei 3418 °C, also über der Temperatur des Glühdrahtes.
4. Die Erwärmung des Drahtstückes hängt ab von Länge und Dicke des Drahtes, vom Material (Konstantan erhitzt sich stärker als Kupfer) und von der Größe des elektrischen Stroms.
5. a) Der Glühdraht der Glühlampe ist Teil des Stromkreises; wenn er durchschmilzt, wird der Stromkreis unterbrochen. b) Der Glühdraht ist dünner als die Haltedrähte; deshalb erhitzt er sich stärker als diese.
6. Wenn sich zwei blanke Drähte gegenseitig berühren, gibt es einen Kurzschluss. Der Strom in den Leitungen ist dann so groß, dass sie sich stark erhitzen. Der Schmelzdraht in der Sicherung schmilzt durch; damit wird der Stromkreis unterbrochen.
7. Die Sicherung soll den Stromkreis unterbrechen, bevor die Leitungen Feuer fangen. Nach einem Kurzschluss muss die Ursache des Kurzschlusses beseitigt und dann die Sicherung ausgewechselt werden (bei Automatiksicherungen den Hebel umlegen).
8. Im Haushalt gibt es mehrere Stromkreise, die (jeder für sich) mit einer Sicherung versehen sind. Bei einem Kurzschluss spricht nur die Sicherung des betreffenden Stromkreises an.
9. In beiden Fällen fließt ein großer elektrischer Strom; die Leitungen erhitzen sich und die Sicherung spricht an.
10. Bei beiden Schaltungen fließt ein großer Strom durch die Leitungen, die die Glühlampen „überbrücken" (bzw. an diesen vorbeiführen). Die Sicherungen schmelzen deshalb durch.

Zu Seite 79:
1. Unser Temperatursinn ermöglicht nur die Unterscheidung von Temperaturen zwischen ca. 15 und 45 °C. Höhere und niedrigere Temperaturen können wir nur mit Hilfe eines Messgeräts (eines Thermometers) unterscheiden. Der Temperatursinn meldet, wie wir uns verhalten müssen, damit unser Körper nicht auskühlt oder überhitzt wird.
Ob wir Temperaturen als kalt oder warm wahrnehmen, hängt von der Umgebungstemperatur *und* von der Temperatur der Hautoberfläche ab. Diese Temperatur kann verschieden sein, je nachdem ob wir vorher in einer kalten oder warmen Umgebung waren.
Um Temperaturen unabhängig vom Zustand unserer Hautoberfläche zu bestimmen, brauchen wir Thermometer.
2. Unterscheidung der Thermometer nach der Bauart: Flüssigkeitsthermometer (Alkohol- oder Quecksilberthermometer), Digitalthermometer. Unterscheidung nach dem Einsatzgebiet: Zimmerthermometer, Badethermometer, Laborthermometer, Fieberthermometer.
3. Der Temperaturfühler muss guten Kontakt dem Körper haben, dessen Temperatur wir bestimmen wollen. (Er muss z. B. ganz in Wasser eingetaucht sein.) Erst ablesen, wenn sich die Temperaturanzeige nicht mehr verändert! Bei Flüssigkeitsthermometern müssen sich unsere Augen in Höhe der Flüssigkeitssäule befinden. (Wenn man schräg auf das Thermometer blickt, kann man die Skala und den Stand der Flüssigkeitssäule nicht genau vergleichen.)

4. Sowohl Frank als auch Tina können Recht haben, denn beide Temperaturangaben drücken dieselbe Temperatur aus.
5. Wenn Kühe einzeln stehen, gibt ihre gesamte Oberfläche Wärme an die Umgebung ab. Stehen sie dagegen dicht zusammen, so ist ein Teil ihrer Oberfläche nicht der kalten Umgebung ausgesetzt; er berührt die gleich warme Oberfläche des benachbarten Tieres. Dieser Teil des Körpers gibt dann kaum Wärme an die Umgebung ab.
6. Beim Fieberthermometer ist die normale Körpertemperatur hervorgehoben. Sie beträgt 37 °C; davon weicht sie eines gesunden Menschen um nur wenige Zehntelgrade nach oben oder unten ab. Durch die Hervorhebung dieser Temperaturmarke kann man schnell erkennen, ob ein Mensch Fieber hat oder nicht.
7. Unsere wichtigste Wärmequelle ist die Sonne. Sie erwärmt die Erdoberfläche und die Luft. Durch ihr Licht und ihre Wärme ermöglicht sie, dass Pflanzen wachsen bzw. Tiere und Menschen leben können. Sie hält den Wasserkreislauf in Gang, bewirkt Luftbewegungen (Winde) und andere Wettererscheinungen. Die Sonne hat an ihrer Oberfläche eine Temperatur von etwa 5500 °C.
8. Die abgebildeten Thermometer zeigen unterschiedliche Temperaturen. Ihre Skalen haben nämlich unterschiedliche „Schrittweiten" (unterschiedliche Abstände zwischen 2 Gradmarken).

Zu Seite 85:
1. Flüssigkeiten dehnen sich aus, wenn sie erwärmt werden. Sie ziehen sich zusammen, wenn man sie abkühlt.
2. Bei Erwärmung ändert sich nur das Volumen der Flüssigkeit, nicht ihr Gewicht.
Möglicher Versuch: Fülle Wasser in ein Gefäß, das mit einem Steigrohr versehen ist. Wiege Gefäß und Flüssigkeit auf einer möglichst empfindlichen Waage. Erwärme das Wasser im Wasserbad, bis es sich – im Steigrohr deutlich sichtbar – ausgedehnt hat. Trockne das Gefäß sorgfältig ab und wiege es erneut. Du wirst feststellen, dass es durch die Temperaturerhöhung nicht schwerer geworden ist.
3. Ein Fieberthermometer wird nur zum Messen der Körpertemperatur (um 37 °C) benötigt – es reicht ein Messbereich, der kleiner als der eines Zimmerthermometers ist.
4. Die Temperatur der Mischung ist davon abhängig, wie viel Salz man in eine bestimmte Menge von Eis und Wasser gibt. Man müsste daher die Mengen der Mischung sehr genau abwiegen. Dieses Verfahren wäre also viel umständlicher als die Bestimmung der Temperatur des Wassers, während es gefriert oder schmilzt. (Die Schmelz- oder Erstarrungstemperatur zeigt das Thermometer immer an, wenn es in einer Mischung aus Eis und Wasser steht.)
5. Um die geringere Ausdehnung des Quecksilbers auszugleichen, kann man die Thermometerkugel größer machen, sodass eine größere Quecksilbermenge hineinpasst. Dadurch wird das Volumen, um das sich das Quecksilber bei der Erwärmung um z. B. 1 °C ausdehnt, ebenfalls größer. Eine andere Möglichkeit besteht darin, den inneren Durchmesser des Steigrohrs kleiner zu machen als bei dem Alkoholthermometer. Bei der Ausdehnung um ein bestimmtes Volumen verlängert sich die Flüssigkeitssäule in dem engeren Rohr stärker als in dem weiteren.

Zu Seite 91:
1. Für die meisten Flüssigkeiten ist es normal, wenn sie sich beim Abkühlen und beim Erstarren zusammenziehen. Wasser macht aber eine Ausnahme, verhält sich also nicht normal oder anomal: Beim Abkühlen unter 4 °C (bis 0 °C) dehnt es sich aus. Beim Erstarren nimmt sein Volumen sogar um etwa ein Zehntel zu.
2. In dem einen Gefäße hat das Volumen der Flüssigkeit beim Erstarren zugenommen – das muss das Wasser sein. In dem anderen Gefäß hat das Volumen der Flüssigkeit (Wachs) während des Erstarrens abgenommen.
3. Wenn Wasser gefriert, dehnt es sich aus. Dabei kann das zu Eis werdende Wasser das Gefäß sprengen. Das gilt auch z. B. für Saftflaschen, da Saft überwiegend aus Wasser besteht.
4. In den gelockerten Boden kann viel Wasser eindringen. Dieses gefriert im Winter. Beim Gefrieren dehnt es sich aus, die größeren Erdschollen werden in kleine Krümel „gesprengt".
5. Wasser ist als Thermometerflüssigkeit ungeeignet, weil es bei Temperaturen unter 0 °C gefrieren würde. Da es sich dabei ausdehnt, würde die Thermometersäule platzen.
(Außerdem sollte sich eine Thermometerflüssigkeit bei Temperaturänderungen gleichmäßig ausdehnen bzw. zusammenziehen, damit die Abstände auf der Thermometerskala im ganzen Messbereich gleich bleiben können. Wasser, das abgekühlt wird, ändert aber unterhalb von 10 °C sein Volumen nicht mehr gleichmäßig. Unterhalb von 4 °C dehnt es sich sogar wieder aus. Das heißt: Die Flüssigkeitssäule würde dann wieder steigen, obwohl das Wasser kälter wird.)
6. a) Solange man Wasser bis auf 4 °C abkühlt, zieht es sich (wie andere Flüssigkeiten auch) zusammen. Kühlt man es aber weiter ab, so dehnt es sich wieder aus. Deshalb ist Wasser von 4 °C schwerer als Wasser von jeder anderen Temperatur. In Wasser, das kälter als 4 °C ist, sinkt das schwerere Wasser (das mit der Temperatur 4 °C) nach unten.
b) Da das Wasser in einem tiefen See unten nicht kälter als 4 °C wird, bleibt es dort flüssig. Auch der Boden des Sees gefriert nicht. Tiere und Wasserpflanzen können dort also auch im Winter existieren.

Zu Seite 101:
1. a) Die Spalten schaffen den Raum, den die Brücke braucht, wenn sie sich bei hohen Temperaturen im Sommer *ausdehnt*. Daher der Name „Dehnungsfugen".
b) Bild 12 zeigt die Fuge im Sommer, Bild 13 im Winter. Weil die Brücke im Sommer um einige Zentimeter länger ist als im Winter, ist der Spalt zwischen Brücke und anschließender Fahrbahn im Sommer schmaler.
2. Stoffe, die man miteinander verbaut, sollten sich beim Erwärmen gleich stark ausdehnen. So können z. B. Emaille und Stahl (bei Kochtöpfen) zu einem „Verbundmaterial" zusammengefügt werden, desgleichen Eisen und Beton (im Stahlbeton).
3. a) Der Streifen biegt sich nach oben.
b) Wenn der Bimetallstreifen bei Zimmertemperatur gerade ist, biegt er sich im Kühlschrank in die entgegengesetzte Richtung (hier also nach unten). Das Material, das sich beim Erwärmen stärker als das andere ausdehnt, zieht sich ja beim Abkühlen auch stärker als das andere zusammen.
4. a) Wenn die Krieger ihre Kugel im Schatten oder mit kaltem Wasser abkühlen, passt sie wieder ins Kanonenrohr.
b) Wenn die Kanone ebenfalls von der Sonne erhitzt worden wäre, wäre der Durchmesser des Kanonenrohrs sowohl innen als auch außen größer geworden.
(Das kannst du dir an einer massiven Blechscheibe klarmachen: Ihr Durchmesser wird beim Erwärmen größer. Jeder Punkt der Scheibe ist dann weiter vom Mittelpunkt entfernt als im kalten Zustand. Ein auf die Scheibe gezeichneter Kreis hätte nach dem Erwärmen einen größeren Durchmesser als vorher.)
5. Legt man den Tischtennisball in warmes Wasser, so dehnt sich die Luft in seinem Innern stärker aus als der Ball selbst. Dabei drückt die Luft die „Delle" nach außen.
6. Vielleicht denkst du, das warme Wasser dehnt sich aus und dringt dadurch in die Flasche ein. Wenn du aber diesen einfachen Versuch durchführst, stellst du fest, dass dies nicht richtig ist. Die Luft in der Flasche wird nämlich ebenfalls erwärmt. Sie dehnt sich dabei stärker aus als das Wasser. Die Luft in der Flasche verdrängt daher das von unten eingedrungene Wasser. Bei starker Erwärmung treten sogar Blasen aus der Flasche aus.

Verzeichnis der Bild- und Textquellen

Artreference, Frankfurt/Main: 102.1; Bavaria, Gauting: 28.3; Berliner Wasserwerke: 42.3; Bundesanstalt für Materialprüfung (Haid), Berlin: 48.6; Bundesministerium der Verteidigung, Bonn: 59.7; Bundesverband der deutschen Gas- und Wasserwirtschaft, Bonn: 42.1; Care Deutschland, Bonn: 30.2; Dennerle, Münchweiler: 31.6, 35.3–6; Deutsch-Verlag, Frankfurt/Main: 101.15; Deutsches Museum, München: 67.5, 84.2; European Space Agency, Darmstadt: 24.1; Greenpeace, Hamburg: 37.3; Gronefeld, München: 8.6 u. 7; Hagemeister, Berlin: 101.12 u. 13; IFA, München: 18.2, 28.2; Krischke, Marbach: 34.2; Mauritius, Mittenwald: 24.3; Moos, München: 16.5; Munzig, Mindelheim: 24.2; Museo di Storia della Scienza, Florenz: 84.1; Niedersächsisches Landesverwaltungsamt, Landesvermessung, B5-640/81, Hannover: 20.1; Noll, Dortmund: 32.1-5, 45.3; Osram, München: 66.1; Preussag Bauwesen, Hannover: 80.1, 82.1; Ruhrverband und Ruhrtalsperrenverein, Essen: 40.3, 41.7; Schott-Zwiesel-Glaswerke, Zwiesel: 78.6; Siemens, Berlin und Erlangen: 54.4; Silvestris, Kastl: 30.1, 34.1, 88.3; Süddeutscher Verlag, München: 93.9; Thienemanns Verlag, Stuttgart: 9.8; Ullrich, Berlin: 82.2, 88.4; Walther, Köln: 80.2–5; Zefa, Düsseldorf: 37.4. Alle anderen Fotos: Cornelsen Verlag, Berlin (Fotostudio Mahler).

Sach- und Namenverzeichnis

Abgießen 39
Absetzen 39
Abwasserreinigung 40 f., 45
Aggregatzustand 102 f., 107
Alnicomagnet 9
Anomalie des Wassers 86 ff.
Aufschlämmen 39

Bimetall 96, 100
Bimetallschalter 97, 108
Bimetallthermometer 96 f.
Brenner 73
Brieftaube 18
Brückenlagerung 92
Bügeleisen 97

Celsius, Anders 84
Celsius-Skala 84, 91

Dauermagnet 6 ff.
Dehnungsfuge 92, 101
Dekantieren 38 f.
Diagramm 77

Edison, Thomas Alva 67
Elektrogerät (Gefahren) 55
Emulsion 29
Energiesparlampe 66
Erstarren 87 f., 103
Experimentierregeln 104
Extraktion 44

Fahrenheit, Daniel 84
Fahrenheit-Skala 84, 91
Fahrradbeleuchtung 46 f., 49 ff., 56
Feldlinie 11
Feldlinienbild 11, 14
Feuchtigkeitsanzeiger 109
Feuermelder 108
Feuersetzen 95
Fieberthermometer 99
Filtrat 39
Filtrieren 39
Fixpunkt 84, 91

Flüssigkeitsthermometer 85, 91
Frostaufbruch 88

Gasbrenner 73, 105
Gefahren des elektrischen Stroms 55, 57
Gerätesicherung 70
Geruchsprobe 31
Gewässergütekarte 43
Gewässergüteklasse 34
Glühdraht 65, 70
Glühlampe 47, 65 ff., 70
Grad Celsius (°C) 79, 89

Härtegrad des Wassers 33
Heizdraht 65, 70
Heizgerät 70
Himmelsrichtung (Bestimmung) 22
Hintereinanderschaltung 60
Hydrokultur 28

Isolator 53, 57

Kalkseife 33
Kartuschenbrenner 73
Klärwerk 40 f., 45
Klingelschaltung 61, 63
Kompass 16 ff.
Kondensieren 103
Körper 7
Kurzschluss 68 f., 71

Lampenfassung 47
Leiter 52 ff., 57
Leitfähigkeit 52
Leuchtdiode 66
Liebig-Kühler 38
Lösemittel 26 f., 29
Lösung, gesättigte 27, 29
–, wässrige 27
Lügendetektor 109

Magnet 6 ff.
Magnetfeld 11, 14
– der Erde 17 f., 23
Magnetisieren 12, 15
Magnetit 18
Magnetkraft 13, 15

Magnetpol 8, 14
Meeresschildkröte 18
Milliliter 107
Missweisung 17
Morsealphabet 107
Morsen 59

Nichtleiter 53 f., 57
Nitrat 34, 37
Nitrat/Nitrit-Test 31
Nordpolarstern 22

ODER-Schaltung 61, 63
Ölverschmutzung 37

Parallelschaltung 50, 56
Phosphat 34
pH-Wert 31
Polarstern 22
Polregel 14

Reihenschaltung 50, 56
Rheinwasser 43

Säuregrad 31
Schalter 58 ff.,
Schaltplan 48
Schaltung 59 ff.
Schaltzeichen 48, 106
Schildkröte 18
Schmelzpunkt 91
Schmelzsicherung 70 f.
Schmelztemperatur 88 f., 103, 106
Selbstreinigungskraft des Wassers 34
Sicherheitsschaltung 60, 63
Sicherung 68 ff.
Sicherungsautomat 70 f.
Sichtprobe 31
Siedepunkt 91
Siedetemperatur 88 f., 103, 106
Sprinkler 82
Stahlbeton 95
Stoff 7
Stromkreis 46 ff.
Styroporschneider 64, 107
Suspension 38

Tanklastwagen 82
Taster 58 f., 62
Tauchsieder 73
Teilchenmodell 27, 39
Temperatur 74 f., 79
Temperaturänderung von Flüssigkeiten 80 ff.
Temperaturmessung 74 ff.
Temperatursinn 74 f., 79
Thermochromstift 78
Thermometer 75
Thermometerskala 83 f.
Thermoskop 99
Thermostat 97
Trennverfahren 39, 44
Trinkwassergewinnung 42, 45

Überlastung 69, 71
UND-Schaltung 60, 63

Verdunsten 103

Wärmeausdehnung fester Körper 92 ff., 100, 106
– flüssiger Körper 80 ff., 106
– gasförmiger Körper 98 f., 101, 106
Wärmequelle 72, 79
Wärmewirkung des elektrischen Stroms 64 ff.
Wasser 24 ff.
–, destilliertes 38
Wasseraufbereitung 40 ff., 45
Wassergehalt von Nahrungsmitteln 25
Wasserhärte 31, 33
Wasserkreislauf 36
Wassermengen der Erde 25
Wasserqualität 30 ff.
Wasserverschmutzung 36 ff., 45

Zeigerart 34
Zustandsform 103